やわらかアカデミズム
〈わかる〉シリーズ

よくわかる
中小企業

関 智宏
[編著]

ミネルヴァ書房

はじめに

　本書は，これから中小企業について学ぼうとする，大学の学部生や大学院生のみならず，中小企業診断士を目指す方々，また中小企業振興に携わる政策実務担当の方，そしてまさにいま現場で活躍する中小企業の経営者，従業員の方々をはじめとする一般，初学者の方を対象にしたテキストです。さらには中高生の社会関連科目の副教材として活用されても，中小企業の社会を知るうえできっと役立つものとなるでしょう。

　中小企業は多様なかたちで存在しています。中小企業をめぐるトピックは非常に幅広く，またその内容も多面的です。そこで本書の編纂にあたっては，これまでに刊行された中小企業論，中小企業に関連するテーマを扱っているおも立ったテキストを改めて参照し，そこで記述された重要と思われる多くのトピックをできるかぎり網羅，整理し，体系的に構成しました。さらに中小企業をめぐる最近の新しいトピックも取り上げています。

　このように本書では，中小企業に係る伝統的なテーマから最新のトピックまでを取り上げています。ぜひ読者の方々には，本書をつうじて中小企業に対するより幅の広い知識をもっていただけることを期待しています。

　本書で取り上げたトピックは，日本各地の大学でおもに中小企業関連科目の講義を担当する中堅・若手研究者が中心となって執筆しています。中小企業が読者により身近な存在として理解できるよう，「リアリティあふれる」かたちで記述しています。このため本書のタイトルは，あえて『よくわかる中小企業「論」』とせず，『よくわかる中小企業』としました。

　また本書では，1つのテーマを見開きで読み切りの体裁とすることで，簡潔明瞭に理解できる記述となるよう心がけ，さらに，重要語句などは側注で解説を行ったうえで，関連するテーマどうしをクロスリファレンスで丁寧に参照指示してつないでいます。ぜひ，これらの工夫点を利用いただき，網羅的，体系的，立体的に，中小企業への理解を深めていただければ幸いです。

　中小企業をめぐる環境は刻々と変化しており，既存のトピックが必ずしも適切ではない部分がでてきたり，あるいは新しいトピックが生まれてくるに違いありません。それらの諸点は，ぜひ読者からのご意見，ご批判をいただきながら，必要に応じ見直すことで，本書がより永く読者のお役に立てるものになるようにしたいと考えています。

本書の構想は2014年にさかのぼります。本書の企画に賛同していただき，かつ充実した原稿を書き上げていただいた諸先生方には，刊行に至るまで，よりよいものにしていくために最大のご尽力をいただきました。また編集者の梶谷修氏には，辛抱強くこの企画をあたためて刊行に導いていただきました。本書の刊行にかかわっていただいたすべての方々に感謝の意を表します。

　一国の経済社会がますます成熟化していく今日において，中小企業が経済社会に果たす役割はより一層重要になってくることは間違いありません。しかしながら，一般の人々にはその重要性が広く知られていないばかりか，中小企業の存立実態について正しい理解があるとは言えません。

　ぜひ多くの方々に本書を手にとっていただき，中小企業に対する関心がより高まり，中小企業が正しく，深く理解される社会が構築されていくことを心から祈念します。

2020年 2 月

中小企業が真に主役である社会の創造を目指して

関　智宏

もくじ

はじめに

I　中小企業の本質を知る

1　中小企業とは何か ……………… 2

2　中小企業のイメージ ……………… 4

3　中小企業の存立実態 …………… 6

4　多様な中小企業とその視点(1)：
　特徴，ヒト，活躍の場…………… 8

5　多様な中小企業とその視点(2)：
　部落産業，エスニシティ，社会的
　弱者を守る ……………………… 10

6　中小企業の統計……………………… 12

7　中小企業の理論：経済学の古典…… 14

II　中小企業の歴史を知る

1　明治期から戦時期の中小企業…… 16

2　戦後の高度成長と中小企業（1950,
　60年代）………………………… 18

3　安定成長期の中小企業（1970，80
　年代）…………………………… 20

4　低成長期からこんにちまでの中小
　企業（1990年代以降）…………… 22

III　中小企業政策を知る

1　中小企業政策とは何か(1)：中小企
　業対策費……………………………… 24

2　中小企業政策とは何か(2)：中小企
　業政策の実施主体 ………………… 26

3　中小企業庁 ………………………… 28

4　中小企業基本法…………………… 30

5　中小企業政策の展開(1)：1990年代
　まで………………………………… 32

6　中小企業政策の展開(2)：1990年代
　以降………………………………… 34

7　中小企業憲章と新しい中小企業
　政策………………………………… 36

8　地方自治体の中小企業政策 ……… 38

9　公設試験研究機関と中小企業…… 40

10　小規模企業振興………………… 42

11　商工会議所と商工会 …………… 44

12　中小企業診断士………………… 46

IV　中小企業経営を知る

1　中小企業経営の特徴(1)：生産的
　側面………………………………… 48

2 中小企業経営の特徴(2)：財務的・
金融的側面 ・・・・・・・・・・・・・・・・・・・・ *50*

3 中小企業に求められる社会的責任
・・・・・・・・・・・・・・・・・・・・・・・・・・・・・・・・ *52*

4 ファミリー・ビジネスと中小企業 ・・・ *54*

5 生業的経営の特徴と課題 ・・・・・・・・・ *56*

6 事業の承継と発展 ・・・・・・・・・・・・・・・ *58*

7 中小企業の会計 ・・・・・・・・・・・・・・・・・・ *60*

8 中小企業の税制 ・・・・・・・・・・・・・・・・・・ *62*

V 中小企業労働の実態を知る

1 中小企業で働く ・・・・・・・・・・・・・・・・・・ *64*

2 中小企業の経営者 ・・・・・・・・・・・・・・・ *66*

3 中小企業の労働者 ・・・・・・・・・・・・・・・ *68*

4 中小企業とキャリア教育 ・・・・・・・・・・ *70*

VI 中小企業金融の実態を知る

1 日本の金融システム ・・・・・・・・・・・・・・ *72*

2 中小企業金融の実態 ・・・・・・・・・・・・・ *74*

3 地域金融の実態 ・・・・・・・・・・・・・・・・・・ *76*

4 新しい中小企業金融・地域金融の
潮流 ・・・・・・・・・・・・・・・・・・・・・・・・・・・・・・ *78*

VII 中小企業の情報化を知る

1 中小企業における情報化の進展(1)
：電子化時代 ・・・・・・・・・・・・・・・・・・・・ *80*

2 中小企業における情報化の進展(2)
：ME 化時代・高度情報化時代
・・・・・・・・・・・・・・・・・・・・・・・・・・・・・・・・ *82*

3 中小企業における情報化の進展(3)
：ネットワーク化時代 ・・・・・・・・・・・ *84*

4 ものづくり中小企業における生産
現場のデジタル化 ・・・・・・・・・・・・・・・ *86*

5 IT 化の進化と新しい創業の形 ・・・ *88*

6 IoT と中小企業 ・・・・・・・・・・・・・・・・・・ *90*

VIII 下請中小企業を知る

1 下請とは何か ・・・・・・・・・・・・・・・・・・・・ *92*

2 下請をめぐる議論(1)：1940〜50
年代／藤田・小宮山論争 ・・・・・・・・・ *94*

3 下請をめぐる議論(2)：1950〜80
年代 ・・・・・・・・・・・・・・・・・・・・・・・・・・・・・・ *96*

4 下請をめぐる議論(3)：1980年代以
降／サプライヤー論との接点 ・・・・・ *98*

5 下請中小企業の存立と存立展望 ・・・ *100*

IX 中小企業のネットワークを知る

1 中小企業とネットワーク ・・・・・・・・・ *102*

2 中小企業ネットワーク(1)：企業
組合，異業種交流 ・・・・・・・・・・・・・・・ *104*

3 中小企業ネットワーク(2)：新連
携，農商工連携，地域資源活用
プログラム ・・・・・・・・・・・・・・・・・・・・・・ *106*

Ⅹ　中小製造企業を知る

1　製造分野における中小企業 ……*108*

2　大企業の生産体制と中小企業 …*110*

3　ものづくり中小企業の生産性向上
　　の取組み………………………*112*

4　大企業の調達革新と中小企業の
　　対応………………………………*114*

5　中小企業とタイミング・コントロ
　　ーラー …………………………*116*

6　町工場の存立と操業環境………*118*

Ⅺ　中小商業・サービス企業を知る

1　商業分野における中小企業 ……*120*

2　商店街の現状と役割 …………*122*

3　大規模店舗の出店の影響………*124*

4　日本の商習慣と流通制度………*126*

5　チェーン店と中小企業…………*128*

6　サービス業における中小企業：
　　生活衛生関連業種のケース ……*130*

7　観光産業と中小企業 …………*132*

Ⅻ　地域中小企業を知る

1　地域における中小企業…………*134*

2　地域における企業集積(1)：日本…*136*

3　地域における企業集積(2)：海外…*138*

4　地域開発と中小企業(1)：国土総合
　　開発 …………………………*140*

5　地域開発と中小企業(2)：外来型開
　　発の失敗と地方の時代…………*142*

6　地場産業と伝統的工芸品 ………*144*

7　企業城下町と地域社会…………*146*

8　震災復興と地域市民としての中小
　　企業の役割 ……………………*148*

9　地方創生と中小企業 …………*150*

ⅩⅢ　中小企業の海外展開を知る

1　中小企業の国際化とグローバル化
　　…………………………………*152*

2　国際化のプロセスと中小企業…*154*

3　中小企業の輸出………………*156*

4　中小企業の海外直接投資………*158*

5　中小企業のグローバル化と人的
　　資源……………………………*160*

6　中小企業の海外展開支援………*162*

ⅩⅣ　中小企業のイノベーションを知る

1　中小企業のイノベーション／経営
　　革新……………………………*164*

2　イノベーションのタイプと中小企
　　業(1)：中小企業の強み…………*166*

3　イノベーションのタイプと中小企
　　業(2)：製品アーキテクチャ ……*168*

4　中小企業の研究開発 …………*170*

XV 中小ベンチャー企業を知る

1 ベンチャー企業とは …………… *172*

2 ベンチャー・ブーム …………… *174*

3 ベンチャー企業のタイプと実態… *176*

4 アントレプレナーシップ ……… *178*

5 アントレプレナー …………… *180*

6 ベンチャー企業の経営 ………… *182*

7 ベンチャー企業への支援 ……… *184*

XVI 中小企業研究を知る

1 中小企業の研究方法 …………… *186*

2 中小企業関連の学会 …………… *188*

3 中小企業の研究ジャーナル …… *190*

資料編

資料1 『中小企業白書』（1972年版）における中小企業のイメージ…… *195*

資料2 産業別規模別企業数（民営，非1次産業，2009年，2012年，2014年，2016年）…… *196*

資料3 中小企業関連主要国際ジャーナル …… *198*

資料4 中小企業憲章…… *199*

資料5 中小企業基本法（1963年）…… *202*

資料6 中小企業基本法（1999年）…… *205*

資料7 中小企業基本法（2013年）…… *208*

資料8 小規模企業振興基本法…… *211*

資料9 中小企業庁設置法…… *213*

人名・事項索引 …………………… *214*

やわらかアカデミズム・〈わかる〉シリーズ

よくわかる
中 小 企 業

中小企業とは何か

 中小企業とは

　中小企業（Small and Medium-sized Enterprises, SMEs）とは何か。この問いにこたえることが中小企業を理解する入り口であり，同時に到達目標であるといわれている。これは，中小企業という存在の身近さとともに，その本質を捉えることの難しさを意味する。最も典型的には，中小企業を知るために①業種・業態，②企業規模，③企業の年齢，④立地と市場範囲，⑤経営者，企業家の資質まで考慮すると，その多様な全体像は簡単には捉えきれないだろう。中小企業のもつこの多面性を「中小企業の異質多元性（SME heterogeneity）」という。例えば，中小企業にはものづくりを行う工場もあれば，商店街の八百屋や飲食店，床屋などサービス業まで幅広い。雇用者のいない規模の小さな町工場から，大企業と比肩する規模や設備を備えた中堅企業もある。創業間もないベンチャー企業もあれば，100年以上続く老舗のファミリー・ビジネスも存在する。日本には機械金属の製造や加工を行う大都市型工業集積もあれば，メガネ（鯖江市）や洋食器（燕市），タオル（泉佐野市）など一品ものに特化した地方の産地型産業集積も数多い。熱意とアイデアで市場創造を果たす起業家もいれば，第二創業で経営を新たに刷新する若手経営者も多い。中小企業を知るには，戦略や組織，経営者の個性まで様々な要素を幅広く検討する必要がある。

　また，この問いは中小企業を把握するアプローチの豊富さとそれゆえの合意形成の難しさをも意味する。中小企業を知るには，経済学や社会学，心理学など人や社会をより体系的に把握するディシプリン（discipline）のみならず，組織論や経営戦略論といった，組織・マネジメント・人材などのより経営の実践を扱う応用科学（applied science）の視点も必要となる。扱われるトピックも本書全体が示すように様々なトピックが対象となる。

 中小企業の定義：量的基準と質的要件

　中小企業を知る上で，そのスタートとなるのが中小企業の範囲を示す定義である。大企業と区別して中小企業を知るには，その量的基準と質的要件の両面を知る必要がある。日本では，中小企業基本法において以下のように規定されている（**資料Ⅰ-1**）。同法の1963年の制定から2度の改正を経て，現在ではこの量的基準による定義が採用されている。

▷1　EUでは，従業員数，年間売上高（あるいは年次総資産）といった指標のほか，2005年から企業間関係をベースとする①自立型（autonomous），②パートナー型（partner），③連結型（linked）の3つの企業カテゴリーを新しく採用し，政策浸透の確実性を高める試みがなされている（三井逸友『中小企業政策と「中小企業憲章」：日欧比較の21世紀』花伝社，2011年）。アメリカでは，従業員数あるいは売上高といった指標のほか，質的要件として①営利事業であること，②独立所有・運営であること，③その分野において国内市場を独占していないこと，④国内に立地していることを挙げている。

定義は，研究として「相対的に規模の小さな企業，組織」の範囲を規定するのみならず，その国・地域の政策と深くリンクしている。例えば，業種ごと（製造業とサービス業）のちがいや，大企業の子会社やNPO法人などが量的基準を満たしていても，日本の政策対象として把握することが「最適解」であるかどうかなど中小企業という存在をどのように考え，どの範囲を政策対象とするのかを検討する必要がある。つまり，国際的に統一の定義があるわけではなく，それぞれの国・地域によって裁量的に設定されるものである。また，日本の定義には法的な質的要件は含まれないが，中小企業研究の学際性を踏まえれば，中小企業を知るための「これからの質的要件」も考えていく必要があるだろう。中小企業の戦略，国際化プロセス，SDGsなどのダイバーシティ経営，女性・マイノリティの起業，CSRと地域社会との共生など多彩な視点から中小企業を捉える方法をつくっていく必要がある。

資料Ⅰ-1　日本の中小企業の定義

業種分類	中小企業基本法の定義
製造業その他	資本金の額または出資の総額が3億円以下の会社または常時使用する従業員の数が300人以下の会社および個人
卸売業	資本金の額または出資の総額が1億円以下の会社または常時使用する従業員の数が100人以下の会社および個人
小売業	資本金の額または出資の総額が5000万円以下の会社または常時使用する従業員の数が50人以下の会社および個人
サービス業	資本金の額または出資の総額が5000万円以下の会社または常時使用する従業員の数が100人以下の会社および個人

出所：筆者作成。

③　日本の中小企業認識

　中小企業の「中小」の概念は，大企業の「大」との相対概念，つまり大企業のあり方と相関して初めて意味をもつ。大企業との関係性の中で大企業と区別して中小企業を取り上げること，その根拠が「中小企業とは何か」という問いにこたえる上で重要となる。

　日本の中小企業研究は戦前の1930年代から続く歴史をもち，主にフィールドワークをつうじた中小企業の実態把握から研究コミュニティを形成してきた。日本の学説は，大きく次の2つのアプローチに分けられる。まず，戦前から高度成長期までは**「問題型中小企業認識」**が展開された。このアプローチは大企業との関係の中で，中小企業は問題をもちながら存在していると考えてきた。一方で，高度成長期以降は**「貢献型中小企業認識」**が展開された。このアプローチは日本経済の発展における中小企業の役割・機能をより評価することを念頭に置いている。中小企業を「バイタルマジョリティ（活力ある多数派)」として位置づけ，戦後から高度成長期において果たした役割や貢献，地域経済における雇用の場としての意義などを積極的に評価する視点である。

　両者はどちらか一方でも不十分である。これからは「中小企業とはどのような存在なのか」という問題意識を原点としながら，中小企業を「搾取される存在」として「過小評価」するのではなく，また「経済成長のエンジン」として暗黙的に「過大期待」するのではない，社会におけるより「豊かな」中小企業認識を学術と現場がともに創造する必要がある。　　　　　　　（平野哲也）

▷ CSR
⇨ Ⅳ-3 「中小企業に求められる社会的責任」
▷ SDGs
「Sustainable Development Goals（持続可能な開発目標）」の略称。2015年9月の国連サミットで採択された。貧困や飢餓，教育，ジェンダー，環境問題，経済成長，不平等など17のゴール，その具体的な達成基準として169のターゲットが設定されている。

▷問題型中小企業認識
⇨ Ⅰ-2 「中小企業のイメージ」
▷貢献型中小企業認識
⇨ Ⅰ-2 「中小企業のイメージ」

▷ 2　⇨ Ⅰ-2 「中小企業のイメージ」, ⅩⅥ-1 「中小企業の研究方法」

中小企業のイメージ

① 中小企業研究と中小企業認識

　「中小企業」という用語は，ほぼ一般的に多くの場面において使用されてきたにもかかわらず，その用語がどのような実態を指して使われているのかについては，必ずしも統一したものがあるわけではない。これはひとえに，中小企業の「異質多元的」な性格による。

　しかしながら，中小企業に対する認識については，中小企業研究ならびに中小企業政策史上では，**問題型中小企業認識**と**貢献型中小企業認識**という２つの対極の認識が存在する。このような中小企業認識のあり方は，中小企業政策の対象としての中小企業を規定する上で多大な影響を伴うものであり，なかでも1999年における**中小企業基本法の改定**は，問題型から貢献型への中小企業認識の大転換を踏襲したものとして，中小企業研究史上において多くの議論を引き起こした。

　このように中小企業とは何かを，その認識的側面から接近していくことは，その対象を規定することにもなることから，中小企業研究において本質的な課題であり，重要なテーマでもある。

② 中小企業のイメージをめぐる調査

　日本国民が，国内に存立する中小企業に対してこれまでどのようなイメージをもっていたのかについては，中小企業勤労者を対象にした中小企業に対するイメージに関する調査（『中小企業白書』〔1972年版および1992年版〕に掲載されたデータ，本書**巻末資料１**参照）と，大学生（一部大学院生）を調査対象とした諸研究がある。

　『中小企業白書』（1972年度版）では，「**二重構造**」としての問題型中小企業認識（ネガティブ・イメージ）にかかる諸項目や，「小回り・バイタリティ」といった貢献型中小企業認識（ポジティブ・イメージ）だけでなく，良し悪しといった価値判断が入らない「個人企業」に関する項目が取り上げられた。また『中小企業白書』（1992年度版）では，「労働条件劣悪・人手不足」や「経営体質が弱く，不安定」などといった「ネガティブ・イメージ」と「家族的雰囲気」ならびに「地域経済の中核」などといった「ポジティブ・イメージ」とが並存していることを指摘している。

▷**問題型中小企業認識**
中小企業は大企業との競争に負けて淘汰される存在であるとする「淘汰問題型」，大規模化することなく残り続ける中小企業の残存理由を説明する「残存問題型」，大企業と中小企業との格差構造を問題とする「格差問題型」である。

▷**貢献型中小企業認識**
経済発展への影響や貢献を重視する「開発貢献型」，成熟化した社会における需要の変化への対応を重視する「需要貢献型」，市場において寡占や独占的な市場に対し自由競争を促進する「競争貢献型」，新たに中小企業を生み出す苗床としての役割を重視する「苗床貢献型」である。

▷**中小企業基本法の改定**
⇨ Ⅲ-4 「中小企業基本法」

▷**二重構造**
従属型の中小企業は，系列化や下請システムのもと，独占資本の大企業による直接的・間接的な収奪から資本蓄積力を削減され，二重構造の底辺に滞留する。中小企業の成長はありえず，中小企業と大企業の間には絶えがたい断層が存在する。その断層とは，生産性や賃金等の諸格差として示される。⇨ Ⅱ-2 「戦後の高度成長と中小企業（1950, 60年代）」

同じく大学生を対象とした松井（2004）では，自身の講義を履修する学生に対するアンケート調査から，寺岡（2005）では，関西の私立大学生約200名を対象にしたアンケート調査から，さらに後藤（2014）では，2013年に京都大学および大阪大学の学部生・大学院生102名を対象にしたアンケート調査から，「マイナス・イメージ」と「プラス・イメージ」とで調査結果をそれぞれ類型化している。

松井（2004）では，大学生を対象に，中小企業の諸特徴を示す項目から8つ選んで回答するという調査を行ったところ，「暗いイメージ」では，「下請企業，資金調達が困難・金融難，倒産，知名度不足，個人企業，不安定」が多い一方で，「活力のイメージ」では，「大企業のパートナー，日本経済の担い手，ベンチャービジネス，専門性，日本経済の競争力の源泉」が多いとされている。また寺岡（2005）では，中小企業の「マイナス・イメージ」として，「ノーブランド」や「低賃金・長時間労働・休みなし」など，また「プラス・イメージ」として，「人間本来のパワーを感じる存在」「人間味とロマン」などが取り上げられている。また，後藤（2014）では，回答数の多い項目順に，中小企業の「マイナス・イメージ」として，「小規模，零細弱小」や「下請」，「資金面の弱さ」，「大企業や景気への従属性」など，また「プラス・イメージ」として，「技術力」，「日本経済，地域経済を支える存在」などが取り上げられている。

③ 中小企業のイメージをめぐる今後の研究展望

これまでの先行研究を整理した後藤（2015）によれば，『中小企業白書』では，「ポジティブ」と「ネガティブ」の「イメージが併存」しているが，どちらかといえば「ネガティブのほうが多い」こと，あるいは最近の大学生（一部大学院生）も，「正負まじえた様々なイメージを持っている」ことを指摘している。しかしながら，これらの諸研究は，中小企業に対するイメージの内実を示すに留まっているといえる。

様々なイメージの提示を超えたさらなる分析については，これまでほとんどなされていない。なかでも『中小企業白書』（1972年度版）では，いくつかの項目ごとが線で結ばれ1つのまとまりを形成しているが，その線にはどのような意味があるのか明確ではない。諸項目の関連を何らかの形で示す上で，独自の分析が必要となる（**巻末資料1**参照）。

中小企業のイメージと存立実態との間に隔たりがあれば，その隔たりを解消させていくことが求められる。しかしイメージそれ自体を実態に近づけていくためには，様々な大きな，また多様な検討課題が生じる。中小企業が貢献型認識が示す存在であるとするならば，そのような貢献型中小企業を多数生み出すために必要な条件や政策は何かなどの検討が必要となってくる。（関 智宏）

▷1 松井敏邇『中小企業論』晃洋書房，2004年。
▷2 寺岡寛『中小企業の政策学：豊かな中小企業像を求めて』信山社，2005年。

▷3 後藤康雄『中小企業のマクロ・パフォーマンス：日本経済の寄与度を解明する』日本経済新聞出版社，2014年。

▷4 後藤康雄「日本経済における中小企業のプレゼンスと政策のあり方」独立行政法人経済産業研究所（RIETI）BBLセミナープレゼンテーション資料，2015年（http://www.rieti.go.jp/jp/events/bbl/15012301_goto.pdf 2020年2月1日閲覧）。

中小企業の存立実態

① 中小企業の量的重要性

▷『中小企業白書』
1963年に公布された中小企業基本法に基づいて刊行される。その時々の日本の中小企業認識を反映する資料となる。中小企業の動向やトピックのほか，刊行の前年に実施された／刊行年にこれから実施される中小企業政策，中小企業の統計資料が掲載される。

▷小規模企業
中小企業基本法によると，小規模企業は「製造業その他において従業員20人以下，商業（卸売業・小売業）・サービス業において従業員5人以下の事業者等」と定義される。⇨Ⅲ-10「小規模企業振興」

▷日本標準産業分類
日本標準産業分類（Japan Standard Industrial Classification）は日本の公的統計における産業分類を定めた総務省告示である。大分類・中分類・小分類・細分類に区分される。

　日本の中小企業の量的重要性は，主に『中小企業白書』から知ることができる。まず，企業数をみよう。日本の民営非一次産業の企業数は，統計によると，企業ベースで358.9万社にのぼり，そのうち中小企業は全体の99.7％にあたる357.8万社である（巻末資料2）。製造業，非製造業のいずれにおいても圧倒的多数を中小企業が占めていることがわかる。また，そのうち小規模企業が304.8万社となり，多数を占めていることがわかる。中小企業比率に関する製造業を対象とした国際比較研究では，各国・地域の定義を用いて比較した場合でも日本の順位は76カ国中11位となっている。中小企業の割合は世界的にみても相対的に高いことが明らかになっている。

　次に，雇用をみよう。日本の民営非一次産業における雇用は，統計によると，企業ベースで4678.9万人にのぼり，そのうち中小企業を働く場とする者は全体の68.8％にあたる3220.1万人である。また，都道府県別の企業規模別シェアをみると，全国47都道府県のうち，平均を下回るのは東京都（41.3％）と大阪府（66.9％）のみであり，鳥取県（94.2％），奈良県（94.1％）などは大多数が中小企業を働く場としている。さらに，これを小規模企業に限定しても，その割合（例えば，東京都〔8.8％〕に対して和歌山県〔38.1％〕など）は同様の傾向があることがわかる。地方圏における中小企業の「働く場としての存在の大きさ」を示す指標である。

② 中小企業の存立分野

　日本の中小企業の存立分野にはどのようなものがあるのか。日本標準産業分類には大分類として20の産業が分類されている。同上巻末資料2にあるように，農業，林業，漁業を除く非一次産業のいずれの産業においても中小企業の存在が圧倒的であることが明らかである。以下では，日本の産業のうち，製造業と商業（卸売業・小売業）における中小企業のシェアを簡単にみていく。

　製造業には中分類として24の産業が分類されている。素材から最終製品，消耗品から耐久消費材まで多岐にわたる。中小製造業（従業者規模4～299人の事業所）は製造品出荷額が46.5％，付加価値額が52.4％のシェアとなっている（『工業統計』2019年確報）。中小製造業は日本の製造業の約半数のシェアを占めてい

る。

　卸売業・小売業には中分類として12の産業が分類されている。卸売業は小売業または他の卸売業などに商品を販売するもので，卸売商や商社などから製造問屋，代理商，仲立業を指す。また，小売業は個人用または家庭用消費などのために商品を販売するもので，百貨店や総合スーパー，コンビニエンス・ストアから個人商店などまで様々な種類がある。中小商業（卸売業は従業者1～99人，小売業は1～49人の事業所）の販売額は，卸売業は62.1%，小売業は70.2%となっている（『商業統計』2014年確報）。中小商業は日本の商業の60%以上のシェアを占め，製造業よりも中小企業の占める割合は高い。

　製造業と商業における中小企業の割合は，1960年から現在に至るまで多少の変動はあるものの，一定のシェアをもって推移してきた。一般的に日本の中小企業というと，ものづくり技術の国際競争力の高さやそれを支える日本的下請システムの歴史から製造業の層の厚さが語られることが多いが，卸売業・小売業のみならず，建設業や運輸業，情報通信業およびサービス業などまで含めると多くの分野で中小企業が日本産業の裾野を支えている。

▷1　⇨第Ⅷ章「下請中小企業を知る」

3　中小企業の形態

　日本の中小企業の形態は，その歴史的背景や研究蓄積の厚みから製造業（中小工業）における下請企業の形態およびそれに関する学説である存立形態論によって説明されることが多い。日本では下請を企業間関係（取引関係）の視点に基づき，戦時期から戦後にかけては中小工業問題における従属形態と位置づけ，また高度成長期から1980年代にかけては日本的下請システムを国際競争力の源泉として議論してきた。現在の日本では中小製造業の70～80%近くが下請企業であると考えられている。

　卸売業については，流通段階別に，生産業者や国外から商品を仕入れて小売業者や産業用使用者，国外へ販売する「直取引卸」，生産業者や国外から仕入れ，卸売業者へ販売する「元卸」，卸売業者から仕入れ，卸売業者へ販売する「中間卸」，卸売業者から仕入れ，国外や小売業者へ販売する「最終卸」に分類される。構成比をみると，生産者や海外から直接商品を仕入れる川上段階の直取引卸や元卸ほど大企業の割合が高くなり，中間卸や最終卸など川下段階に進むにつれて中小企業の割合が高くなる。

▷2　⇨第Ⅺ章「中小商業・サービス企業を知る」

　小売業については，百貨店，総合スーパー，専門スーパー，コンビニエンス・ストア，ドラッグストア，その他スーパー，専門店，中心店，その他の小売店に分類される。中小企業は特定ジャンルの商品に特化した専門店（51.6%）と中心店（22.0%）の2形態で70%以上を占める。　　　　　　（平野哲也）

（推薦図書）

Ayyagari, M., Beck, T. and Demirguc-Kunt, A., "Small and Medium Enterprises Across the Globe," *Small Business Economics*, 29, 2007, pp. 415-434.

多様な中小企業とその視点(1)：特徴，ヒト，活躍の場

1 　中小企業の「特徴」の視点①：中堅企業，ニッチトップ企業

　中堅企業とは，1960年代初めに登場した「中小企業」の枠を超えて成長する企業群のことである。中村秀一郎は以下の４点から中堅企業を特徴づけた。つまり，①巨大企業や大企業の別会社・系列会社ではなく，「資本的にはもとより，企業経営の根本方針の決定権を持つという意味での独立会社」であること，②「証券市場を通じての社会的な資本調達が可能となる規模に達した企業」であること，③「個人，同族会社としての性格を強くあわせ持つという点で，大企業とは区別される」企業であること，④「中小企業とは異なる市場条件を確保し」，独自技術・設計考案による生産を行い，それぞれの部門で高い生産集中度，市場占有率を保有していることである[1]。

　近年では，中堅企業の延長で**ニッチトップ企業（NT企業）**といった企業群の研究も登場している。ニッチトップ企業（NT企業）とは競争力の高い独自製品を有する独立性の高いものづくり中小企業を指す。その特徴として，製品開発パターンに①高いイノベーション能力，新製品開発力，②製品開発にニーズオリエンティッドのニッチ市場を有し，③潜在的ユーザーの「評判」が高く，④「内部資源」と「外部資源」を活用し，⑤大手サプライヤー企業，加工外注先，大学等と独自のネットワークを築き，⑥企業間連携，産学連携，広域連携が大きな役割をもつことが指摘されている[2]。

2 　中小企業の「特徴」の視点②：ベンチャー企業

　ベンチャー企業とは，1970年代に登場した以下のような特徴をもつ企業群である。つまり，①企業家精神の旺盛な経営者が小規模な事業を創業していること，②経営者が高度な専門技術や豊かな経営ノウハウを保持していること，③一般に大企業との下請分業関係になく独立型企業であり，大企業に支配されていないこと，④独自の新商品，新サービスを開発し，経営基盤が弱いながらも急成長を遂げる可能性をもっていること，⑤売上高に占める研究開発費の比率が高い研究開発型企業であること，⑥未上場ではあるが株式公開を念頭に置いている成長志向の中小企業であること，である[3]。

　日本では現在に至るまで，第一次ベンチャー・ブーム（1970～73年），第二次ベンチャー・ブーム（1982～86年），第三次ベンチャー・ブーム（1995～2001年）

▷**中堅企業**
⇨ Ⅱ-2 「戦後の高度成長と中小企業（1950, 60年代）」

▷ 1 　中村秀一郎『中堅企業論』東洋経済新報社，1964年。
▷**ニッチトップ企業（NT企業）**
ニッチトップ企業（NT企業）のうち，ニッチトップ製品を複数保有し，そのうち少なくとも１つは海外市場でもシェアを有する企業がグローバル・ニッチトップ企業（GNT企業）と定義される。
▷ 2 　細谷祐二『グローバル・ニッチトップ企業論：日本の明日を拓くものづくり中小企業』白桃書房，2014年。
▷**ベンチャー企業**
⇨ ⅩⅤ-1 「ベンチャー企業とは」

▷ 3 　佐竹隆幸『中小企業存立論：経営の課題と政策の行方』ミネルヴァ書房，2008年。
▷ 4 　⇨第ⅩⅤ章「中小ベンチャー企業を知る」

が確認されている。また，スピンオフ型ベンチャー企業や社内ベンチャー（コーポレート・ベンチャリング），大学発ベンチャー企業，第二創業型ベンチャー企業といった多様な形態に展開する概念となった。

③ 中小企業の「ヒト」の視点：アントレプレナーシップ

アントレプレナーシップ（entrepreneurship）とは，中堅企業やベンチャー企業など成長発展を志向する中小企業をヒト，つまり企業家や認識される事業機会の視点から捉える方法である。例えば，**革新的な企業家**は①クエスチョニング，②オブザービング，③エクスペリメンティング，④アイデア・ネットワーキングといった独自の認識パターンをもつ。アントレプレナーシップは，ストラテジック・アントレプレナーシップ（strategic entrepreneurship；戦略的企業家）やソーシャル・アントレプレナーシップ（social entrepreneurship；社会的企業家），インターナショナル・アントレプレナーシップ（international entrepreneurship；国際的企業家）など様々な研究領域と自由に結びつき，その企業家の行動，組織，パフォーマンスなどを多角的に研究する国際的にも成長著しい分野である。近年では，個人（特にイメージされる男性企業家）のみならず，ジェンダー（女性企業家など）やマイノリティ，障がい者の起業などの研究も注目され，常にその価値を拡大・再定義しつづけている。語る者によってイメージするものが数多く，「ジャングル」や「サファリ」などとも称されている。

④ 中小企業の「活躍の場」の視点：グローバル‐ローカル

大企業のみならず中小企業も国境を越えて事業活動を行う。国際化について国内企業，国際企業，多国籍企業，グローバル企業の４つの段階（類型）があるとすれば，これまでの日本の中小企業研究の多くは国内企業を対象に，その政策を検討してきた。しかし，近年では中小企業の海外事業展開のみならず，**ボーングローバル企業**と呼ばれる国際新興企業も存在する。中小企業にとって「国際（グローバル）」の視点はより重要性を増している。

一方で，それぞれの国・地域など「地域（ローカル）」の視点からも中小企業はかけがえのない存在である。地域経済にとって中小企業は①地域内にとどまり，②地域内経済循環，③地域産業の多様性に寄与し，④地域活性化に積極的に取り組む主体である。地域中小企業論の視点は，①中小企業研究が暗黙に前提としがちな（例えば東京都など都市部などから体系化された）一般解（平均値）と地方の「ズレ」を意識すること，②その地域を軸とした中小企業政策を考えるためにある。いずれの視点も中小企業を語る上で欠くことのできないものである。

（平野哲也）

▷革新的な企業家（innovative entrepreneurs）
①クエスチョニング（Questioning）は現状につねに疑問をもつこと，②オブザービング（Observing）は自分の世界を常に観察すること，③エクスペリメンティング（Experimenting）は実験と探索をすること，④アイデア・ネットワーキング（Idea Networking）はバックグラウンドや視点の異なる人とネットワークをもつことを指す（Dyer, J. H., Gregersen, H. B., and Christensen, C. M., "Entrepreneur Behaviors, Opportunity Recognition, and the Origins of Innovative Ventures," *Strategic Entrepreneurship Journal,* 2, 2008, pp. 317-338.）。

▷ボーングローバル企業（Born Global Firms）
設立当初より，複数の国における資源の活用と産出物の販売から競争優位を構築しようとする国際新興企業を指す（Oviatt, B. and McDougall, P., "Toward a theory of international new ventures," *Journal of International Business Studies,* 25, 1994, pp. 45-64.）。
⇨ⅩⅢ-2 「国際化のプロセスと中小企業」

▷5　本多哲夫「地域経済と中小企業」植田浩史・桑原武志・本多哲夫・義永忠一・関智宏・田中幹大・林幸治『中小企業・ベンチャー企業論［新版］：グローバルと地域のはざまで』有斐閣，2014年，61-79頁。

▷6　池田潔『地域中小企業論：中小企業研究の新機軸』ミネルヴァ書房，2002年。

5 多様な中小企業とその視点⑵：部落産業，エスニシティ，社会的弱者を守る

1 被差別部落と部落産業

中小企業を社会的かつ経済的な弱者とみなす立場に，被差別層に関する見方がある。日本におけるその代表的な見方の１つに，部落産業がある。

日本における部落産業の代表的な業種として，屠肉業，皮革業，製靴業，荒物業，履物業，行商，仲買業などが挙げられる。**同和対策審議会**による答申によると，部落産業は日本経済における**二重構造**の問題と密接にかかわりながら，部落産業を産業経済の二重構造の最底辺を形成するとともに，日本経済の発展からとり残された非近代的部門を形成しているとみられてきた。不当な社会的差別と偏見によって，そのような位置に置かれてきたという見解である。

同和対策審議会の答申に付された「産業・職業部会報告」では，部落産業の企業経営上の特徴として，「①経営面における零細過小性・世襲的生産・家族的経営，②労働面における家族労働を中心とする数人の雇用労働力，③生産設備，技術，雇用関係面における近代化の著しい遅れ，④労働環境面における経営と労働，職場と住居の未分化」を指摘している。また，部落には地域特性があるといわれる。①生活の基盤となる産業（すなわち部落産業）をもち，それを中心に地域共同体としての集団的性格を顕著にしている地域，②そうでない雑業によって生計を立てなければならない地域，③伝統的な職業・技術＝専門的熟練労働に特化した地域，である。特に被差別部落としての典型的な社会的性格（被差別部落としての社会的性格）と問題点をもつのは①であるといわれる。

部落が存在する基本的条件は土地問題であるといわれる。農業地帯に位置しながらも，地主的土地所有のもとにあって，土地の所有と経営から疎外され，農業生産の全面にわたって低位な条件しか与えられてこなかった。封建時代における身分差別だけでなく，明治政府における「上べ」だけの「**解放令**」，加えて「**地租改正**」においても適切な施策や恩恵を受けることなく，日雇い農民でしかありえなかった。そのために，藁や竹など農作物の廃材を原料として，生活のための知恵を絞って，例えば履物を生産しながら生計を立ててきた地域も存在する。

2 エスニシティ

文化や宗教，社会的価値観などの文化的特性を共有する集団を捉える概念と

▷**同和対策審議会**
同和問題を審議するために，1960年に設置された総理大臣の諮問機関である。1965年に，同審議会から答申が提出されてから，同和対策関連の施策が展開されていくようになった。

▷**二重構造**
⇨Ⅱ-2「戦後の高度成長と中小企業（1950，60年代）」

▷**解放令**
1871年８月に明治政府が四民平等の一環として出した布告であり，穢多（えた）・非人などの身分や職業を平民同様にするとした。

▷**地租改正**
1873年に明治政府が行った租税制度改革である。この制度に基づき，土地に対する私的所有権が初めて確立された。

して，エスニシティという考え方がある。これは，当該国・地域に居住する少数民族に端を発している。かつてアメリカの経済社会の歴史の中でも，プエルトルコ系，エスキモー，アリューシャン列島先住民，メキシコ系，スペイン系，アフリカ系などが含まれており，被差別階層としてみなされてきた。こうした人々が生計を立てる場として中小企業を営んでおり，中小企業＝被差別階層とされてきた。こうした問題に取り組むため，1980年に，アメリカ大統領であったカーターがヒューマニズムの立場から，「**ホワイトハウス中小企業会議**」を開いた。

　日本では，相手が異なる民族であるという認識があまり共有されることは少ないが，現在，経済発展が著しいアジアにおいてもアメリカと同様に多民族国家が存在する（**アジアの多民族国家**）。特に少数民族において，前述の部落産業でみた企業経営上の特徴のいくつかが該当しており，社会的かつ経済的な弱者としての中小企業として描かれることがある。

③ 社会的弱者を守る中小企業

　中小企業はこんにち，雇用創出などの諸面において，社会的かつ経済的に貢献する存在として認識が新たにされるようになってきている。日本においても，1999年の**中小企業基本法**の改定，2010年の**中小企業憲章**の制定などにおいてその傾向は顕著である。ただ，雇用創出といっても，どのような層が雇用されるかについては様々である。ここでは，社会的弱者の雇用をみていく。

　1つには，貧困の解決に大きく貢献しうるという点である。発展途上国など貧困層が多く存在する地域では，産業といっても雇用吸収力が相対的に高くない農業がおもな産業であり，所得を形成するための仕事が多く存在しない。それゆえ，規模は小さくとも，自らが事業を営むことで所得を成すことが家計を維持するだけでなく，結果として地域および国家の経済の発展に寄与する。中小企業の存在によって，貧困問題を解決しうるという考え方である。

　もう1つは，障がい者の雇用の受け皿となっている点である。障がい者の雇用は，ある一定の規模以上の企業（日本では2018年3月末までは50人以上，2018年4月からは45.5人以上）については，企業規模にかかわらず法定雇用率が適用される（日本では2018年3月末までは2.0%，2018年4月からは2.2%）。『中小企業における障害者雇用促進の方策に関する研究』（独立行政法人高齢・障害・求職者雇用支援機構 障害者職業総合センター，2013年）によれば，障がい者を雇用した実績が「ほとんどある」とした大企業と比べると，中小企業の実績は約7割にとどまったというデータもあるが，中小企業の中に障がい者雇用に積極的に取り組む企業も着実に存在している点を高く評価するべきである。社会的かつ経済的な弱者として描かれることの多い障がい者が，いっそう活躍できる場所を中小企業が創出しているのである。　　　　　　　　　（関　智宏）

▷ホワイトハウス中小企業会議
1980年のカーター政権のときに第1回，1986年のレーガン政権のときに第2回，そして1995年のクリントン政権のときに第3回の会議が開催された（1938年のルーズベルト政権のときにも中小企業者を集めた会議が開催された）。第3回ホワイトハウス中小企業会議では，中小企業の貢献に関する一般の認識度を高めること，中小企業の問題点を明らかにすること，マイノリティや女性の所有する中小企業の現状を知ること，中小企業がアメリカの雇用創出の担い手としての役割を果たせるよう支援すること，行政府や立法府に望まれる具体的かつ総合的対応策を検討できる場とすること，を目的とした（佐藤芳雄「第三至福千年のアメリカ中小企業：「1995年ホワイトハウス中小企業会議」について」『商工金融』1995年8月号，1995年，25-43頁）。

▷アジアの多民族国家
マレーシアでは，マレー人，中国人，インド人他が，シンガポールでは，中国人，マレー人，インド人他が，インドネシアでは，ジャワ人，スンダ人が，フィリピンではタガログ人，セブアーノ人などがいる。

▷中小企業基本法
⇨Ⅲ-4「中小企業基本法」

▷中小企業憲章
⇨Ⅲ-7「中小企業憲章と新しい中小企業政策」

6 # 中小企業の統計

1 中小企業に関連する統計を探す

　中小企業について調査や研究をするにあたり，中小企業の数や従業者の人数などを数量的な面から把握したり，変化の動向を分析したりしなければならないことがある。その際，数量的なデータを自ら収集しなければならないこともあるが，政府や民間の研究機関によってデータが収集され，統計として作成されているものもある。現在，政府統計の多くは，ホームページでも公表されており利用することができる。政府統計ポータルサイト e-Stat からは，中小企業に関連する各種の統計を検索できるほか，統計の公表予定なども知ることができる。

　中小企業に関連する統計は，毎年発行される『**中小企業白書**』にも収録されている。また，『中小企業白書』は，発行前年の中小企業の動向などが各種の統計データに基づいて解説されており，中小企業を調査・研究するにあたり有用な情報が提供されている。

2 事業所数や従業者数を調べる

　これまで，事業所数や企業数，従業者数などを調べる上で，広く利用されてきたのが「事業所・企業統計調査」である。「事業所・企業統計調査」は，全国すべての事業所を対象としており，産業別や地域別，従業者規模別などに事業所数や企業数を知ることができる。1947年に開始され，1981年までは 3 年ごとに行われていたが，その後は 5 年ごとに実施されてきた。また，1996年以降は調査から 3 年目にあたる年に簡易な方法での調査が行われてきた。

　「事業所・企業統計調査」は，2006年の調査を最後に「**経済センサス**」に統合された。「経済センサス」は，事業所・企業の基本的構造を明らかにする「経済センサス―基礎調査」と，事業所・企業の経済活動の状況を明らかにする「経済センサス―活動調査」からなる。前者は2009年に開始され，後者は2012年に開始された。

　なお，「経済センサス」の実施に伴って，「事業所・企業統計調査」のほか，「サービス業基本調査」などが廃止された。そのため，過去にさかのぼってデータを比較するときには，調査方法などに違いがあるので注意しなければならない。

▷『**中小企業白書**』
中小企業基本法に基づいて，毎年，政府が国会に提出する年次報告書。正式名称は，「中小企業の動向及び政府が中小企業に関して講じた施策に関する報告」。内容は，中小企業の動向や前年に実施された施策や，これから実施される施策など。

▷**経済センサス**
経済センサスは，事業所や企業の経済活動の状態を把握し，国の産業構造を明らかにすることを目的としている。これまで，経済に関連して実施されていた大規模調査を統廃合して，2009年に第 1 回の「経済センサス―基礎調査」が実施され，2012年には「経済センサス―活動調査」が実施された。

③ 工業の実態を調べる

　中小企業は，製造業のものづくりの分野でも重要な役割を担っている。ものづくりが行われている工場の数や，そこで働く従業者の人数，製造品の出荷額など，工業の実態を把握するために行われているのが「工業統計調査」である。この調査結果をまとめたものが「工業統計表」であり，品目編や産業編，用地・用水編，市区町村編，工業地区編，企業統計編などに分けて公表されている。

　「工業統計調査」は，製造業の事業所を対象として毎年実施されてきた。しかし，2015年の調査については，「経済センサス―活動調査」の実施に伴って中止となった。また，西暦の末尾が0，3，5，8となる年には全数調査が実施されていたが，2008年以降は従業者3人以下の事業所は対象外となった。

④ 商業の実態を調べる

　消費者に商品を販売する小売業や，商品の流通に関わる卸売業にも多くの中小企業が存立している。全国の小売業と卸売業の事業所を対象として，事業所数や従業者数，年間商品販売額などの実態を把握するために「商業統計調査」が実施されている。調査の結果は，「産業編（総括表）」「産業編（都道府県表）」「産業編（市区町村表）」「品目編」として公表されている。

　「商業統計調査」は，1952年に開始され，かつては2年ごとや3年ごとに実施されていたが，1997年以降は5年ごとに実施されることになり，調査の2年後に簡易調査が行われるようになった。だが，「経済センサス」が開始された2009年には簡易調査は廃止されることになり，「商業統計調査」の実施周期も「経済センサス―活動調査」の実施の2年後に変更されることになった。

⑤ 地域経済を分析する

　中小企業は，大企業と比較すると特定の地域でのみ事業を営んでいることが多い。そのため，中小企業の経営は，地域経済の動向と深く関わっている。

　近年，地域経済の衰退が叫ばれる中で，**地方創生**を後押しする政策が進められている。政府は，地方自治体が地方創生策などを立案していくための統計データのシステムとして，「**地域経済分析システム（RESAS）**」を提供している。

　RESASでは，各地域の人口をはじめ事業所の立地や経営活動，農林水産業や観光に関するデータも提供されている。一部のデータは，行政の担当者しか閲覧できないが，多くは一般にも開放されている。中小企業と合わせて地域経済の調査や研究にも活用できるものとなっている。　　　　　（山本篤民）

▷1　⇨X-1「製造分野における中小企業」

▷2　⇨XI-1「商業分野における中小企業」

▷地方創生
東京への一極集中と地方における人口減少・流出に歯止めをかけ，各地方・地域を活性化させる政策。第2次安倍内閣（2012〜14年）の主要政策として掲げられ，内閣府特命担当大臣（地方創生担当）も新設された。⇨III-6「中小企業政策の展開(2)」，XII-9「地方創生と中小企業」も参照。

▷地域経済分析システム（RESAS）
内閣府のまち・ひと・しごと創生本部が提供している。地方自治体による地方創生などの取組みを情報面から支援するための統計データのシステム。産業構造や人口動態，人の流れなどに関する官民のビッグデータを集約し可視化している。2015年4月から提供が開始され，その後も新たなデータが追加で提供されている。

7　中小企業の理論：経済学の古典

 中小企業研究と経済学の古典

　中小企業研究は現在の基礎を形成するまで，中小企業という存在をどのように捉えてきたのか。中小企業研究は中小企業を多専門的に捉え，また時には学際的にアプローチや方法を統合し，単一分野にはない理論的インプリケーションやこんにち的な実践的課題の解決方法を導き出す必要がある。その基礎となる古典を紐解くと，経済学ディシプリンをベースとして，「中小企業がなぜ存続するのか」という中小企業の存立の根拠をめぐって展開されてきた。

2 中小企業の理論①：「森の比喩」と「真の残存」

　中小企業の存立の根拠について最初に問題提起をしたのが，**マーシャル**の『経済学原理（*Principle of Economics*）』（1890年）である。マーシャルは次の「森の比喩」から中小企業の存立根拠を説明する。経済社会の中でも，ちょうど森の中の木のように，芽から若木へ，さらに大木へと成長する企業が生まれるが，やがて成長が止まり，朽ち果てて，新しい若木と交代するというものである。この生物学的説明は中小企業の多くが大企業によって淘汰される存在であるが，大企業であっても加齢とともに衰え，いずれ中小企業にとって代わることに中小企業存立の根拠があることを表現している。大規模経済の利益にもかかわらず，小規模企業が多数存在する現実に対して，マーシャルは大規模企業にはない小規模企業の独自の有利性を主張した。

　中小企業残存の条件を産業別に分析し，中小企業の残存理由を説明したのが，**ホブソン**の『*The Industrial System*』（1909年）である。ホブソンは「真の残存（経済的合理性）」と「そうでない残存（経済的非合理性）」にわけて，中小企業の存立根拠を説明した。「真の残存」とは，①消費者や大企業の小さな不規則注文を引き受ける場合，②商品（パンや菓子など）を地方市場にのみ供給する場合，③工芸品など手の込んだ高級品を供給する場合，④大規模な規則的市場が形成されていない新商品を生産する場合である。一方で，「そうでない残存」とは，①大規模企業・問屋などに従属している，②低賃金・長時間労働に依存する場合である。ホブソンは，中小企業を経済的合理性に基づき存立する「真の自主独立性」を実現する企業であるとした。

③ 中小企業の理論②：最適規模論

　ここまでの議論は，大規模利益が存在する中でなぜ中小企業が存続するのかを説明するものである。それに対して，企業規模とその要因から中小企業の存立根拠を説明したのが**ロビンソン**の『*The Structure of Competitive Industry*』（1931年）に代表される最適規模論である。ロビンソンは産業ごとに最適な規模である「最適規模」があるとし，最適規模企業を「現存の技術および組織能力の状態において，長期的にみた場合の費用の全てを含んだ製品１単位あたり平均費用が最低である企業」であるとした。また，その**決定要因**として①技術的要因，②市場的要因，③金融的要因，④管理的要因，⑤危険負担および景気変動要因の５つを指摘した。

④ 中小企業の理論③：不完全競争論

　最適規模論がより積極的な存立根拠を提示したのに対して，大企業によって残存させられる中小企業の存立根拠を示したのが**スタインドル**の『小企業と大企業（*Small and Big Business : Economic Problems of the Size of Firms*）』（1945年）である。スタインドルは中小企業の存続を，①小資本を犠牲に大資本の発展する過程は時間を要し，漸進的であること，②**不完全競争**が中小企業の残存に重要な要因となり，特に労働市場の不完全性により，中小企業はしばしば未組織・低賃金労働を基礎とすること，③寡占的産業において，「独占」が存在しないというカモフラージュのため，ある一定数の中小企業の存在を保証する傾向があること，④中小企業の根強い残存は中小企業家の「賭博的な」態度，すなわち低報酬で高い危険を引き受ける態度の４点から説明した。

⑤ 中小企業の理論④：企業間関係論

　中小企業の存立根拠を「企業の境界」に求めるのが**コースとウィリアムソン**によって確立した取引費用の経済学に基づく企業間関係論である。取引費用の経済学は企業の生産活動に関わる取引は全て市場取引によるわけではなく，企業は組織におけるコストと市場取引のコストを比較し，市場取引のコストが小さくなる選択，つまり経済的合理性に基づいて取引を行っていることを説明するものである。これは市場取引でもなく内部化による垂直統合でもない，信頼関係に基づく長期継続的取引の根拠となる**中間組織**の存在を提示した。その特徴を有する日本的下請システムは高度成長期において大企業と中小企業の緊密な関係から大企業の生産を支える優秀・高レベルの協力企業・下請企業群を生みだし，1980年代においては自動車産業などものづくりにおける日本の国際競争力の源泉となった。

（平野哲也）

景気変動要因）から最適規模が決定するとした。

▷**スタインドル**（Steindl, J., 1912-1993）
オーストリアの経済学者。1930年代〜40年代のアメリカにおける小企業と大企業の研究を行った。中小企業を大企業へ成長する存在として描いたマーシャルとは異なり，小企業が入退出を繰り返しながら残存する「動態的に残存する企業」として描いた。

▷**不完全競争**
完全競争でも完全独占でもない競争を指す。例えば，製品の品質が同じであっても，①輸送費のようななくすことのできない費用，②生産物に個性など好みの相違，③特定の企業に対する消費者の愛着がある場合，独占や寡占状態となる。

▷**コース**（Coase, R. H., 1910-2013），**ウィリアムソン**（Williamson, O. E., 1932-2020）
ともにアメリカの経済学者。コースは市場とは異なる資源配分のメカニズムとして企業組織を分析する必要性を主張し，ウィリアムソンらが取引費用の経済学として体系化した。このように市場以外のガバナンスなどの「制度」に注目する視点はゲーム理論などと結びつき，現在の新制度派経済学へ発展した。

▷**中間組織**
例えば，「系列取引」のように別の組織でありながら資本関係など同一組織のように振る舞うことで活動を集約し，同時に取引コストの節約などを行う。市場と組織両方のメリットを享受できる形態である。

明治期から戦時期の中小企業

1　明治期の中小企業

　明治期（1868〜1912年）は日本の産業化の中で「中小企業」が初めて意識された時期である。18世紀末のイギリスにはじまる産業革命（Industrial Revolution）は綿織物の技術革新と製鉄業の成長，蒸気機関の開発による動力源の刷新を特徴とし，19世紀をつうじてヨーロッパの産業化を促し，工場制機械工業に代表される工業化が急速に進展した。日本の産業化は明治期の殖産興業政策によって，製糸業，紡績業などの繊維産業や一部の重工業が国内で展開した。繊維産業では，**渋沢栄一**らが1882年に設立した大阪紡績会社（現・東洋紡株式会社）につづき，1886〜89年に鐘淵紡績，三重紡績，尼崎紡績，摂津紡績など，東京，大阪周辺で次々と大紡績工場が設立された。また，重工業では，1901年に操業した官営八幡製鉄所や民間重工業として三菱，川崎などの造船所，住友鋳鋼場，神戸製鋼所，川崎造船所鋳鋼工場，日本鋼管などの主要民間製鋼メーカーが設立された。いずれも当時の先進国であるヨーロッパの技術やマネジメント手法を積極的に導入した近代的な大規模工場であった。

　一方で，その当時の中小企業はそういった先進国から導入された移植産業に対比して，在来産業と呼ばれる。在来産業は「近世以来の伝統的な商品の生産流通ないしサービスの提供にたずさわる産業であって，主として家族労働，時には少数の雇用労働に依存する小経営によって成り立っている産業」である。日本の伝統的な生活と関連し，家族を主体とした小零細規模経営が特徴であり，絹織物，綿織物，陶器，磁器，漆器，花むしろ，畳表，蚊帳，木竹製品（傘，下駄，雪駄，扇子，うちわ，家具類など）の製造・販売業，および酒，みそ，しょうゆなどの醸造業などである。それらの在来産業の特徴から，日本の経済発展のタイプは「**在来的経済発展**」と論じられる。

2　昭和の中小企業

　昭和期（1926〜1989年）は中小企業の増加と中小商工業問題が顕在化した時期である。明治期から大正，昭和期にかけて日本の産業化は急速に展開し，重工業の量的拡大による工場数の増加や第一次世界大戦後の大戦景気の拡大は日本社会にも大きな変化をもたらした。特に都市化，消費生活の変化は三越呉服店や阪急百貨店など百貨店といった新しい小売業を生み出した。1929年のアメ

▷渋沢栄一（1840-1931）
日本の実業家。明治維新後，近代的企業経営の確立に力を注ぎ，「日本資本主義の父」と称される。大阪紡績会社のほか，東京瓦斯（現・東京ガス株式会社），東京海上火災保険（現・東京海上日動火災保険株式会社），麒麟麦酒（現・キリンホールディングス）など500以上の企業の創設に関与した。

▷1　中村隆英『明治大正期の経済』東京大学出版会，1985年。

▷在来的経済発展
日本の在来産業と家族経営・小経営が近代に至っても存続するような後発産業化した経済発展の特徴を，欧米諸国の産業化と比較して捉える視点である。

▷2　谷本雅之『日本における在来的経済発展と織物業：市場形成と家族経済』名古屋大学出版会，1998年。

リカ・ニューヨークの株式大暴落に端を発する世界恐慌の影響を受けた昭和恐慌期には，農村と都市部の中小商工業の疲弊が問題視されることとなった。これらを機に，中小企業問題が顕在化し，中小企業が本格的な政策課題として取り上げられることになる。実際に，工業組合法（1931年）や商業組合法（1932年）などの中小商工業の組織化，東京市金融保障制度の実施（1929年）や商工組合中央金庫（1936年）や東京信用保証協会の設立（1937年）などの金融支援が行われた。この時期が日本の中小企業政策のスタートと位置づけられている。

　日本の中小企業政策のスタートは中小企業研究の本格的なスタートを意味する。日本の「中小企業概念」は第一次世界大戦を経て，大正期から昭和恐慌に至るプロセスにおいて登場し，一般化した。この当時は中小企業，中小零細企業の低労働条件や収益性の低さが指摘され，日本の工業の発展を阻害しているといった指摘がなされるなど，**「問題型中小企業認識」**の基礎となる問題意識がみられ，その後の戦時期の下請＝協力工業政策へ大きな影響を与えたとされる。[3]

③ 戦時期の中小企業

　戦時期（1937〜1945年：日中戦争，1939〜1945年：第二次世界大戦）は下請企業として中小企業の動員が行われた時期である。1937年の盧溝橋事件を発端とする日中戦争が長期化する中，1939年にドイツがポーランドへ侵攻したことで第二次世界大戦が勃発した。当時，日中戦争以降から本格化した戦時統制により，軍需物資の生産の最大化のために企業や国民が組織化されて動員が図られた。中小企業に対しては，その生産合理化のために，下請工場として軍需部門への動員が図られた（下請工業化，協力工業化）。

　中小企業の下請工場への動員が本格的に進められたのは，1940年12月の機械鉄鋼製品工業調整要綱が制定されて以降とされる。[4] その要綱によって中小企業と大企業を直接的かつ有機的に関係づけることを目的とする**下請＝協力工業政策**がスタートした。これによって大工場では対応できない生産体制の強化や下請＝協力関係をつうじて，技術支援や相互協力が実現し，中小工業の生産向上が可能となり，存立基盤の安定化が図られたのである。結果として，戦時生産が早い段階で崩壊したことや専属的安定的な協力関係を形成させるための系列化のプランに問題があったことなど，戦時期の下請＝協力工業政策は想定された有機的な関係を形成することはなかった。戦時期における下請関係を高度成長期以降も持続させた企業もある一方で，下請関係から離脱した中小企業も少なくないとされる。戦時統制によって，機械金属工業の発展は結果的にその可能性を閉ざされることとなるなど，戦争は中小企業に様々な影響を残した。

（平野哲也）

▷問題型中小企業認識
⇨ Ⅰ-2 「中小企業のイメージ」
▷3 植田浩史『戦時期日本の下請工業：中小企業と「下請＝協力工業政策」』ミネルヴァ書房，2004年。

▷4 植田，同上書。

▷下請＝協力工業政策
⇨ Ⅷ-2 「下請をめぐる議論(1)」

戦後の高度成長と中小企業（1950, 60年代）

① 戦後から高度成長期

　高度成長期（1950年代中頃〜1970年代はじめ）は日本がかつてない経済成長を遂げた時期である。1945年8月の日本の敗戦によって，大戦中の戦時統制は幕を閉じた。その後，日本では戦後の改革，つまり日本国憲法の公布や**財閥解体**，**農地改革**，**労働改革**の三大改革などが進められていった。1946年のGNPは戦前のピークである1939年の2分の1に低下し，軍需生産部門にかわる民需部門，中小企業への期待は高かった。しかしながら，戦時体制のもとでの中小企業は事業活動を抑制されていたことに加え，原材料の供給不足もあった。こうした課題に対応し，1948年7月に中小企業庁設置法が公布され，同年8月に中小企業庁が商工省（現・経済産業省）の外局として設置された。また中小企業金融支援として，戦前の商工組合中央金庫（現・商工中金）に加え，1949年に国民金融公庫（現・日本政策金融公庫），1953年に中小企業金融公庫（現・日本政策金融公庫）が設立された。また，1950年に中小企業信用保険法，1953年に信用保証協会法など**信用補完制度**の整備も行われた。

　朝鮮戦争（1950〜1953年）が終わった1950年代中頃から1970年代はじめにかけて，日本は約十数年間にわたる高度成長期に入る。1964年に東京オリンピック，1970年に大阪万博が開催された。1968年には国民総生産（GNP）が当時の西ドイツを抜き，世界第2位の経済大国となった。東海道新幹線や東名高速道路といった大都市間の高速交通網も整備されていった。テレビ・洗濯機・冷蔵庫の3種類の家電製品は三種の神器と呼ばれ，急速に家庭に普及していった。高度成長期は日本経済，社会が大きく変化した時期となった。

② 二重構造問題

　二重構造問題とは，日本国内に近代的産業と前近代的産業が併存する状態を指し，次の4つの特徴をもつものである。つまり，①日本の雇用構造において，農業と小零細経営部門の比重が重く，「一方に近代的大企業，他方に前近代的な労使関係に立つ小企業および家族経営による零細企業と農業が両極に対立し，中間の比重が著しく少ない」構造であること，②近代部門からはみ出した労働力が，生産性の低い農業や小零細経営部門に「**全部雇用**」の形で吸収され，余剰労働力として存在していること，③農業や小零細経営部門では，労働生産性

▷**財閥解体**
戦後日本の経済民主化の改革の1つ。財閥への過度の経済力集中を排除する目的から，GHQは三井・三菱・住友・安田をはじめとする15財閥の資産の凍結・解体を命令した。また，1947年4月に独占禁止法を制定し，持株会社やカルテルを禁止するなど，アメリカ型の反独占政策が法制化されていった。

▷**農地改革**
戦後日本の経済民主化の改革の1つ。地主と小作人で構成される寄生地主制を解体する目的から，政府は農地を強制的に安値で買い上げ，実際に耕作していた小作人に売り渡した。その結果，総農家の30％程度であった自作農は60％に増え，農業生産も回復した。

▷**労働改革**
戦後日本の経済民主化の改革の1つ。1945年12月の労働組合法の制定によって，団結権・団体交渉権・ストライキ権が保障された。その後，1946年に労働関係調整法，1947年に労働基準法が制定され，労働者の権利を守る基本的な立法措置が図られた。

▷**信用補完制度**
⇨第Ⅵ章「中小企業金融の実態を知る」

▷**全部雇用**
「家計の足しにな」る賃金

を押し下げ，大企業部門との賃金格差が発生すること，④欧米先進国と比較して農業や小零細部門，自営業部門の比重が高い日本は構造的に生産性が低く，技術革新の波及効果が薄いことである。当時の中小企業と大企業の関係性は，大企業との比較における技術的「前近代性」と大企業による「被支配性」の2点から「二重の隔絶性」とも表現される。高度成長によって二重構造の解消がどのように進展するのか様々な見解があったが，労働力不足と賃金格差の縮小，設備や技術，マネジメントの近代化は進んだものの，格差自体は解消されることはなかった。

③ 中堅企業の登場

　中堅企業は，1960年代初めに登場した「中小企業」の枠を超えて成長する企業群のことである。中堅企業という概念を提起した中村秀一郎は高度成長期の日本に中堅企業が登場した背景として，以下の4点を指摘する[1]。つまり，①従来の中小企業経営者とは異なる資質と能力をもった経営者の存在，②独自な製品選択，特に成長性ある製品の選択，③様々なイノベーションの導入と大企業に対する比較優位の確立，④積極的な設備投資，新加工技術の導入に加えて，現場の能力主義と平等主義の両立による従業員の活性化とその効果的な統合である。中堅企業の登場は中小企業の発展の可能性を示唆し，二重構造の解消と中小企業問題の解決が実現するとの見方もある一方で，中堅企業が広く定着した企業群であるかどうか，中小企業の発展を直接に示すのに十分かなど疑問も呈された。

④ 中小企業基本法

　二重構造問題と中堅企業の登場はその後の中小企業政策にも影響を与え，中小企業の近代化が政策目標として掲げられるようになっていく。中小企業の近代化とは，生産性の向上，設備の近代化を意味する。1963年にはその後の中小企業政策の柱となる**中小企業基本法**が制定された。中小企業基本法の課題は「中小企業の経済的社会的制約による不利を是正」することであり，政策目標は「中小企業者の自主的な努力を助長」し，「生産性等の諸格差」をなくすために，生産性や取引条件を向上することである。また，具体的な政策手段は，①中小企業構造の高度化，②事業活動の不利の補正を挙げている。中小企業基本法のほか，同年の中小企業近代化促進法などの制定によって，中小企業の近代化の方法も大企業の大量生産を視野に入れた「資本集約化」政策によるものから「知識集約化」政策，つまり中小企業と大企業の関係を支配従属関係から技術的分業関係へ転換する意図が示された[2]。その後，1970年代，日本の安定成長期には知識集約的な存在であるベンチャー企業も登場する。　　　（平野哲也）

であれば働くという生業的特徴を有しているため失業という形では顕在化せず，「一応就業の形をとる」状態である（佐竹隆幸『中小企業存立論：経営の課題と政策の行方』ミネルヴァ書房，2008年）。⇨Ⅴ-3「中小企業の労働者」

▷1　清成忠男・中村秀一郎・平尾光司『ベンチャー・ビジネス：頭脳を売る小さな大企業』日本経済新聞社，1971年。

▷中小企業基本法
⇨Ⅲ-4「中小企業基本法」

▷2　佐竹，2008。

安定成長期の中小企業（1970，80年代）

> **▷ IMF 体制**
> 1944年のブレトンウッズ協定を基本とした国際通貨体制を示す。金本位制ではなく，ドルを基軸通貨とする制度をつくり，固定相場制の土台となった制度である。
>
> **▷ オイルショック**
> 高度経済成長期を通じて，中東諸国から供給される石油に大きく依存するようになった日本経済は，1970年代を通じて，2度の石油危機に見舞われた。第一次オイルショックはオイルメジャーによる原油資源支配に対する，石油産出国側による原油減産と原油価格引き上げによるものである。また第二次オイルショックは，1979年のイラン革命により産油量が減少し，原油価格が高騰したことを示す。
>
> **▷ 構造不況**
> 不況の原因が景気循環によるものではなく，産業構造・需要構造・経済環境などの構造変動にあるとされる不況のことを示す。
>
> **▷ NC 工作機器**
> NC とは，数値制御（Numerical Control）の意味である。加工物に対して，使用する工具，作業工程等を数値情報で指令制御する工作機器であり，NC 旋盤や NC フライス盤などが代表的である。数値制御の登場により，汎用機器に比べ

① 高度経済成長の終焉

　1960年代に年率10％を超える経済成長を記録していた日本経済だが，1970年代に入り，高度経済成長は終焉を迎え，不況を繰り返しながら経済成長率が5％程度の安定成長期を迎える。その要因として，最初に対外的な環境変化について確認しておこう。第一に，朝鮮戦争以後，国際収支赤字を拡大していたアメリカは，1960年代後半には，ベトナム戦争による対外軍事支出を膨張させた。その結果，アメリカの国際収支赤字は後戻りできない水準に達した。1971年に，ニクソン大統領は，金・ドルの交換停止を発表し，黒字国の通貨切り上げによって固定相場制を維持しようとしたが（スミソニアン合意），1973年に変動相場制へと移行した（**IMF 体制**の崩壊）。これにより，1ドル270円前後まで円高が急進し，1ドル360円の固定相場制からわずか2年間で100円近くの上昇を示し，日本国内の輸出産業に大きなインパクトをもたらした。とりわけ，中小企業性分野である輸出型地場産業産地で影響は大きかった。

　第二に，1973年10月に勃発した第四次中東戦争による石油価格の高騰（**オイルショック**）が引き金になった1974・75年不況がある。当時，国内では，田中角栄内閣の日本列島改造論による地域開発が地価上昇等のインフレーションを引き起こしていた。そこにオイルショックが乗じ，景気引締策を展開した直後に，日本経済は一気に不況へと突入したのである。

　さらに，過剰な設備投資が1960年代を通じて行われていたことに加え，スミソニアン合意後には景気刺激策として大々的な設備投資が展開されたことも，74年以降の不況の深刻さを増大させた。特に，日本の高度経済成長を牽引してきた重化学工業が**構造不況**業種化したことから，重化学工業主導型の経済から脱却し，研究開発集約産業，高度組立産業，知識産業が中心となる，産業構造の転換が求められるようになった。

② 産業構造の転換と中小企業へのしわ寄せ

　オイルショックから1974・75年不況に突入したが，景気後退に直面した大企業は投資抑制，在庫調整，借入金の返済，雇用調整などの固定費用コストの削減を図り，低成長期に見合った「減量経営」を徹底した。この減量経営は，高度経済成長期には後退していた中小企業問題を再燃させた。特に，大企業と下

資料Ⅱ-1　GDP成長率と為替レートの推移

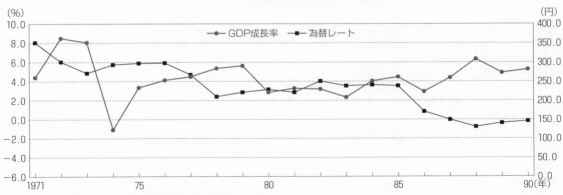

（注）　GDP成長率は，1998年度国民経済計算（1990基準・68SNA）である。
出所：内閣府「国民経済計算」，およびセントルイス連邦準備銀行サイトより筆者作成。

請取引関係にある中小企業へのしわ寄せである。例えば，輸出工業製品部門における下請単価の削減は価格競争力の強化をもたらすが，工業製品の価格競争力の強化が円高圧力として跳ね返り，さらなる下請単価の削減要求へと悪循環をたどった。そのほか，下請企業は景気後退に対するバッファーとしても利用された。すなわち，大企業による在庫調整や内製化によって外注が抑制される中で，下請中小企業の選別も進んだ。

　また，70年代には中小企業の倒産が急増した。大企業による外注抑制に伴う仕事量の減少による倒産，大規模な設備投資を行うも，経営環境の激変に伴う近代化倒産，労働力不足による倒産などいくつかのパターンがみられた。

　さらに，大企業による中小企業性市場分野への進出も展開された。特に，中小小売業に関しては，スーパー・チェーンが国内の地方都市を中心に攻勢を仕掛け，地域の中小小売業との市場競争が激化することにもなった。

3　プラザ合意と経済のグローバル化へ

　このように，中小企業にとっては，1970年代は経済環境の激変による困難期であったが，中小企業の経営革新が進んだ時期でもあった。特に，**NC工作機器**の導入等による**ME化**を実現し，高度加工技術を経営資源として，サポーティングインダストリーの役割を果たす中小企業や，研究開発分野に参入する中小企業も現れた。特に，サポーティングインダストリーとしての中小企業の加工技術力の向上が国際競争力を押し上げることにも寄与した。

　しかし，1985年の**プラザ合意**に伴う，先進国間での政策協調による円高誘導の影響は甚大だった。1年間で240円から170円水準まで円高が進んだ。その結果，国内経済ではバブル経済が形成されるとともに，産業分野では大企業を中心に，海外直接投資を軸にした経済のグローバル化が進む契機となった。

（大貝健二）

て，安全の確保や品質の安定が得られた。

▷ **ME化**
半導体技術をベースにした，マイクロエレクトロニクス（＝ME）技術を駆使した工作機械や事務用機器の導入により，生産技術の向上のほか，生産流通におけるコスト削減，経営の多角化を推し進めた技術革新を示す。⇨Ⅶ-2「中小企業における情報化の進展(2)」

▷ **プラザ合意**
1985年9月22日にニューヨークのプラザホテルで開催された先進五カ国蔵相・中央銀行総裁会議G5（日・米・英・西独・仏）での合意事項を示す。深刻な財政赤字を先進国間での政策的協調によって是正すること（ドル安路線を図る）が合意された。その結果，翌年には急激な円高をもたらすことになった。

（推薦図書）

渡辺幸男ほか『21世紀中小企業論　第3版』有斐閣，2013年。
岡田知弘ほか『国際化時代の地域経済学　第4版』有斐閣，2014年。

低成長期からこんにちまでの中小企業（1990年代以降）

▷1　渡辺幸男ほか『21世紀中小企業論（第3版）』有斐閣，2013年，107頁。

▷**産業の空洞化**
国内企業の生産拠点が海外に移転することにより，国内産業が縮小・衰退していく現象。空洞化が生じる要因としては，円高に伴う輸出の減少や輸入増加に伴う国内生産代替などがある。

▷**バブル経済**
1986～90年にかけ生じた株価や地価など資産価格の急激な上昇と，それに伴う好景気を示す。きっかけはプラザ合意による円高不況と景気対策としての低金利政策である。その結果，余ったカネが株式市場や不動産市場に流れ込み，空前の株価上昇や地価高騰を生じさせた。

▷**サブプライムローン問題**
主にアメリカで貸し付けられるローンのうち，信用力の低い個人や低所得層を対象にした高金利住宅ローンのことをいう。金融機関は，リスク分散のため債権を細分化し他の債権と組み合わせで世界中の金融機関や投資家に対して販売していた。そして，不動産価格の下落とともにサブプライムローンが不良債権化し，世界が金融不安に陥った。
⇨ VI-4 「新しい中小企業金融・地域金融の潮流」

▷**リーマン・ショック**
2008年9月，アメリカの投

① 経済のグローバル化と国内完結型生産構造の崩壊

1980年代後半から，90年代にかけては第二次世界大戦後の枠組みがドラスティックに転換した時期であった。ME化と通信技術の急速な発展に加え，プラザ合意以後の円高は，自動車産業に示されるような加工貿易モデルから，生産拠点を海外に移していく動きを促した（1985年時点の1ドル238円前後から，1995年4月には81.071円まで円高が急進した）。特に，日本の製造業の場合は，中国などの東アジア地域に直接投資を展開し，現地の相対的に低賃金な労働力に依拠する形での競争力の強化，および新興国や途上国での市場開拓を進めた。その結果，国内完結型の生産分業体制が崩壊し，東アジアベースの生産体制が構築されることになった。

このような経済のグローバル化に伴う生産分業体制の変容により，下請中小企業や日用品消費財製造業に携わる中小企業は，さらなる苦境に立たされることになる。第一に，下請中小企業は，いわば「アジア価格」との競争にさらされ，下請単価の切り下げ，下請企業の食いつぶしが進んだ。第二に，消費財製造業に関しては，円高を背景に海外からの輸入が急増するなどのインパクトを受けた。とりわけ，地場産業産地では，地域内の中核的中小企業が海外投資を行い，海外で生産した製品を逆輸入する展開もみられたことから，産地内の分業構造が脆弱化し，**産業の空洞化**に直面した。

② バブル経済の崩壊と「失われた20年」

また，1991年に国内経済のバブルが崩壊した。以後，2000年代まで，「失われた20年」といわれる不況に突入する。バブル崩壊によって，金融機関は多額の不良債権を抱え込んだことにより，金融機関の経営体質改善を求める「早期是正措置」がとられ，中小企業に対しての融資が停滞した。いわゆる「貸し渋り」や「貸しはがし」の横行である。中小企業の多くは，資金繰りにあえぐ事態となった。**資料II-2**が示すように，中小企業は大企業と比べても資金繰りに窮していることがわかるが，1998年以降の資金繰りの窮屈さが確認できる。さらに興味深いのは，2000年代に入り，戦後最長の景気拡大期間といわれた時期でさえ，中小企業の資金繰りDIは，ほぼマイナスで推移していることである。中小企業の資金繰りが大きく改善しないままに，2007年の**サブプライムロ**

資料Ⅱ-2　企業規模別に見た，資金繰り・金融機関からの借入難易度

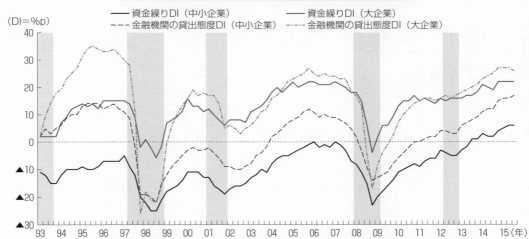

(注) 1：ここでいう大企業とは資本金10億円以上の企業，中小企業とは資本金2000万円以上１億円未満の企業をいう。
　　　2：資金繰り DI は，最近の資金繰りについて「楽である」と答えた企業の割合（％）から「苦しい」と答えた企業
　　　　 の割合（％）を引いたもの。
　　　3：金融機関の貸出態度 DI とは，最近の金融機関の貸出態度について「緩い」と答えた企業の割合（％）から「厳
　　　　 しい」と答えた企業の割合（％）を引いたもの。
　　　4：グラフのシャドー部分は内閣府の景気基準日付に基づく景気後退期を示している。
出所：日本銀行「全国企業短期経済観測調査」。

ーン問題に端を発する世界的な金融危機が明らかとなり，翌08年にはリーマン・ショックが世界経済を襲った。中小企業に対する金融機関からの貸し渋りが生じ，借入困難は，97，98年の頃に匹敵するといわれている。

③ 東日本大震災とその復興をめぐる２つの視点

　2011年３月11日，東日本大震災が発生した。マグニチュード9.0という未曾有の大震災は，死者・行方不明者合わせて２万人近くにのぼり，1995年の阪神・淡路大震災を上回る災害となった。この震災からの復興をめぐって，２つの対立軸が生じた。１つは，被災からの「人間の復興」を念頭に置いた地域経済循環の再構築を目指し，足下からの経済再生を進めていく方向性である。もう１つは，創造的復興を基本理念として，大震災を日本経済のさらなる経済成長や構造改革の好機とみなして，規制緩和による市場開放や，自動車産業や電子機械製造業のサプライチェーンを優先的に復興させ，グローバル競争に負けない産業の再生を目指す方向性である。

　被災地の中小企業は，この２つの政策的視点の狭間に立たされているが，地域経済の担い手としての役割が期待されている。このような視点は，2014年から重要な政策課題として掲げられている地方創生にも見いだせる。大都市圏と地方の地域間格差は拡大し，地方圏では人口減少や高齢化に歯止めがかからない状況である。地域に根ざした中小企業同士のネットワークや連携を通じて，地域経済の実情に見合った活性化が求められている。　　　　　　　　（大貝健二）

資銀行リーマン・ブラザーズが史上最大の負債総額で破たんし，それが引き金となって起きた世界的な金融危機。リーマン・ブラザーズの破たんは信用崩壊の象徴であり，当時，金融機関や金融市場参加者はお互いを信じられない状態に陥っていた。銀行同士で短期資金の取引をする銀行間インターバンク市場が凍りつき，民間企業や家計への貸出余力も弱まり，金融危機の影響が実体経済にまで及んだ。

▷サプライチェーン
　原材料調達から，生産管理，物流を通じて消費者に至るまでの一連のプロセスのこと。供給連鎖と訳される。東日本大震災の際に注目されたのは，被災によって自動車産業や電子機械製造業において上流から下流までの複数企業による部品の供給体制が途絶え，生産が停止したことであった。

中小企業政策とは何か⑴：中小企業対策費

中小企業政策とは何か

中小企業政策とは，中小企業基本法によって定義される中小企業を対象に，政府が公的に介入することによって，中小企業を取り巻く困難の解消や，中小企業の発展可能性を追究するものである。

中小企業は，市場経済下において，大企業との力関係から，様々な困難に直面してきた。歴史的にみれば，前田正名の編纂による『興業意見』（1884年）のように，殖産興業振興による近代化を進める政策のあり方を批判し，小零細規模経営が中心の**在来産業**を育てていくことの重要性を説いたものがあることから，日本の初期の産業化の時代から，中小企業問題と中小企業政策はあったとみてよい。

また，中小企業政策は産業政策に連動するとの考えから，産業政策の大枠である①産業基盤政策，②産業構造政策，③産業組織政策のうち，中小企業政策は産業構造政策および産業組織政策と密接な関係があるとする分類もある。

② 中小企業政策形成のプロセス

中小企業政策の政策主体は**中小企業庁**である。中小企業庁は，経済産業省の外局に位置しているため，中小企業政策は経済産業省による産業政策の影響を強く受けることになる。

中小企業政策は，どのようなプロセスで形成されるのだろうか。第 1 段階は，実態把握を通じた課題の抽出，基本的な対応の方向の検討である。ここでは，中小企業関係者や業界団体，**商工会議所**などの支援団体，政府系金融機関等へのヒアリングのほか，経済政策ビジョン，中小企業ビジョンなどの研究を行い，

▷**在来産業**
明治期に始まる本格的な工業化の過程で，欧米からの移植産業と並存しながら発展した，伝統的な生活と関連があり，また家族を主体とした小零細経営が特徴である。特定の地域に根付いており，地場産業として存続しているものも多い。

▷**中小企業庁**
中小企業庁設置法に基づき，1948年に設置された機関である。中小企業を育成・発展させ，かつ，その経営を向上させるに足る諸条件を確立するために，中小企業政策を展開している。⇨ Ⅲ-3 「中小企業庁」を見よ。

▷**商工会議所**
⇨ Ⅲ-11 「商工会議所と商工会」

資料Ⅲ-1　中小企業政策形成の基本プロセス

（第 1 段階）実態把握	（第 2 段階）政策検討	（第 3 段階）対外折衝	（第 4 段階）実施体制整備
調査・ヒアリング等による実態把握，意見・要望の聴取，課題抽出，政策方向の検討等	政策構想の作成，政策内容・実施方法の検討，予算要求作成（新政策）	財務省，総務省等との折衝，与党との調整，内閣法制局審査，予算・法案国会審議等	政策実施体制の構築，政策実施，政策実施方法等の修正・運用改善，情報提供・施策普及等

出所：中田哲雄編『通商産業政策12　中小企業政策』（独）経済産業研究所，2013年，100頁を基に筆者作成。

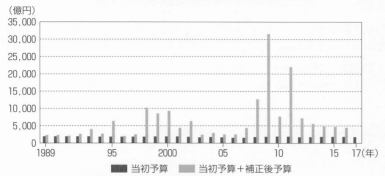

資料Ⅲ-2　中小企業対策費関連予算の推移（一般会計）

出所：中小企業庁『中小企業施策総覧』各年版より筆者作成。

具体的な中小企業政策への落とし込みが検討される。第2段階は，新しい政策の検討のほか，すでにある政策の中で，修正・改善すべき事項の洗い出しやスクラップすべき政策が検討される。第3段階では，検討を重ねてきた政策構想を対外的に説明し，関係省庁の理解を得ていくとともに概算予算要求を行う。その後，第4段階として，政策実施体制を構築し政策を実施することになる。また，この過程で政策実施方法の修正や，運用改善が進められる（**資料Ⅲ-1**）。

3　中小企業対策費

　中小企業政策に対して充てられる予算は，毎年おおよそ1700〜2000億円程度で推移している。これは，国の一般会計歳出予算の0.2％程度である。**資料Ⅲ-2**は，中小企業対策費関連予算の推移を示したものである。これをみると，中小企業対策費の当初予算はほぼ一定であるのに対し，年度によって大型補正が組まれていることがわかる。1990年代以降で大型補正がなされているのは，金融機関による**貸し渋り**が問題となった1998〜2000年度，**リーマン・ショック**に端を発する世界同時不況期である2008〜2009年度，そして東日本大震災が発生した2011年度である。

　また，中小企業対策費は経済産業省，厚生労働省，財務省で分けられているが，そのうち経済産業省の割り当てが70％前後と最も多い（但し，2011年以降は60％前後に低下している）。経済産業に割り当てられた予算は，「中小企業の経営革新・創業促進」，「株式会社日本政策金融公庫出資金等」，「中小企業事業環境整備費」，「経営安定・取引適正化費」，「独立行政法人中小企業基盤整備機構運営費」，「その他」等の費目で執行されている。　　　　　　　　（大貝健二）

▷**貸し渋り**

金融機関による貸し出し態度が極めて厳しく，民間の借り手が資金調達に困難を覚える状態のことを示す。1990年代のバブル崩壊後には，不良債権を抱えた金融機関が自己の経営安定を優先し，貸しはがし（既存の融資を期限を前倒して資金を回収すること）とともに社会問題化した。

▷**リーマン・ショック**

⇨ Ⅱ-4 「低成長期からこんにちまでの中小企業（1990年代以降）」

推薦図書

植田浩史ほか『中小企業・ベンチャー企業論（新版）』有斐閣，2015年。
中田哲雄編『通商産業政策12　中小企業政策』（独）経済産業研究所，2013年。

中小企業政策とは何か⑵：中小企業政策の実施主体

① 多岐に及ぶ中小企業政策の実施主体

中小企業に対する政策プランを利用するのは，当然のことながら中小企業である。中小企業の数は，2016年の経済センサスでは358万社であり，業種や業態は非常に多様である。それに対応するように，政策プランも非常に多岐に及び，また，政策を実施する主体や展開するルートも重層的である。

中小企業政策が実施されるときの大まかな展開方法を示したものが，**資料Ⅲ－3**である。中小企業庁で策定された政策は，中小企業庁から**地方経済産業局**，**中小企業基盤整備機構**，経営革新等支援機関などの政策実施機関を通じて展開されている。例えば，経営相談や講習会の開催，専門家の派遣等は，①中小企業庁から地方経済産業局，中小企業支援センターや**商工会・商工会議所**を経由して行われるルートや，②中小企業庁から中小企業基盤整備機構を通じて行われるルートがある。そのほか，中小企業の海外事業展開に対する相談・支援施策に関しては日本貿易振興機構がその担い手として位置づけられている。また，中小企業協同組合や中小企業団体の金融円滑化を図る役割をもつ商工組合中央金庫，中小企業とりわけ小規模事業者の資金調達や信用保証業務を展開する日本政策金融公庫や信用保証協会なども重要な役割を果たしている。

また，政策の実施主体としては，都道府県や地区町村などの地方自治体が独自に政策を立案，検討，実施する取組みが増えてきている。

② 中小企業の実情に見合った中小企業政策の展開

中小企業政策は，中小企業や地域の実情に応じて，その時々の課題に見合ったものが検討され執行されている。ここからは，2010年以降に展開されてきている政策について紹介しておこう。第一に，経営革新等支援機関の設置である。これは，2012年に制定・施行された中小企業経営力強化支援法に基づく支援機関である。支援機関は，商工会や商工会議所といった地域の経済団体のほか，地域金融機関，税理士や公認会計士，**中小企業診断士**などの専門家や法人で構成されており，2万7460機関が認定されている（2017年12月現在）。経営革新等支援機関を設置することで，中小企業・小規模事業者の多様化・複雑化する経営課題に対して，経営革新支援やその後のモニタリング支援などをきめ細かく行える体制を創り出そうとしている。

▷地方経済産業局
経済産業省の出先機関（地方支分局）であり，全国各地に8カ所存在する。

▷中小企業基盤整備機構
2004年に中小企業総合事業団（信用保険部門を除く），地域振興整備公団（地方都市開発整備等業務を除く），産業基盤整備基金（省エネ・リサイクル分は除く）の業務を統合した独立行政法人。国の中小企業政策の中核的な実施機関として，起業・創業期から成長期，成熟期に至るまで，企業の成長ステージに合わせた幅広い支援プランを有しているほか，自治体や他の支援機関と連携しながら中小企業支援を行っている。

▷商工会
⇨Ⅲ-11「商工会議所と商工会」

▷商工会議所
⇨Ⅲ-11「商工会議所と商工会」

▷中小企業診断士
⇨Ⅲ-12「中小企業診断士」

▷ f-Biz
富士市のビジネス支援センターを示す。マーケティングや，デザイン，販路開拓，プロモーション，ブランディングなどの相談に対して，各専門家のバトンリレーに

資料Ⅲ-3 中小企業の支援体制

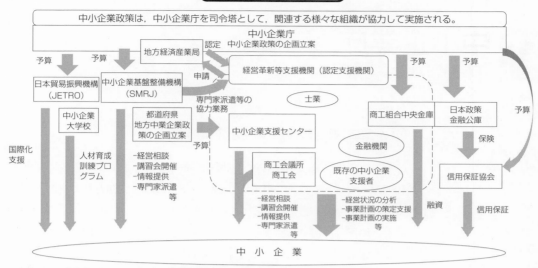

出所：中小企業庁「日本の中小企業・小規模事業者政策」2013年を基に筆者作成。

第二に，2014年に設置された「よろず支援拠点」である。これは，中小企業基盤整備機構が母体になっているが，経営革新や経営改善支援を行うだけでなく，中小企業・小規模事業のワンストップ相談窓口として広く相談に応じ，内容に応じて適切な支援機関や専門家につなぐだけでなく，国や自治体の支援策の活用を促すとともに，支援施策の担当者ともつなぎ，トータルでフォローアップを実施していくものである。先進的な取組みとして，静岡県富士市のf-Bizなどがあるが，個別自治体での独自な取組みを積極的に吸収し，制度的に全国各地できめ細かい支援体制を構築している。

第三に，地域での創業支援体制である。これは，2014年に制定された**産業競争力強化法**が根拠になっているが，地方自治体（市区町村）が，地域金融機関，NPO法人，商工会・商工会議所などの民間創業支援事業者と連携し，ワンストップ相談窓口の設置や，創業セミナーの開催，コワーキング事業等の創業支援を実施する「創業支援事業計画（最長5年間）」を策定し，それを国が認定していくものである。第1回～13回の認定で，1379市区町村が認定されている。

この制度によって，地域経済社会の実情を十分に把握している自治体と専門家が連携して地域での創業支援を行い，地域経済の活性化に向けて，地域一丸となって取り組んでいこうとするところにねらいがある。

第四に，事業引継ぎ支援センターである。中小企業・小規模事業所では，後継者不在問題が深刻化している中で，情報収集のほか，事業引継ぎ相談窓口を設置し，円滑な第三者への事業譲渡を目的としている。中小企業基盤整備機構が同制度の母体となり，全国各都道府県の商工会議所や産業支援機構が窓口として支援事業を展開している。 （大貝健二）

よってワンストップのコンサルティングを提供している。

▷**産業競争力強化法**

アベノミクスの第三の矢である「日本再興戦略」に盛り込まれた施策を確実に実行し，日本経済を再生し，産業競争力を強化することを目的としている。産業競争力強化のために，「過剰規制」「過小投資」「過当競争」といった日本経済の歪みを是正していくためのキードライバーとしての役割を果たしている。具体的には，企業単位での規制改革や，収益力の飛躍的な向上に向けた事業再編や起業の促進など，産業の新陳代謝を進めることで，産業競争力を強化することを企図している。

推薦図書

植田浩史ほか『中小企業・ベンチャー企業論（新版）』有斐閣，2015年。
北川慎介『中小企業政策の考え方』同友館，2015年。

3　中小企業庁

1　第二次世界大戦後の中小企業問題

　第二次世界大戦後，日本経済は混乱の最中にあった。生産活動の麻痺に加え，1000万人を超える復員・引揚者などが過剰人口として存在していた。敗戦後はモノ不足により，「作れば売れる」という状況だった。その中で，日常生活用品などの民需部門で活路を見出そうとした中小企業の創業に加え，**企業整備**等により軍需部門への転換や廃業を余儀なくされた中小企業の復活が相次いだ。

　しかし，原材料を中心とした物資や資金を，石炭や鉄鋼，電力，肥料，海運などの産業に対して優先的に配分し，経済復興を目指す重要産業復興策が開始された。これらの産業分野の担い手は大企業が圧倒的に多く，割当を外された圧倒的大多数の中小企業は，たちまち資材難や資金不足に陥った。

　このような事態に直面し，「**全日本中小工業協議会**（全中協）」をはじめとした中小企業による団体が多く組織され，中小企業への資材や資金の公平な配分などを要求する運動が展開された。中小企業者による運動の成果もあり，1947年に中小企業振興対策要綱が策定された。その中で「中小企業総局」として中小企業に対する専管機関の設置が提起され，翌年の中小企業庁設置法の制定へ向かうことになった。

2　経済民主化政策

　中小企業の専管機関の設置は，中小企業団体からの要請によってのみ行われたものではない。戦後，日本を間接的に統治していた連合国軍最高司令部（GHQ）も，中小企業振興策を展開するために専管機関の設置を求めたのである。GHQの初期の対日政策は，**農地改革**，**財閥解体**，**労働改革**を柱とした経済民主化政策である。なかでも，中小企業振興は財閥解体政策の延長線上に位置づけられた。つまり，戦前期の日本の産業は，日本政府によって支持されてきた少数の大財閥によって支配されてきた。産業の支配権が大財閥に集中したことにより，独立の企業家や中産階級の勃興が妨げられたため，個人が独立する経済的基盤が存在せず，また軍閥に対しての勢力の発展もみられなかったことが，日本を戦争に導いたとの認識があったためである。

　この認識からもわかるように，GHQは経済力集中への対抗力として中小企業を位置づけ，経済民主化と反独占を目指したのである。財閥解体に続き，

▷企業整備
国家によって，諸企業を整理・統合し，再編すること。特に，1938年の国家総動員法によって，戦時経済下に置かれた日本では，中小企業の軍需産業への転換，ないしは強制的な統廃合が行われた。

▷全日本中小工業協議会
戦後の復興過程において，大企業に偏った経済政策を是正し，中小企業の存立と発展，社会的地位の向上を求める運動を展開する中で1947年に設立された中小企業による団体。現在の中小企業家同友会の前身でもある。

▷農地改革，財閥解体，労働改革
⇨Ⅱ-2「戦後の高度成長と中小企業（1950，60年代）」

1947年には**トラスト**や**カルテル**などを排除し，過度の経済力集中を防止する独占禁止法（「私的独占の禁止及び公正取引の確保に関する法律」）が制定・施行されている。その後，1948年に，日本政府とGHQの考え方が対立する中で，いわば折衷案的な形で中小企業庁設置法は1948年に制定・施行され，中小企業庁は商工省（現在の経済産業省）の外局に置かれることになった。また，中小企業庁初代長官の**蠟川虎三**は，中小企業政策の方向性をめぐって当時の内閣総理大臣である吉田茂と対立し1950年に職を辞任したが，同年に京都府知事となり，その後28年にわたり革新自治体を主導していくことになる。

③ 中小企業政策の体系化と経済民主化政策の頓挫

中小企業庁設置法の第1条をみると，法の目的として，次のように記されている（**巻末資料9**）。すなわち，「健全な独立の中小企業が，国民経済を健全にし，及び発達させ，経済力の集中を防止し，且つ，企業を営もうとする者に対し，公平な事業活動の機会を確保するものであるのに鑑み，中小企業を育成し，及び発展させ，且つ，その経営を向上させるに足る諸条件を確立すること」である。大企業とも対等な取引関係を結べる力をもつ，健全で独立した中小企業の育成発展，さらにそうした中小企業の経営を向上させるための諸条件を確立させることを目指していたのである。

中小企業庁の設置により，本格的な中小企業政策が展開されていくことになる。なかでも，金融対策，企業診断制度，中小企業の組織化が進められた。金融対策に関しては，政府系金融機関として，戦前に設立された商工組合中央金庫（商工中金）のほか，国民金融公庫（1949年），中小企業金融公庫（1953年）といった専門金融機関が創設されることになる。さらに，信用補完制度として，中小企業信用保険法（1950年），信用保証協会法（1953年）なども整備されていく。組織化については，中小企業等協同組合法（1949年）が制定され，相互扶助の精神と公正な経済活動の機会の確保が打ち出されている。

以上のように，経済民主化の理念に基づいて中小企業庁が設置され，中小企業政策が展開され始めたが，**ドッジ・ライン**による深刻なデフレ不況は中小企業に対して大きなインパクトを与えた。また1950年から始まった朝鮮戦争では，戦争特需が生じるとともに輸出が急増する事態になった。財閥解体は1952年に完了するものの，企業集団として大企業体制が復活したとする見方もある（黒瀬：1997）。この動乱期において，経済民主化の理念が大きく後退し，さらに中小企業の整理・淘汰も進んだ。また，工業部門では，大企業の下請に転じる中小企業も少なくなかった。 （大貝健二）

▷**トラスト**
同一産業部門における資本の結合を軸にした独占的企業結合のことを示す。企業合同ともいう。

▷**カルテル**
同一業種の企業間で協定を結び，生産数や販売価格を調整する行為。

▷**蠟川虎三**（1897-1981）
元京都大学教授。専門は統計学，水産経済学。1946年には戦争責任を自認し退職した。京都府知事としての28年間は，日本の地方自治に大きな影響を与えた。特に，中小企業庁長官の経験から，京都府下では，独自の中小企業政策を展開した。

▷**ドッジ・ライン**
GHQ顧問であったジョゼフ・ドッジが日本経済の自立と安定のために行った財政金融引き締め政策（超均衡予算，単一為替レートの設定など）である。その結果，デフレーションを引き起こし，国内では中小企業の倒産が相次いだ。

（推薦図書）
渡辺俊三『戦後再建期の中小企業政策の形成と展開』同友館，2003年。
黒瀬直宏『中小企業政策の総括と提言』同友館，1999年。

中小企業基本法

① 中小企業基本法の制定

　中小企業庁が設置されてから，一応体系的な中小企業政策が展開されてきてはいたが，1963年に制定された中小企業基本法によって，法体系的にも一貫した中小企業政策が展開されることになる。

▷二重構造
⇨Ⅱ-2「戦後の高度成長と中小企業（1950，60年代）」

　中小企業基本法の目的は，高度経済成長期に顕在化した**二重構造**，すなわち中小企業と大企業との間に存在する生産性や企業所得，賃金等の格差を是正し，中小企業経営の安定とその従事者の生活水準の向上につなげることであった。そのため，基本法体系では，中小企業の設備の近代化を図ること，中小企業構造の高度化（企業規模の適正化，事業の共同化，工場，店舗等の集団化，事業転換，小売商業の経営形態の近代化），中小企業の取引条件の不利是正や下請取引の適正化などが挙げられた。このように，63年基本法は，「中小企業は企業規模が小さいがゆえに問題がある」という**問題型中小企業認識**に依拠したものであったといえる。

▷問題型中小企業認識
⇨Ⅰ-2「中小企業のイメージ」

▷中小企業近代化促進法
（近促法）
1963年に，中小企業基本法に先立って制定された法律。中小企業の近代化を進めることを押し出した基本法体系の実施法としての役割を果たした。中小企業の生産性が向上することにより，日本の競争力が強化されると認められる業種集団を国が指定し，近代化計画を策定し実行することが特徴である。1999年に廃止された。

　また，中小企業基本法の実施法として，「**中小企業近代化促進法（近促法）**」（1963年）が制定された。同法を基に，近代化が必要とされる業種を指定し，業種別に個別企業を対象に近代化計画が策定され，その計画書に基づいて税制面や金融面での優遇措置が施された。しかし，スケールメリットの追求に傾倒したことから，中小企業層のうち有力な中小企業の規模適正化は進んだものの，中小企業層内部での企業間格差を拡大させることになった。そのため，1969年には近促法が改正され，業種別組合による構造改善事業が実施された。

　構造改善事業の指定を受けた特定業種は，毎年度増加の一途をたどった。当初の目的であった，「国際競争力の強化に寄与する業種」を指定するだけでなく，中小企業性の業種を網羅的に指定したからである。このことからもわかるように，保護政策的な側面を有しており，中小企業の集約化にも失敗したとの評価がある。

② 1999年基本法

　1999年には，中小企業基本法が抜本的に改正された。この基本法改正により，中小企業の捉え方が大きく変化し，それは中小企業政策にも及ぶことになった。第一に，基本法の理念として，中小企業を①新たな産業を創出し，②就業の機

会を増大させ，③市場における競争を促進し，④地域における経済の活性化を促進するなどの重要な使命があるものとして認識している。旧基本法のように，大企業との格差を背景とした中小企業認識とは，全く異なったものになっている。第二に，中心的な施策に関して，中小企業の近代化・高度化から，経営の革新や創業，創造的事業の促進が政策課題の中心に位置づけられた。また第三に，地方公共団体の位置づけが大きく変化していることも注目される。

99年基本法体系の中で注目されるのは，業種の枠を超えた政策が登場していることである。その代表的なものとして，「中小企業の新たな事業活動の促進に関する法律（中小企業新事業活動促進法）」(2005年) がある。これは，90年代に制定された「中小企業経営革新法」「中小企業創造活動促進法」「新事業創出促進法」を統合してできた法律である。同法で推進したのは「**異分野連携新事業分野開拓（新連携）**」である。ここでは業種の枠を超えて，異なった経営資源を有する複数の中小企業者が，ゆるやかなネットワークを形成し，新しい価値を創り出すことを目的としている。そのほかに，「地域ブランド」や「**ふるさと名物**」の創出を目的とした「中小企業地域資源活用促進法（地域資源法）」(2007年制定，2015年改正) や，「中小企業者と農林漁業者との連携による事業活動の促進に関する法律（農商工連携法）」(2008年) のように，業種の壁を越えた，第一次産業と連携による新商品開発を進める政策も登場している。

3 2013年基本法

2013年，「小規模企業の事業活動の活性化のための中小企業基本法等の一部を改正する等の法律（**小規模企業活性化法**）」の制定に伴い，中小企業基本法が改正された。翌2014年には，「小規模企業振興基本法（小規模基本法）」「商工会及び商工会議所による小規模事業者の支援に関する法律の一部を改正する法律（小規模支援法）」が制定された。

小規模企業を対象にした一連の法律が制定され，施策が展開されるに至った理由として，次のことがある。第一に，小規模企業は，中小企業層の中でも9割を占めているが，近年では事業所数が急減していることである。第二に，特に99年基本法体系下における中小企業政策は，中小企業層の中でも中上位層が主な対象になりがちであったため，小規模企業の多くが施策の対象から抜け落ちてしまうことがあった。第三に，地方周辺部に行くほど，地域経済を支えているのは小規模企業という事実であり，小規模企業の減少と地域経済の衰退は密接な関係にある。特に，小規模企業の需要開拓や事業承継支援など，小規模企業を対象とした施策を展開し，小規模企業の活性化を通じて地域経済の活性化を目指している。

(大貝健二)

▷異分野連携新事業分野開拓（新連携）
異分野連携新事業分野開拓は，中小企業が事業分野の異なる企業と有機的に連携して新しい分野の開拓を図ることに重きが置かれている。中核となる中小企業が連携する相手は，2社以上の中小企業に加え，大企業や研究機関，NPOなどが想定されていることに加え，成果を出す可能性が高い連携が認定されていることが特徴である。⇨Ⅸ-3「中小企業ネットワーク(2)」
▷ふるさと名物
⇨ⅩⅢ-6「中小企業の海外展開支援」も参照。
▷小規模企業活性化法
⇨Ⅲ-10「小規模企業振興」

（推薦図書）
黒瀬直宏『中小企業政策』日本経済評論社，2006年。

中小企業政策の展開(1)：1990年代まで

▷二重構造論
⇨Ⅱ-2「戦後の高度成長と中小企業（1950，60年代）」

 **二重構造論からの転換（1970年代）**

　高度経済成長は，多数の中小企業を生み出し，また近代化や規模拡大を遂げ，中堅企業やベンチャー企業といわれる企業層が現れた。それとともに，高度成長期に特徴的であった**二重構造論**的な中小企業観にも変化が現れた。

　1970年代の中小企業政策は，1972年に中小企業政策審議会から提出された「70年代の中小企業のあり方と中小企業政策の方向について（70年代中小企業政策ビジョン）」に示される長期的なビジョンを基に展開された。一方で，ドルショック，オイルショックなどの環境の変化への対応にも迫られながら進められた。「中小企業事業転換対策臨時措置法（事業転換法）」（1976年），「円相場高騰関連中小企業対策臨時措置法（円高法）」（1978年），「特定不況地域中小企業対策臨時措置法（旧城下町法）」（1978年），「産地中小企業対策臨時措置法（産地法）」（1979年）などが政策プランとして立法化され，また，中小企業の近代化政策は，「知識集約化」をキーワードにした政策が展開された。スケールメリットを追求することから，質的な転換が図られた。知識集約化の中身については，新製品の開発，デザインの開発，人材育成等が念頭に置かれている。

　1970年代には，小売業に対しても注目すべき政策が打ち出された。当時としては新しい業態の小売店としてスーパーマーケットが出店攻勢を極めていた。その中で，「中小小売商業振興法」（1973年）や**大規模小売店舗における小売業の事業活動の調整に関する法律（大店法）**（1974年）が制定された。中小小売商業振興法では，商店街のアーケード整備などハード面での近代化が進められた。他方で，大店法は，スーパーマーケットに対して出店調整を行うものであった。スーパーマーケットの進出により，既存の中小小売店が影響を受ける場合に，相互の利害を調整する役割を有していた。大型店の出店調整を行う百貨店法が既に存在していたが，スーパーマーケットは規制の対象にはなっておらず，同法によって規制の対象にしたのである。

▷大規模小売店舗における小売業の事業活動の調整に関する法律（大店法）
1974年制定。大規模小売店舗の商業活動の調整を行う仕組みを定めた法律。同法では，消費者の利益の保護に配慮しつつ，大規模小売店舗の事業活動を調整することにより，その周辺の中小小売業者の事業活動の機会を適正に保護し，小売業の正常な発展を図ることを目的とし，大型店の出店に対して出店調整を行うことを定めていた。1990年代以降，同法は規制緩和路線において段階的に改正され，2000年に廃止となった。

活力ある多数としての中小企業（1980年代）

　1980年代に入ると，「80年代の中小企業のあり方と中小企業政策の方向性について（80年代中小企業政策ビジョン）」が出された。ここでは，第一に，中小企業が活力ある多数として積極的な存在であると再認識していること，第二に，

70年代の知識集約化からさらに踏み込んで，情報・技術・人材などソフトな経営資源充実のための施策展開が必要であること，第三に，定住圏構想などの影響も受けて，地域重視の視点が前面に押し出されていることが特徴である。

　また，1980年代には，ソフトな経営資源充実のための施策のほか，**プラザ合意**に伴う円高不況への対応などにも迫られた。具体的には，「中小企業技術開発促進臨時措置法（技術法）」（1985年），「異分野中小企業者の知識の融合化による新分野の開拓の促進に関する臨時措置法（融合化法）」（1988年）がソフトな経営資源充実のための施策として展開された。また，円高不況対策としては，「特定中小企業者事業転換対策等臨時措置法（新事業転換法）」（1986年），「特定地域中小企業対策臨時措置法（特定地域法）」（1986年）などによって事業転換が進められた。

▷プラザ合意
⇨ Ⅱ-3 「安定成長期の中小企業（1970，80年代）」

③ 中小企業政策の競争政策的側面の登場（1990年代）

　1989年に東西冷戦が終結し，世界はグローバル経済化へ向けてそのスピードを増していった。他方で，日本経済はバブルの崩壊とともに，「失われた20年」の長期不況へ突入することになった。

　中小企業政策のスタンスを示すものとして，1970，80年代と同様に，「90年代の中小企業ビジョン」が提起されている。90年代の政策思想は，グローバリゼーションと情報化の大波に対して中小企業の積極的な対応を促し，政策的には経済合理性追求の姿勢を重視しながら，ソフトな経営資源の充実支援と創業支援基盤の強化，積極的転換の支援，中小企業の国際化の促進などを実施しようとするものであった。また，中小企業を「競争の担い手」として捉えるなど，80年代以上に競争政策的性格を帯びるようになっている。

　1990年代の政策プランでは，「特定中小企業集積の活性化に関する臨時措置法（特定中小企業集積活性化法）」（1992年）や，「特定中小企業者の新分野進出等による経済の構造的変化への適応の円滑化に関する臨時措置法（新分野進出円滑化法）」（1993年）などがある。これらの法律は，産業構造の急激な変化に対応するために，基盤を強化することに加え，新分野への進出を促すことを目的としていた。そのほか，創業や研究開発・事業化を通じて，新製品・新サービス等を生み出すことを促進する「中小企業の創造的事業活動の促進に関する臨時措置法（中小企業創造事業促進法）」（1995年），「新事業創出法」（1998年）のほか，新たな事業に挑戦することを支援する「中小企業経営革新法」（新分野進出円滑化法を発展させたもの）（1999年）などが展開された。

　このように，1970年代以降の中小企業政策は，環境変化も相まって，63年基本法の中小企業認識の枠を超えた政策が展開され，1999年の中小企業基本法改正へと続くのである。 （大貝健二）

（推薦図書）
植田浩史『現代日本の中小企業』岩波書店，2004年。
岡田知弘・岩佐和幸『現代日本の経済政策』法律文化社，2016年。

中小企業政策の展開(2)：1990年代以降

① 競争的性格を前面に押し出した政策の登場

　1990年代に入り，世界はグローバル経済化へ向けてそのスピードを増していった。90年代以降の中小企業政策の特徴は，中小企業を競争の担い手として位置づけ，①グローバル化と情報化への対応，②ソフトな経営資源の充実支援，③創業支援基盤の強化への対応，④事業転換の支援，⑤国際化促進，が掲げられているほか，2000年以降は，1999年に改正された中小企業基本法の新しい政策体系を基に，連携がキーワードになっている。

　1990年代前半には，「特定中小企業集積の活性化に関する臨時措置法（特定中小企業集積活性化法）」（1992年）や，「特定中小企業者の新分野進出等による経済の構造的変化への適応の円滑化に関する臨時措置法（新分野進出円滑化法）」（1993年）といった臨時措置法が展開された。産業構造の激変に対応するための基盤強化や，新分野への進出，事業転換を促すことが求められたからである。他方で，90年代半ば以降は，「中小企業の創造的事業活動の促進に関する臨時措置法（中小企業創造事業促進法）」（1995年），「新事業創出法」（1998年）のほか，「中小企業経営革新法」（新分野進出円滑化法を発展させたもの）（1999年）などが展開された。これらは，新たな創業や研究開発・事業化を通じて，新製品・新サービス等を生み出すことのほか，新事業に挑戦することを支援する政策であった。

　また，競争促進と連携に重きを置いたものとして，経済産業省が主導した**産業クラスター計画**が2000〜09年に展開された。クラスター計画は民主党政権の事業仕分けにより，国の予算投入はなくなったが，経済産業省では「地域主導型クラスター」と「先導的クラスター」とに分類して個別に政策を展開している。

　2005年には，中小企業創造事業促進法，新事業創出法，中小企業経営革新法の３法が統合され，「中小企業の新たな事業活動の促進に関する法律（中小企業新事業活動促進法）」となった。異なった経営資源を有する複数の中小企業者が中心となって新しい価値を創り出す**新連携**事業が展開された。そのほか，「地域ブランド」や「ふるさと名物」の創出を目的とした「中小企業地域資源活用促進法（地域資源法）」（2007年制定，2015年改正）や，「中小企業者と農林漁業者との連携による事業活動の促進に関する法律（農商工連携法）」（2008年）のよう

▷産業クラスター計画
経済産業省では，産業クラスターを，「新事業が次々と生み出されるような事業環境を整備することにより，競争優位を持つ産業が核となって広域的な産業集積が進む状態」と位置づけている。地域の中堅中小企業・ベンチャー企業が大学，研究機関等のシーズを活用して，産業クラスターを形成し，国の競争力向上を図ることを目的としていた。
⇨Ⅻ-3「地域における企業集積(2)」
▷新連携
⇨Ⅸ-3「中小企業ネットワーク(2)」

に，第一次産業との連携による新商品開発を進める政策も登場している。製造業だけでなく，業種の枠を超えた連携を推し進める政策プランとなっている。

② 地方創生とコネクターハブ企業支援

　地方での人口減少に歯止めがかからず，東京一極集中が加速し，大都市圏と地方圏での地域間格差が拡大していることから，安倍政権は「地方創生」を掲げ，ローカルアベノミクスの実現に向けて地方版総合戦略の策定を地方自治体に委ね，具体的事業の本格的な推進に着手している。

　地方創生と中小企業政策との関連では，地域経済の活性化に向けて，いかにして地域の「稼ぐ力」を引き出し，強化していくかに力点が置かれている。そのため，企業間の取引ネットワークを通じた資金循環に着目し，地域内企業と地域外企業の結節点となる役割を担っている**コネクターハブ企業**（地域中核企業）を中小企業の中から見つけ出し，あるいは創出し支援していくことが目指されている。

　コネクターハブ企業が，地域経済活性化の切り札として期待されているのであるが，地域内コネクターハブ企業の特定方法について確認しておこう。経済産業省は，帝国データバンクが保有するビッグデータ（70万社の企業間取引データ）を基にした，企業間の取引構造や地域経済の産業構造の分析を可能にする**地域経済分析システム**（RESAS）の開発を進めている。同分析システムを活用することにより，コネクターハブ企業の取引関係を「花火図」として可視化することが可能になり，戦略的な政策的支援を行えると考えられる。

（大貝健二）

▷地方創生
東京一極集中を解消し，人口減や地域の疲弊に直面している地域（自治体）の活性化を目指すとともに，国の活力を上げようとする安倍政権の政策。2014年には，人口減や少子高齢化などに取り組む「まち・ひと・しごと創生本部」が設置され，地方版総合戦略の策定に着手している。⇨Ⅰ-6「中小企業の統計」，Ⅻ-9「地方創生と中小企業」も参照。

▷コネクターハブ企業
地域の中で取引が集中していて（地域内取引のハブ機能），さらに地域外とも取引を行っている（他地域と取引をつなげているコネクター機能）企業のうち，地域経済への貢献度が高い企業を示す。具体的には，地域からより多くの仕入を行い，地域外に販売することによって域外から稼ぎ，域内でプラスの波及効果をもたらすことに貢献する企業である。

▷地域経済分析システム
⇨Ⅰ-6「中小企業の統計」

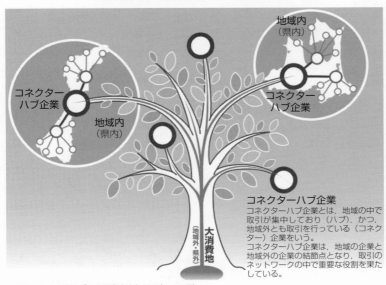

資料Ⅲ-4　コネクターハブ企業の役割のイメージ

出所：中小企業庁『中小企業白書』2014年，534頁。

中小企業憲章と新しい中小企業政策

① 中小企業憲章の創生

　厳しい地域経済に纏う閉塞感を打破し，変革を実現する上で，世界的にも中小企業への期待が高まっており，雇用対策をはじめとした中小企業支援に力を入れるアメリカのように，諸外国においても中小企業政策の重要性が高まっている。

　特に，欧州では，すでに2000年に**欧州小企業憲章**などが制定されるなど，中小企業政策への注力が高まっている。

　こうした背景に加え，日本における中小企業憲章制定に関わる動きは，おもに中小企業家同友会によるものである。2003年5月に**中小企業家同友会**全国協議会（中同協）が「2004年度国の政策に対する中小企業家の要望・提言」の中で，「中小企業政策を産業政策における補完的役割から脱皮して中小企業重視へと抜本的に転換することを『宣言』し，日本独自の『中小企業憲章』を制定すること。」と提唱したことが，最初とされる。

　政府は，2010年「中小企業憲章に関する研究会」を設置し，憲章制定の検討を進め，2010年6月18日に中小企業憲章を閣議決定した。中小企業憲章では，世界的な経済の混乱，少子高齢化，経済社会への停滞などを克服していく上での経済・社会両面における中小企業への期待，政府としての中小企業政策の基本的な考え方と方針を示している。

② 中小企業憲章における政府の姿勢

　同憲章における前文において，「中小企業は，経済を牽引する力であり，社会の主役である。常に時代の先駆けとして積極果敢に挑戦を続け，多くの難局に遭っても，これを乗り越えてきた」と強く中小企業の存在を位置づけ，「国の総力を挙げて，中小企業の持つ個性や可能性を存分に伸ばし，自立する中小企業を励まし，困っている中小企業を支え，そして，どんな問題も中小企業の立場で考えていく。」と示し，政府として中小企業が果敢に挑戦できるような経済社会の実現に向けての決意を表明している。

③ 中小企業憲章の基本理念

　同憲章における基本理念では，中小企業を「社会の主役」と位置づけ，政府として，中小企業が果敢に挑戦できるような経済社会の実現に向けての決意を

宣言したものである。中小企業は，資金や人材上の制約があるために数多くの困難にさらされてきたが，いわば国家の財産ともいうべき重要な存在であり，変革の担い手として大いに期待できる存在だとみている。

　また，その根幹の役割を担う経営者について，「企業家精神に溢れ，自らの才覚で事業を営みながら，家族のみならず従業員を守る責任を果たす」存在とし，小規模企業についても「その多くが家族経営形態を採り，地域社会の安定をもたらす」という認識を示している。

❹　中小企業憲章の原則

　政府は，これからの新たな中小企業政策に取り組むにあたって，基本理念を踏まえ，以下の原則を掲げている。

　ア）経済活力の源泉である中小企業が，その力を思う存分に発揮できるよう支援する：資金，人材，海外展開力などの経営資源の確保を支援し，中小企業のもてる力の発揮を促す。その際，経営資源の確保が特に困難であることの多い小規模企業に配意する。中小企業組合，業種間連携などの取組みを支援し，力の発揮を増幅する。

　イ）起業を増やす：起業は，人々が潜在力と意欲を，組織の枠にとらわれず発揮することを可能にし，雇用を増やす。起業促進策を抜本的に充実し，日本経済を一段と活性化する。

　ウ）創意工夫で，新しい市場を切り拓く中小企業の挑戦を促す：中小企業のもつ多様な力を発揮し，創意工夫で経営革新を行うなど多くの分野で自由に挑戦できるよう，制約の少ない市場を整える。また，中小企業の海外への事業展開を促し，支える政策を充実する。

　エ）公正な市場環境を整える：力の大きい企業との間で実質的に対等な取引や競争ができず，中小企業の自立性が損なわれることのないよう，市場を公正に保つ努力を不断に払う。

　オ）セーフティネットを整備し，中小企業の安心を確保する：中小企業は，経済や社会の変化の影響を受けやすいので，金融や共済制度などの面で，セーフティネットを整える。また，再生の途をより利用しやすいものとし，再挑戦を容易にする。

　中小企業憲章は，激動する世界経済の中で，中小企業を日本経済の新たな動きの軸として位置づけ，中小企業基本法でも示されているとおり，今以上の存在価値として，中小企業に期待している表れであり，そのための政策的支援に取り組む覚悟を政府が表明しているのである。

　特に，これからの日本経済再生に向けて，中小企業と政府がお互いに力を合わせることが重要であり，中小企業が有する幅広い力が必要となっている。

（梅村　仁）

う。
　同友会は，中小企業家が自主的な努力によって，相互に資質を高め，知識を吸収し，これからの経営者に要求される総合的な能力を身につけることをめざします。
・経営環境を改善しましょう。
　同友会は，他の中小企業団体とも提携して，中小企業をとりまく社会・経済・政治的な環境を改善し，中小企業の経営を守り安定させ日本経済の自主的平和的な繁栄をめざします。

8 地方自治体の中小企業政策

1 なぜ，地方自治体が中小企業政策に取り組むのか

　近年，市町村等の基礎自治体における産業振興，中小企業振興策の重要性が強調されることが増えている。その理由は，①バブル経済崩壊後の日本経済における地域経済振興の必要性，②1999年に抜本的に改正された**中小企業基本法**にみられるように地方自治体レベルでの中小企業政策の重視，③地方分権化の進展，少子高齢化社会のもとで自治体がどのように財源を確保していくのかが問われるようになっていることなどである。

　1963年に制定された中小企業基本法では，「地方公共団体は，国の施策に準じて施策を講ずるようにと努めなければならない」（第4条）とあり，地方自治体の中小企業支援は国が行うメニューの範囲で行うことが定番とされていた。しかし，1999年に大幅に改正された中小企業基本法では「地方公共団体の責務」として「地方公共団体は，基本理念にのっとり，中小企業に関し，国との適切な役割分担を踏まえて，その地方公共団体の区域の自然的経済的社会的諸条件に応じた施策を策定し，及び実施する責務を有する」（第6条）とされている。「策定」から「実施」までを行う「責務」が生じたのである。

2 先進自治体による中小企業政策

　1999年中小企業基本法の制定前から，東京都の墨田区や大田区といったものづくり都市において，自治体独自の中小企業政策は取り組まれていた。例えば，墨田区では1977年に区職員が自ら訪問調査を行った中小製造業実態調査，1979年の中小企業振興条例制定，1980年の墨田区産業振興会議設立，1985年から始まった**3M運動**などが有名である。

　墨田区の政策の流れとしては，①実態を知る，②条例づくりにより政策の方向性を決定する，③政策実施の進捗管理等をする会議体の設置，である。この政策的流れは，多くの中小企業政策に取り組む自治体においてモデル化され，大阪府八尾市や北海道帯広市等において，進化しながら取り組まれている。

3 具体的な中小企業政策：尼崎市を事例に

　次に，自治体中小企業政策は，実は多彩であり，その政策メニューを紹介する。例として紹介する兵庫県尼崎市は，明治時代にマッチ製造業，紡績業から近

▷**中小企業基本法**
⇨Ⅲ-4「中小企業基本法」

▷**3M運動**
「すみだ3M（スリーエム）運動」とは，1985（昭和60）年にスタートした，墨田区の産業PRとイメージアップ，地域活性化を図る事業。①「小さな博物館」（Museum）。②工房と店舗の機能を備えた，製造と販売が一体化した「工房ショップ」（Manufacturing shop）。③付加価値の高い製品を創る技術者である「マイスター」（Meister）の3つの頭文字をとって「3M（スリーエム）運動」と呼ばれている。⇨Ⅺ-7「観光産業と中小企業」

代産業都市として発展し，2012年の経済センサスでは製造品出荷額等総額約1.4兆億円を誇る阪神工業地帯の中核都市である。尼崎市における政策の方向性の変遷としては，既存工業の高度化，都市型産業の立地促進，国際化や技術革新および情報化への対応，研究開発の拠点整備，ものづくりの促進，企業の立地促進と時代の流れの中で様変わりし，その時々において政策が立案されてきた。2017年度政策については，概ね企業立地促進，技術・開発支援，経営支援，人材育成の４つに分類される。また，新しい地域産業振興の考え方として「**エコノミックガーデニング**」が注目されている。特に，人材育成分野における地域雇用に関する事業の進展が顕著である。一方，経済活動の時勢や厳しい自治体財政事情から，政策のスクラップアンドビルドや統合も頻繁に行われている。

 4　自治体中小企業政策の課題

　第一に，国（中小企業庁）とは異なる独自の中小企業政策を展開する自治体が少ないといえる。第二に，中小企業基本法などの制定により，中小企業政策の重要性は高まっているものの，自治体における産業分野の予算，人員が非常に脆弱なため，政策形成経験が乏しく，担い手づくりに苦慮している。第三に，政府と自治体の政策連携がうまくとれていない現状がある。

5　中小企業を軸とした新たな政策：エコノミックガーデニング

　リトルトン市（アメリカ・コロラド州）では大企業の誘致による地域経済の活性化に頼らず，エコノミックガーデニングに取り組み，1990年から2005年の15年間で雇用数が１万4907人から３万5163人と２倍以上，税収は680万ドルから1960万ドルと３倍近く増加したとされる。

　では，リトルトン市の取組みにはどのような特徴があるのだろうか。

　１点目は，成長志向の強い意欲のある地元の中小企業に施策の対象を絞って支援を行ったことにある。

　２点目は，市場規模や特色，消費者の動向，競合他社の存在などに関する情報について，データベースを基に分析した結果を提供し，中小企業の経営戦略を支援していることにある。

　３点目は，中小企業間での連携や商工会議所，大学など地域内での連携を図りながら事業を進めていることにある。

　４点目に，強力なリーダーシップの存在である。

　このようにエコノミックガーデニングの取組みは，「地元企業が成長する環境をつくる」という原則に基づき，地域経済を「耕す」ための環境整備を継続的に進めるものである。

（梅村　仁）

資料Ⅲ-5　尼崎市の中小企業政策（工業振興）

	2017年度
企業立地促進	リサーチコア推進事業 企業の環境・健康活動推進事業 企業立地促進条例運営事業 企業立地支援事業 工場立地法の特例措置条例運営事業
技術・開発支援	イノベーション促進総合支援事業
経営支援	営業力強化支援事業 創業支援事業 ソーシャルビジネス支援推進事業 事業所景況等調査事業 産業振興基本条例関係事業
人材育成	市内企業魅力体感・発信事業 企業内人権研修推進事業 技能功労者等表彰事業 雇用創造支援事業 キャリアアップ支援事業 地域雇用・就労支援事業 中小企業就業者確保支援事業

▷**エコノミックガーデニング**
地域経済を「庭」，地元の中小企業を「植物」に見立て，地域という土壌を生かして地元の中小企業を大切に育てることにより地域経済を活性化させる政策のことをいい，「地元企業が成長する環境をつくる政策」であるとされる。「2006年度版アメリカ中小企業白書」でアメリカ・コロラド州リトルトン市のエコノミックガーデニングの取組みが紹介され，地域産業の活性化や雇用創出効果で注目された。日本では，大阪府，徳島県鳴門市，静岡県藤枝市などで取り組まれている。⇨ⅩⅡ-9「地方創生と中小企業」も参照。

公設試験研究機関と中小企業

1 公設試験研究機関とは

　厳しい経済情勢が続く中，中小企業の存立には，技術開発，商品開発が必要不可欠である。また，開発にかかる人員や財源も，全体的に企業規模から限定されるのは中小企業であり，そうした企業を支援することは，公的機関の本分であろう。公設試験研究機関（以下，公設試）は，一般的に自治体（都道府県・政令指定都市・市町村）が設置した，地域の産業振興を目的とした試験研究機関を指し，農林水産業，鉱工業，環境など多様な分野を含んでいる。一般的にはその名称に「工業試験場」「工業（産業）技術センター」などが多く使われている。[41]

　また，公設試の数は全国に約600カ所以上あり，中小企業との関係が強い工業系公設試は130カ所あるといわれている。

　公設試の主な業務には，次のようなものが挙げられる。

・企業が抱えている技術問題の解決のための技術相談
・専門家を生産現場に派遣し工程の改善指導等を行う技術指導
・地域の技術者の質的向上を図るための技術研修
・企業からの依頼により行う製品・原材料等の試験・分析
・設備機器の開放
・地域産業に関連する技術課題についての研究開発および成果普及
・技術振興のための各種講演会

　このように，公設試は当該地域の主として中小企業に対し技術に関する相談，指導，研修等を通して支援するとともに，依頼試験・分析に対応し，試験機器の開放等も行い，さらに研究開発を行うという多様な業務を担っている。[42]

　また，工業系公設試においては「特化型」「中規模総合型」「大規模総合型」に分類される。

2 公設試の現状と多様性

　公設試は，その規模等から多様性をうかがうことができる。公設試は，**資料Ⅲ－6** からもわかるように機関の総人員が数人から200人を超える規模まで幅があり，最も大きな公設試は東京都立産業技術センターである。また，29名以下の小規模の公設試は，地域の特定産業を対象にした産地向けのものが多いと指

▷1　公設試験研究機関の紹介：神奈川県立産業技術綜合研究所
神奈川県立産業技術総合研究所は，神奈川県海老名市に本部を置く資本金約90億円，職員数約200名（うち研究職約150名）の日本を代表する公設試験研究機関である。研究開発，技術支援，事業化支援，人材育成，連携交流の5つを柱事業として，特に中小企業の開発ニーズと大学等の研究シーズのマッチングのコーディネートに取り組むとともに，研究所が有する技術・ノウハウを活用した事業化促進研究に注力している。また，公設試験研究機関の強みである試験・評価技術については，国際競争力のある有望技術とされる光触媒製品・太陽電池・食品機能性等に関する評価法の開発研究に取り組むなど，企業のものづくりを支援している。
▷2　植田浩史・本多哲男編『公設試験研究機関と中小企業』創風社，2006年。
日本産業技術振興協会『平成16年度公設試験研究機関現況』2005年。

資料Ⅲ-6 工業系公設試の概要

工業系公設試の人員数（2004年度）	
人員数	公設試数
1～9人	7
10～29人	21
30～49人	24
50～99人	26
100人以上	9
計	87

工業系公設試の予算規模（2004年度）	
予算金額	公設試数
1億円未満	11
1億円以上5億円未満	29
5億円以上10億円未満	29
10億円以上20億円未満	14
20億円以上	4
計	87

（出所）日本産業技術振興協会（2005）。

摘されている。▷3

次に，予算規模についても，最も大きい東京都立産業技術研究センターが70億円（2018年度予算）を超えている一方で，1億円未満のものが11機関あるなど，大きなかい離がみられる。しかし，予算規模には，人件費などが含まれている場合とそうでない場合があるので，単純に比較することはできないが公設試の規模やミッションによって幅があることも考察する上で注意したい。

3 公設試の展開

公設試の歴史は明治期に始まり，その多くは都道府県などによって設立されたが，産地などでは組合によって設立されたものもある。公設試が地域の産業化に果たした役割は大きく，戦後もそれぞれの地域の中小企業を中心とした企業への技術支援に積極的な役割を担っていった。また，日本産業技術振興協会（2005）によれば，公設試の設立時期は戦前に創立したものが65件と全体（155件）の42％を占めており，伝統と歴史をもつ公設試は多い。一方で，1980年代年代以降の設立が46件（30％）を占めており，これは公設試の統廃合や再編等によって新たに設立されたものである。なお，近年の統廃合によって，公設試の機関数は減少傾向にある。

また，公設試の機能の変遷については，大きく3つの時期に分けられる。第一期は，中小企業の技術高度化に向けた技術指導，技術相談に重点が置かれた。第二期は，国の先端技術開発志向の影響からハイテク産業育成に向けて注力された。第三期は，地域振興の観点から中小企業のニーズに沿った技術支援，研究支援に力点が注がれている。 （梅村　仁）

▷3 （参考）大阪府の公設試験研究機関
○大阪府立産業技術総合研究所
・予算等規模（2016年度）2488百万円
・職員数（2016・4・1）152名
○大阪市立工業研究所
・予算等規模（2016年度）1530百万円
・職員数（2016・4・1）92名

▷4 日本産業技術振興協会『平成16年度公設試験研究機関現況』2005年。

小規模企業振興

▷小規模企業
中小企業基本法では，製造業その他では従業員20人以下，商業・サービス業では従業員 5 人以下と，従業員規模で小規模企業者の定義がなされている。

▷"ちいさな企業"未来会議
2012年 3 月に設置された，中小・小規模企業の経営力・活力の向上に向けた課題と今後の施策のあり方を討議する場。正式名称は「"日本の未来"応援会議〜小さな企業が日本を変える〜」である。経済産業大臣および中小企業政策審議会会長を共同議長に，次代を担う青年層や女性層の中小・小規模企業経営者を中心に，中小企業団体，税理士等の士業，商店街関係者，生業，地域金融機関など，幅広い関係主体で構成されている。

▷小規模企業活性化法
⇨ Ⅲ-4 「中小企業基本法」

① 1999年基本法の反省と小規模企業

　2013年に小規模企業活性化法，2014年に小規模企業振興基本法と小規模企業支援法が相次いで制定され，**小規模企業**に対する政策体系が整理された。しかし，なぜ，小規模企業に対する支援体系が今になって必要なのか，既存の中小企業政策体系に基づく支援施策では不十分だったのか，ということである。

　これらの疑問に対して，2012年 6 月に出された**"ちいさな企業"未来会議**による取りまとめに提起されている，これまでの中小企業政策の反省・改善すべき点と，今後の中小・小規模企業政策のあるべき方向性が回答となるだろう。

　第一に，中小企業基本法が改正された1999年から2009年までの10年間で，中小企業は484万社から419万社へ65万社の減少を示したが，なかでも小規模企業が57万社の減少を示しており，中小企業・小規模企業は厳しい現状に置かれていることである。小規模企業は，地域経済社会にとって重要な役割を果たしているものの，この10年間での急減を問題視している。第二に，これまでの中小企業政策の評価・反省として，中小企業政策では，とりわけ99年の基本法改正以降，中小企業の中でも比較的企業規模が大きい企業層が政策対象になりがちであり，小規模企業層に焦点をあてた政策体系にはなっていないこと，既存の支援施策に関しても小規模企業が活用しやすい制度・運用にはなっていない場合があることなどが指摘されている。第三に，融資や経営支援についても同様で，小規模企業に対してきめ細かい対応ができていないことが挙げられている。

② 小規模企業政策の体系化

　以上の反省や課題を基に，中小企業政策を見直し，小規模企業に焦点をあてた体系へと再構築し，①経営支援体制，②人材，③販路開拓，④技術，⑤資金調達の観点から，きめ細かい支援策を展開することが提起された。以上の流れを受けて，2013年には「小規模企業の事業活動の活性化のための中小企業基本法等の一部を改正する等の法律（**小規模企業活性化法**）」が制定されたほか，2014年には「小規模企業振興基本法」の制定と，「商工会及び商工会議所による小規模事業者の支援に関する法律の一部を改正する法律（小規模企業支援法）」によって，小規模企業政策の体系化が行われた。

　これらの小規模企業関連法の整理によって，どのように体系化されたのか。

資料Ⅲ-7　小規模企業の支援体制

出所：中小企業庁 HP より筆者作成。

　第一に，中小企業基本法の基本理念に，小規模企業の意義として，「地域経済社会の安定と経済社会の発展に寄与」することが盛り込まれた。また，施策の方針に対しても，小規模企業の活性化が明記された。第二に，小規模企業振興基本法では，小規模企業について，中小企業基本法の基本理念である「成長発展」だけではなく，「事業の持続的発展」を位置づけるとともに，小規模企業施策について，基本計画を定め，政策の継続性，一貫性を担保する仕組みをつくることが明記された。第三に，小規模支援法では，①伴走型の事業計画策定・実施支援のための体制整備，②商工会・商工会議所を中核とした連携の促進，③中小企業基盤整備機構の業務追加が明記された。

③ 小規模企業への具体的な支援体制

　具体的な小規模企業支援体制は，全国の市町村にある**商工会**や**商工会議所**が主な担い手となる。日常的に小規模事業者の経営相談に応じ，指導している商工会や商工会議所は，小規模企業に寄り添った「伴走型支援」として，**経営発達支援計画**を作成し国へ申請することが求められる。次に，計画認定を受けた団体は，単独で支援を行うだけでなく，市区町村や地域金融機関，他の公的機関，大学等と連携し小規模企業の具体的支援に着手する。例えば，小規模企業の需要開拓や事業承継をはじめ，小規模事業者による事業計画策定の支援やフォローアップのほか，地域企業による生産品の展示会の開催や，アンテナショップの運営などである。このような商工会や商工会議所を中核とした支援を通じて，小規模企業は記帳や税務面での経営改善のほか，潜在的な顧客層に向けた商品の販売方法の変更やビジネスモデルの再構築を図ることができる。こうして小規模企業の成長を促し，地域経済の活性化を実現させるのである。

（大貝健二）

▷商工会
⇨Ⅲ-11「商工会議所と商工会」
▷商工会議所
⇨Ⅲ-11「商工会議所と商工会」
▷経営発達支援計画
2014年に施行された小規模支援法に基づき，商工会や商工会議所が作成し，経済産業大臣の認定を受ける支援計画。小規模事業者の技術の向上，新たな事業の分野の開拓，小規模事業者の経営の発達を通じて地域経済の活性化を目指す。

商工会議所と商工会

中小企業の支援

　近年，地方の地域経済の疲弊が目立つ。中小企業は，この地域経済を根底から支えており，中小企業の振興を図る政策およびその支援機関がなければ，地域経済の活性化はありえない。中小企業を支援する機関は，前掲資料Ⅲ-3からも多様であることがわかるが，その地域における経済や中小企業の実情に精通していることが求められ，地域経済とのつながりのある組織として「商工会」「商工会議所」は大変重要な役割を担っている。

② 商工会と商工会議所の違い

　地域の中小企業をおもな会員とする地域経済団体として，商工会と商工会議所がある。商工会・商工会議所は，ともに地域の中小企業が業種に関わりなく会員となり，経営（事業）の安定・発展や地域の活性化のために総合的な活動を行う団体であり，国や都道府県の小規模企業施策の支援機関でもある。すなわち，両機関は，共通して主に個別小規模企業に対して金融・労務・税務などの「相談」「指導」を行うだけでなく，各種の講習会・交流会など啓蒙活動を実施するとともに，それに関連する「企業連携」「産官学連携」や「産業ビジョンづくり」「まちづくり」までを担い，地域における中小企業支援機関としてその存在感はますます高まっている。

　だが，両機関は，**資料Ⅲ-8**に示されるように，根拠法・設立要件・組織運営などの面において相違する。まず，商工会議所は，大規模の市部に，法律「商工会議所法」に基づき設立されており，全国に514存在する。現在，商工会議所は，資料Ⅲ-8にあるように「地域の総合経済団体として，中小企業支援のみならず，国際的な活動を含めた幅広い事業を実施」するとしており，小規模事業施策の事業費に占める比率も2割程度と低く，小規模企業などの中小企業支援以上に，地域づくりや地方自治体への政策要望や提言の取りまとめといった役割が大きいといえる。これに対して，商工会は，法律「商工会法」に基づいて，町村部に設立された公益団体で，全国に1653（2018年7月現在）ある。これら商工会には，全国で約86万もの様々な業種の小規模企業などの中小企業が加入しており，加入率（組織率）は全国平均で約6割となっており，会員に占める小規模企業の割合も9割である。

▷1　商工会議所の主なミッション
①政策提言：震災復興をはじめ，経済政策やエネルギー・環境政策，社会保障制度，税制，経済連携など，日本の根幹をなす重要政策課題から，中小企業に対する個別施策まで幅広いテーマについて意見具申。②中小企業の活力強化：中小企業の経営課題へのきめ細かな支援，創業・経営革新への挑戦支援，経済のグローバル化に対応するための中小企業の国際化支援など。③地域経済の活性化：中心市街地の活性化支援，地域資源を活用した産業振興，地域ブランド力の育成強化，観光振興，地域コミュニティの維持，社会福祉の増進など。（日本商工会議所ホームページより作成）

（資料Ⅲ-8　商工会と商工会議所の概要）

区　分	商工会	商工会議所
根拠法	商工会法	商工会議所法
管轄官庁	経済産業省 中小企業庁	経済産業省 経済産業政策局
地区	主として町村の区域	原則として市の区域
	（商工会議所および他の商工会と地区は重複しません）	
会員に占める小規模事業者の割合	9割を超える	約8割
事　業	中小企業施策，特に小規模事業施策に重点を置いており，事業の中心は経営改善普及事業	地域の総合経済団体として，中小企業支援のみならず，国際的な活動を含めた幅広い事業を実施。 　小規模事業施策（経営改善普及事業費）は，全事業費の2割程度
設立要件	地区内の商工業者の2分の1以上が会員となること	特定商工業者（※）の過半数の同意 ※従業員20人以上（商業・サービス業は5人以上）または資本金300万円以上の商工業者 また通達により管内商工業者数に応じた組織率，財政規模，専任職員数などの基準が定められている
意思決定機関	総会（全ての会員で構成）ただし会員数200人以上の場合は総代会を設置できる。	議員総会（会員及び特定商工業者から選挙された議員ならびに部会等で選任された議員で構成。会員数に応じて議員数は30〜150人） 1号議員：会員及び特定商工業者から選挙（50％以上） 2号議員：部会所属会員から選任（35％以下） 3号議員：1号，2号議員以外から選任（15％以下）
議決権（表決権）および選挙権	総会の議決権・選挙権ともに1会員1個	会員は部会において，議員は議員総会において1人1個の表決権を保有。選挙権は会費口数に応じて1人最高50票。

出所：全国商工会連合会ホームページ等より筆者作成。

③　商工会議所と商工会の強みと課題

　商工会議所と商工会の強みは，①地域に密着した「顔の見える支援」，②幅広い相談に対応可能，③小規模企業支援のノウハウをもっていること，④自治体と連携した支援，などである。商工会・商工会議所は，永く地元に根ざした中小企業・小規模事業者支援を行っており，まさに事業者からは顔が見え，幅広い相談に応じてくれる「かかりつけ医」のような存在として位置づけられている。

　次に，課題は，①財源の不足，②指導人員の不足，③経営指導員の能力の差異，④専門的知識の不足，などである。特に，経営指導員の能力向上のための研修制度の充実や，地域金融機関や税理士等の専門的な支援機関との連携が求められている。一方，課題の対応のため，滋賀県商工会連合会では職員全員が経営指導を行い，かつどの分野の経営相談にも対応できる体制・人材育成に尽力している。中小企業・小規模事業者が相談に訪れたくなるような「場」づくりが求められている。

（梅村　仁）

▷2　事例：滋賀滋賀県商工会連合会
県内22の商工会を管轄し，2009年度から県内22商工会の職員に関する「人事制度改革」を実施。特に，経営指導を行うスタッフの能力向上に向けて各商工会に任せていた人材育成に関し，県連として取り組むこととなった。スタッフのレベルアップのため目標や評価基準を明示するとともに，経営支援に必要な専門分野を研修等による「知識」の習得と現場での実践を組み合わせ，専門分野の能力を高めていくことに尽力しており，地域の企業からは，商工会のサービスが向上したという評価が得られている。

中小企業診断士

① 中小企業診断士とは

　中小企業診断士は，中小企業者がその経営資源に関し適切な経営診断および経営に関する助言を受ける機会を確保するため，経済産業大臣に国家資格として登録される専門家である。

　中小企業支援法第11条には，「中小企業の経営診断の業務に従事する者の登録」として，「登録簿を備え，中小企業の経営診断の業務に従事する者であって，『試験に合格し，かつ，経済産業省令で定める実務の経験その他の条件に適合する者』『その同等以上の能力を有すると認められる者で，経済産業省令で定めるもの』いずれかに該当するものに関する事項を登録する」旨の記載がある。

② 中小企業診断士制度の変遷

　中小企業診断士制度は，日本経済の動向や中小企業政策に合わせ，時流に応じた中小企業支援を行える形で変遷をたどってきた。

　中小企業診断士制度のはじまりは，1948（昭和23）年の「中小企業診断制度」発足，1952（昭和27）年の「**中小企業診断員**登録制度」創設である。その後1963（昭和38）年に，中小企業支援法の前身となる「**中小企業指導法**」が制定され，指導事業に協力する者として中小企業診断員の法的根拠が確立されたことをきっかけに，中小企業診断員の試験制度が導入されるようになった。

　中小企業診断士制度に大きな影響を与えたのは，1999（平成11）年の中小企業基本法改正，2000（平成12）年の**中小企業支援法**制定である。この中小企業支援法は，1963（昭和38）年に制定された「中小企業指導法」が抜本改正されたものであるが，それにより中小企業の「指導」ではなく「支援」が重視されるようになり，中小企業診断士の立場も，「中小企業指導事業において経営の診断を担当する者」から「経営の診断（現状把握・分析）及び助言（成長戦略・計画策定のアドバイス含む）の業務を行う者」となった。

　2001（平成13）年には，中小企業支援法の制定に基づいて中小企業診断士制度の改正が行われた。中小企業経営の複雑化・高度化に伴って実践的かつ高度な知識・能力の保有を義務づけるため，これまで商業，工鉱業，情報と部門別に分かれていた登録制度は一本化された。ここから2006（平成18）年にかけて

▷**中小企業診断員**
1969（昭和44）年に「中小企業診断士」に改称された。
▷**中小企業指導法**
⇨Ⅲ-4「中小企業基本法」

▷**中小企業支援法**
⇨Ⅲ-4「中小企業基本法」
▷1　第1次試験は，「経済学・経済政策」「財務・会計」「企業経営理論」「運営管理」「経営法務」「経営情報システム」「中小企業経営・中小企業政策」の7科目となっている。
▷**商工会議所・商工会**
⇨Ⅲ-11「商工会議所と商工会」
▷**中小企業支援センター**
都道府県等に設置され，中

新試験制度への改正が行われ，現制度へと移っていったのである。

③ 中小企業診断士試験制度と登録要件

　中小企業診断士に必要な知識，能力として，「専門的知識の活用とともに，企業と行政，企業と金融機関等のパイプ役，中小企業への施策の適切な活用支援まで，幅広い活動に対応できるような知識や能力」が挙げられる。

　現行の試験制度は，中小企業支援法第12条に「経済産業大臣は，中小企業の経営診断業務に従事する者の資質の向上を図るため，中小企業の経営診断に関する必要な知識について試験を行う」と規定されており，多面的な知識，能力を有するかを判定するための試験制度となっている。

　第1次試験は企業経営に関する7科目についての多肢選択式筆記試験となっており，第1次試験合格後，「第2次試験に合格し，実務補習を修了するか，診断実務に従事する」，あるいは「中小企業基盤整備機構または登録養成機関が実施する養成課程を修了する」ことで，中小企業診断士として登録される。なお第2次試験は，中小企業の診断および助言に関する実務の事例について筆記試験と口述試験が実施される。登録の有効期間は5年間であり，更新登録を行うには，更新登録制度に則り，有効期間内に「知識の補充」と「実務の従事」に係る要件を満たす必要がある。実務従事要件には満たすべき実務従事の日数が定められているが，これは，登録されている中小企業診断士の質を確保するために実務従事が重視されていることの顕れである。

④ 中小企業診断士の業務と役割

　中小企業診断士の役割は，「企業の成長戦略の策定について専門的知識をもってアドバイスすること」，そして「策定した成長戦略を実行するに当たって具体的な経営計画を立て，その実績やその後の経営環境の変化を踏まえた支援を行うこと」とされている。

　公的機関における専門家，あるいは民間コンサルタントという立場で，企業と直接顧問契約を結んで業務に従事するほか，**商工会議所・商工会**や，都道府県等**中小企業支援センター**など，中小企業支援機関における**ワンストップサービス**の一端を担い，窓口相談や**専門家派遣**などに従事する。その他，国や都道府県の施策を中小企業者に伝え，施策方針に則った中小企業者支援を行う役割ももつ。

　また，中小企業診断士は**業務独占資格**ではないため，その業務範囲は広い。支援内容としては，**創業**支援，**経営革新**支援，販路開拓支援，IT活用支援，雇用・労務支援，資金繰り支援，現場改善支援，事業再生支援，**事業承継**支援，海外展開支援など多岐にわたり，多様な支援を行っている。　　　（丸尾和子）

小企業支援事業の実施体制の中心として，経営上の各種相談に応じている。

▷ワンストップサービス
行政等において，1カ所で複数のサービスを受けられたり，必要な手続きを行えること。

▷専門家派遣
中小企業者の経営課題に対し，支援機関に登録あるいは推薦された公的資格者や各種分野の専門家が派遣され，経営課題に対応するもの。東京商工会議所・東京都商工会連合会や，中小企業振興公社などが実施している。

▷業務独占資格
特定の業務において，特定の資格や免許等を有する者のみがその業務を行える資格のこと。

▷2　中小企業基盤整備機構「J-Net21」によると，「中小企業診断士が過去3年間で実施したコンサルティング業務のテーマ」として「経営革新・経営改善支援（32.7%）」が最も多く，次いで「販路拡大，販促支援（10.4%）」「事業再生，再チャレンジ支援（9.8%）」「人材教育，雇用，労務関係支援（8.6%）」「ベンチャー・創業支援（7.1%）」「財務，資金繰り支援（7.1%）」の順となっている（「データでみる中小企業診断士2016年版」より）。

▷創業
⇨ Ⅴ-2 「中小企業の経営者」

▷経営革新
⇨ Ⅲ-2 「中小企業政策とは何か(2)」

▷事業承継
⇨ Ⅳ-6 「事業の承継と発展」

中小企業経営の特徴(1)：生産的側面

中小製造企業における職能の分化

　経営学は，組織体の経営や管理を研究対象としているが，主として大規模な製造業の株式会社の経営や管理が取り上げられることが多い。通常，企業は規模が大きくなるにつれて，職能（行われるべき仕事）が分化し，それぞれの職能ごとに部門が形成される。職能の分化には，水平的分化と垂直的分化があり，企業の規模の拡大とともに，同時に進行する。

　水平的分化は，企業規模の拡大に伴って，過程的分化→要素的分化→部面的分化という分化のプロセスを経る。**個人企業**では，社長が自ら部品を調達し，製品を製造し，その販売のために営業をするというように，一人で全ての職能を担当する。しかしながら，従業員が増えてくると，調達，製造，販売という職能ごとに部門が形成される（過程的分化）。そして，企業の規模が大きくなると，ヒト，モノ，カネ，情報という企業の構成要素ごとに職能が分化する（要素的分化）。さらに，企業の規模が拡大すると，管理スタッフが登場する部面的分化が起こる。

　垂直的分化は，まず小規模企業において管理組織（経営者）と作業組織（一般従業員）という分化から起こる。そして企業規模が拡大すると，管理組織では作業者を監督する現場監督者が登場し，最終的には中間管理層が分化する。

　中小企業基本法における中小企業の定義でわかるように，中小製造企業は従業員数が300人以下と企業規模が限定されている。よって，中小製造企業における水平的分化では，大企業のように，**専門化の原則**のメリットが貫徹できるようには分化しておらず，一人の従業員が多様な職能を担当していることが少なくない。また垂直的分化でも，**中小企業の経営者**は，オーナー経営者が比較的多いこともあり，実質的には組織の階層はかなり低いものとなる。

② 中小製造企業の経営形態

　製造業の中小企業の経営形態（**資料Ⅳ-1**）は，まずブランドを保有しているか否かによって分類することができる。最もイメージしやすい経営形態は，なんといってもブランドを保有しているものである。これは製品保有型経営と呼ばれ，自社で企画した製品を生産し，自社のブランドを付けて販売するものである。この対極に位置づけられるのが下請型経営で，自社で製品の企画を行わ

▷**個人企業**
個人が全資本を出資し経営する企業で，全ての権利義務が個人に属している個人事業者であり，無限責任制（全財産をもって債務の履行に責任をもつことであり，債務が消滅するまで返済の義務をもつこと）である。

▷**中小企業基本法**
⇨Ⅲ-4「中小企業基本法」

▷**専門化の原則**
仕事を細かく分けて，同じ人が同じ仕事に専門的にあたるようにする原則で，専門化することで仕事に習熟したり，特殊な技能を得たりすることができ，組織全体としての効率化が進む。

▷**中小企業の経営者**
⇨Ⅴ-2「中小企業の経営者」

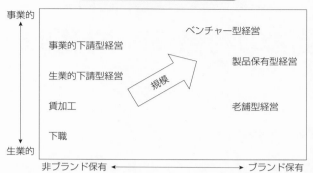

資料Ⅳ-1　中小製造企業の経営形態

出所：渡辺幸男・小川正博・黒瀬直宏・向山雅夫『21世紀中小企業論　第3版』
有斐閣アルマ，2013年，179頁。

ずに，図面や仕様によって顧客から具体的に指示された製品を受注して生産する経営形態である。

　もう1つの分類軸は，企業経営が事業主の生活を優先する**生業**的な性格であるか，リスク志向で収益を求めるという事業的な性格であるかである。製品保有型経営のうち，事業的な性格のものは**ベンチャー**型経営で，リスクを冒してでも新事業に挑戦する起業家によって創業される企業である。一方，生業的な性格のものは老舗型経営で，伝統的な食品や雑貨などを，主として家族労働によって製造し販売する小規模な**ファミリー・ビジネス**（**同族企業**）が該当する。また下請型経営では，事業的な性格が強い事業的下請型経営，生業的な性格が強い生業的下請型経営，他の業者が所有する原材料に加工処理を加えて加工賃を受け取る賃加工，個人で下請を行う下職（内職）などがある。

③ 中小製造業の生産機能

　規模が小さく経営資源に乏しい中小製造企業は，一般的に特定の生産機能に特化したビジネスシステムを構築していることが多い。具体的には，非常に限られた分野の最終製品の生産，最終製品に組み込まれる部品やその材料の生産，狭い分野の加工工程といった形態で専門化しているのである。そして，自社が特化している機能以外については，専門化している企業を活用している。よって，特定の生産機能に特化が進めば進むほど，新しく特化する企業がでてくる。

　特定の生産機能に専門化した中小企業が，最終製品が提供されるまでの分業構造のどの位置で活躍するかは産業によって異なる。大企業との関連に限ってみると，自動車産業では最終製品やその主要部品を生産する企業は大企業だが，それより川上にあたる部分において，各種の加工工程などを担っているのは中小企業である。逆に，繊維産業では，素材の生産が装置産業であるため，大企業が担っているが，川下とくに完成品である衣服の生産は，ファッション性が高いこともあり，多くの中小企業が活躍している。　　　　　（遠原智文）

▷生業
⇨Ⅳ-5「生業的経営の特徴と課題」
▷ベンチャー
⇨ⅩⅤ-1「ベンチャー企業とは」

▷ファミリー・ビジネス（同族企業）
⇨Ⅳ-4「ファミリー・ビジネスと中小企業」

推薦図書

渡辺幸男・小川正博・黒瀬直宏・向山雅夫『21世紀中小企業論　第3版』有斐閣アルマ，2013年。

中小企業経営の特徴(2)：財務的・金融的側面

1　企業の資金調達方法

　企業の資金調達方法は，資金の源泉が企業の外部である外部金融と，企業内部である**内部金融**に分かれる。外部金融による資金調達の方法としては，直接金融，間接金融，企業間信用の３つが代表的である。

　まず**直接金融**とは資本市場から直接的に資金を調達する方法で，株式や社債がこれにあたる。株式による資金調達は，資金の提供者の観点からみると自己資本であるので，資金は返済する必要がない。一方，社債は確定利子の有価証券を発行して，債券市場から調達するので，償還期間後には返済義務がある。

　次に**間接金融**とは，金融機関などからの借入金による資金手段である。当然，借入金は負債であるので，資金の提供者に返済しなくてはならないし，資金利用の対価として利子を支払う必要がある。よって，社債と同様に，借入金は他人資本である。

　最後の企業間信用とは，一時的に資金の支払を繰り延べる営業債務のことである。買掛金（支払手形）によって猶予された期間は現金の支払はないので，実質上は現金を借り入れている状態となる。なお，当然であるが，企業間信用も他人資本である。

2　中小企業の資金調達の特徴

　中小企業の資金調達の特徴は，何といっても借入金による調達の割合が高いことである。なぜなら，直接金融から資金調達をすることが困難だからである。株式会社が不特定多数の出資者から多額の資金を集めることを可能とする仕組みの１つとして，「**持分**（株式）譲渡の自由」がある。これにより，出資者は自分の好きなときに株式市場を通じて，自らが保有する株式を自由に売買することができる。しかしながら，中小企業の場合，その株式が株式市場で売買されることは少ないため，持分譲渡の自由が事実上制限されている。また次項③で説明する「情報の非対称性」が，金融機関だけでなく，一般の投資家にも共通する問題になる。極端な例であるが，ホームページがない会社は現在でも少なくないが，インターネットで検索して会社名が出てこない場合，一般的な投資家が投資を躊躇することを想像すれば，このことはすぐに理解できるであろう。このため，中小企業は投資の対象となりにくく，株式による資本調達がで

▷**内部金融**
自己金融とも呼ばれ，これには内部留保と減価償却費がある。これらは企業活動の成果としての資金であるので，必要に応じて自由に調達できるものではない。

▷**直接金融**
⇨Ⅵ-1「日本の金融システム」も参照。

▷**間接金融**
⇨Ⅵ-1「日本の金融システム」も参照。

▷**持分**
出資者が保有する権利義務と成果に対する請求権のことで，会社法に規定された会社のうち，合名会社，合資会社，合同会社の持分は，そのまま持分と呼び，株式会社の場合は株式と呼ばれる。

きないのである。

　金融機関からの借入金をみてみると，バブル経済の崩壊から2000年代半ばまでで，企業規模にかかわらず大きく減少して，1993年時点の約3割にまで減っている。ただし，その後の推移は企業規模で大きく異なる。大企業は増加傾向にあり，2014年にはほぼ1993年の水準まで戻っている一方で，中小企業は横ばいのままである。しかしながら，同期間において，中小企業とくに製造業に関していえば，借入金への依存度が激減しているわけではない。実際，総資産に占める借入金（金融機関以外も含む）の比率は，1993年は54.3%であったが2014年でも41.4%となっている。ただし，金融機関からの借入金に限ると，それぞれ46.2%，29.8%となっている。なお，大企業の借入金依存度は，1993年に全体で29.7%，金融機関のみで28.6%であるが，2014年で各々19.1%，15.0%となっている。このことから，中小企業の借入金依存度は減少基調にあるものの，依然として高い割合にあり，また金融機関以外への依存度が増していることがわかる（『中小企業白書』2016年版）。

3　中小企業の資金調達の特異性

　中小企業は間接金融とくに借入金への依存度が高いが，借入のハードルは高く，借り入れたとしても大企業と比べて，金利などの条件で不利になることが多くなる。この原因としては，以下の3つが挙げられる。1つは，貸し手における「規模の経済性」である。金融機関の融資では，融資額が大きくなればなるほど，審査費用といった貸出に必要な費用は通常低下する。よって，金融機関は融資額が少額の中小企業よりも，融資額が大きい大企業を優先する傾向がある。

　もう1つは「情報の非対称性」で，貸し手である金融機関が借り手である中小企業に関する情報を大企業ほど入手できないことである。大企業であれば，企業情報を広く開示しているため，金融機関としても情報にアクセスでき，また会社法上の会計監査を受けているので，判断がしやすい。一方，中小企業は企業情報をあまり開示していないだけでなく，財務情報を整理していない企業などもあるので，金融機関としては判断が難しくなる。

　最後は，「担保」の問題である。金融機関は，情報の非対称性が大きかったり企業の存続性や成長性に関する判断が難しかったりする場合，返済が困難となったときに備えて，担保を要求する。一般的には，不動産を担保とするが，これだけでは済まないことが多い。中小企業は担保となる不動産を保有していないことが少なくないからである。その結果として，中小企業の経営者やその親族・知人などに「個人保証」を求めることとなる。個人保証をした人は，企業が返済できない場合，個人財産を提供する必要が出てくる。このような過度な責任が求められるのは，中小企業の借入に特有ものといえる。（遠原智文）

推薦図書

高田亮爾・村社隆・前田啓一・上野紘『現代中小企業論　増補版』同友館，2011年。

中小企業に求められる社会的責任

① 企業不祥事の発生とコンプライアンス

　企業が製造・販売した欠陥商品が，人々の生命や健康を脅かすような深刻な事態を引き起こすことがある。なかには，消費者からリコールにつながるような指摘があり，商品に欠陥があることを経営者が認識していたにもかかわらず，その事実を隠して商品を販売し続けたことで，被害を拡大させるといった事件も起こっている。また，粉飾決算をして利益があがっているかのように見せかけて市場を欺くような事件や，政治家に賄賂を渡して，みかえりとして自社に特別に便宜を図ってもらうような事件もしばしば発覚する。

　こうした企業不祥事は，古くから発生している。しかし，今日，企業の活動領域がグローバル化するなどして拡大しているため，企業不祥事が発生した際の被害や影響もより広範に及ぶものとなっている。そのため，企業に対する市民や行政の監視の目も厳しさを増している。今では大企業のみならず，中小企業にも厳しい目が向けられている。

　ひとたび企業不祥事を起こすと，市民のあいだで不買運動が起こったり，多額の賠償を求められたりするため，企業は消滅の危機に陥る可能性もある。企業としては不祥事を起こさないためにも，コンプライアンス（法令遵守）を徹底することが不可欠となっている。

② CSR の概念の普及と実践

　企業は，単に利潤を追求する存在としてではなく，社会を構成する一員として，社会に対して一定の責任を果たしていくべきだという認識が拡がっている。こうした「企業の社会的責任（CSR：Corporate Social Responsibility）」の考え方は，1990年代から欧米を中心に拡がっていった。日本では，CSR の取組みが大企業のあいだで本格化していったのは2003年のことであり，日本では同年を「CSR 元年」とも称している。

　CSR の取組みについては，コンプライアンスを徹底することはもちろん，経済・社会・環境などの側面からステークホルダーの期待に応えていくことが重要である。具体的には，安全な商品やサービスを提供することや，労働者の人権の尊重や適正な労働条件の確保，地域社会への貢献，地球環境問題への対応や環境美化の取組みなど様々である。特に中小企業の場合は，よい商品やサ

▷リコール
設計や製造の過程で製品に欠陥があったことが判明した場合，生産者や販売者が無償で製品を回収・修理したり，返金などの措置をこうじたりすること。

▷ステークホルダー
企業に直接・間接的に関わる利害関係者のこと。具体的には，消費者や従業員，株主，取引先，行政，地域社会などを指す。ただし，問題や課題によって対象となる範囲は異なる。

ービスを提供することや，地域の行事やイベントに協力することなど，身近な取組みを行っているところが多い。また，中小企業の中には，こうした取組みをCSRの活動として位置づけることなく行っていることもある。

　なお，欧米では，企業のCSRの取組みを評価した上で投資を行う「社会的責任投資（SRI：Socially Responsible Investment）」も盛んに行われるようになっている。日本においても，こうした動きが拡がっており，CSRへの取組みは，企業の評価基準の1つになりつつあるといえよう。

　従来，CSRの取組みは，企業の経営にとって負担であると捉えられがちであった。しかし，今日では積極的にCSRに取り組むことは，企業イメージの向上のみならず，事業の改善や経営体質の強化，競争力の向上にもつながると考えられるようになっている。そのため，経営方針の中にCSRを位置づけて，取り組む中小企業も増えている。

③　中小企業における障害者雇用

　企業が雇用面においてCSRを実践する上で取り組むべき課題の1つとして，障害者雇用が挙げられる。企業は，障害のある人々が経済的に自立して，社会に参画していけるようにするためにも，障害者雇用に取り組まなければならない。実際に「**障害者の雇用の促進等に関する法律**」では，一定規模以上の企業においては障害者を雇用することが義務づけられている。

　近年，CSRへの関心の高まりや，共生社会の実現への取組みを通して，障害者雇用が推進されている。しかし，依然として障害者の**法定雇用率**を守っていない企業も少なくない。もちろん，法定雇用率を守りさえすればよいものではなく，障害者一人ひとりの障害の状況やスキルや経験に合わせて業務内容や職場環境の整備が求められる。中小企業は，大企業と比べると職場の組織が柔軟であることから，障害者を受け入れやすい面もある。そのため，中小企業の中にも，積極的に障害者を雇用しているところもある。

　企業が障害者雇用を促進することは，**ダイバーシティ・マネジメント**を実践していく面からも意義が大きい。つまり，多様な個性や価値観をもった人材を受け入れていくことが，イノベーションを促進し，企業の競争力を高めていくことにもつながると考えられている。障害者や高齢者，外国人などの視点を取り入れた**ユニバーサル・デザイン**の製品やサービスを開発し，提供していくことは，企業の成長に寄与するとともに，社会に貢献していくことにもなる。

　さらに，障害者が働きやすい職場環境は，多くの人にとって働きやすい職場である。このような点からも，障害者を雇用することは，より良い職場環境を整備していく上でも有効である。

（山本篤民）

▷**障害者の雇用の促進等に関する法律**
障害者の雇用や在宅就業を促進することで，障害者の生活の安定を図ることを目的とした法律（1960年施行）。一定規模以上の民間企業や国・地方自治体などに特定の割合の障害者を雇用することを義務づけている。

▷**法定雇用率**
「障害者の雇用の促進等に関する法律」で，民間企業や国・地方自治体に義務づけている障害者の雇用割合。2018年4月1日からは，従業員45.5人以上の民間企業の場合，法定雇用率は2.2％となっている。

▷**ダイバーシティ・マネジメント**
人種や性別，年齢，障害の有無などの違いや，多様な価値観や考え方を受け入れて，活かしていくことで，新たな発想や価値を生み出し，企業の競争力を高めていくための経営手法。

▷**ユニバーサル・デザイン**
人種や性別，年齢，障害の有無などにかかわらず，誰にとっても使いやすいように意図された製品や情報，環境のデザイン。

（推薦図書）
國部克彦編著・神戸CSR研究会編『CSRの基礎』中央経済社，2017年。

4 ファミリー・ビジネスと中小企業

1 ファミリー・ビジネスと同族企業

　「ファミリー・ビジネス」とは，創業者の一族が企業を所有していたり，経営に携わっていたりする事業を指している。しかし，創業者の一族が，どれだけ**株式（株）**を保有しているのか，あるいは，どのような形で経営に携わっているのかといった明確な規定があるわけではない。また，ファミリーの範囲についても血縁関係が重視されることもあれば，娘婿や婿養子など姻戚・養子関係も含めて広く捉える場合もある。このように，ファミリー・ビジネスは，創業者の一族が企業の所有や経営に何らかの形で関わるという点ではおおよそ共通の理解は得られているものの，統一的な定義は存在していない。

　ファミリー・ビジネスと類似するものとして「同族会社」が挙げられる。同族会社も一般的な用語としては，創業者の一族によって所有・経営されている企業という意味で使われている。なお，日本の法人税法においては，親族などによって保有される株式の割合に基づいて同族会社を規定している。

　中小企業の多くは，株式が市場に出回ることがなく，創業者やその家族など限られた株主によって所有されている。そうしたことから，法人税法の上では，中小企業の多くが同族会社ということになる。また，中小企業のみならず，大企業の中にも株式の大部分を創業者やその家族が所有している同族会社が存在している。

2 ファミリー・ビジネスへの注目の高まり

　創業者の一族が所有もしくは経営に携わっているファミリー・ビジネスは，しばしば閉鎖的であるといった批判や時代遅れの存在であるといった見方もされてきた。しかし，近年，ファミリー・ビジネスが再評価され，国内外で注目が集まっている。

　ファミリー・ビジネスは，経済の発展段階や中小企業から大企業への発展過程における過渡的な存在と考えられていた。つまり，企業は成長していくにしたがい株式の所有は創業者の一族の手を離れて，多数の**投資家**のもとに分散する。また，企業の経営も創業者の一族から，経営の専門家に委ねられるようになると考えられている。しかし，現実には，創業者の一族が，企業の所有や経営に一定の影響力をもつファミリー・ビジネスが，多くの国々に広範に存在し

ている。しかも，元々は**家業**として営まれていたものが世界的な大企業にまで発展したものや，一代で急成長した例もみられる。例えば，世界最大の小売業であるウォルマートや，自動車のフォード・モーターなどが挙げられる。日本においても，サントリーホールディングスやファーストリテイリング，竹中工務店など多くのファミリー・ビジネスが存在している。こうしたことから，ファミリー・ビジネスは，決して時代遅れの存在や過渡的な存在ではないと認識されるようになっている。

　さらに，長寿企業の中にファミリー・ビジネスが多く存在していることにも関心が高まっている。特に日本は，長寿企業が多い国とみられており，日本には，100年以上続く企業が3万社以上あるといわれている。世界最古の企業といわれている寺社建築の金剛組（創業578年）も2006年に経営の体制が変わるまでは，ファミリー・ビジネスであった。また，創業705年の山梨県の西山温泉の旅館，慶雲館は，現在，世界最古のファミリー・ビジネスとみなされている。こうした長寿企業の**社是・社訓**，経営手法，創業家の家訓などの中に，企業を長期継続していくための要因があるのではないかと考えられ，それらを探る研究や分析も盛んに行われている。

③ 家族が支える中小企業

　創業者の一族が所有もしくは経営するファミリー・ビジネスの中には，成長して大規模化していった企業もある。これらの企業は，成長に伴って創業者の一族以外の人材を雇用していくことになる。そのため，従業者に占める創業者の一族の割合は低下していくことになる。

　大規模に成長していく企業が存在する一方で，多くの企業は中小規模のまま推移している。日本にある事業所の約55％は，従業者が4人以下の規模である。また，この従業者4人以下の事業所に従事している人の割合は，従業者総数の約10％を占めている。

　このような中小規模の企業は，外部の人材が少なく，経営者の配偶者や親，兄弟，子どもなどの**家族労働**に依拠している。これらは，家族によって事業が営まれている家族型企業として捉えることができる。小規模な商店や町工場などで多くみられる形態である。

　こうした家族型企業は，成長・拡大していくことを目指すものばかりではなく，家族の生活を維持していくための所得獲得を主な目的として営まれているものも少なくない。これらの家族型企業では，リスクを負って成長・拡大を追求するよりも，むしろ家族の暮らしを維持していくために，安定的に事業を継続していくことが優先される傾向が強い。　　　　　　　　　　（山本篤民）

▷家業
経営者の家族によって代々受け継がれてきた事業や職業。経営者の家族の生計を維持していくために営まれているものが多い。

▷社是・社訓
社是とは，企業が追求する理念や基本的な方針を指す。一方，社訓とは，企業の従業者が遵守すべき行動規範を示したもの。いずれも，企業の経営方針や意思決定などの拠りどころとなる。

▷家族労働
事業主の家族構成員によってなされる労働であり，事業主の労働を補足するものとして行われている。家族を中心に営まれている企業では，家族労働が大きな役割を担っている。

生業的経営の特徴と課題

❶ 生業としての中小企業の役割

一般的に企業は，**利潤の最大化**を目的として行動すると考えられている。しかし，中小企業の中には，利潤の最大化ではなく事業主とその家族の生活維持を主な目的としているものも少なくない。これらの中小企業は，事業主やその家族が生活の糧を得るための生業（なりわい）として事業が営まれているのである。こうした中小企業は，倒産のリスクを負って成長・拡大するよりも，事業の安定・継続を志向する傾向が強いといわれている。

生業的な中小企業は，事業主やその家族が自らの就業の場を創出し，所得を得る機会をもたらしているという点で，経済や社会において一定の役割を果たしているといえよう。もし，こうした中小企業が減少すると，就業の場が失われることになるので，失業問題を引き起こしたり，地域経済の衰退を招いたりする恐れもある。安定した経済や社会を維持していくためにも，生業的な中小企業がある程度の層として存在している必要があるといえよう。

❷ 生業的な中小企業の特徴

生業的な経営を行っている中小企業は，事業主やその家族の仕事と暮らしが密接に結びついている。仕事の場と住まいとの関係としては，**職住一体**や**職住近接**といった形態である場合が多くみられる。そうした中小企業の中には，**経営と家計が未分離**の状態であるものもみられる。また，経営上の収支が詳細に把握されておらず，大雑把にしか会計処理がなされていない，いわゆる「どんぶり勘定」の中小企業があることも指摘されている。

こうした状況を招く理由としては，外部からのチェックがはたらきにくい構造であることが挙げられる。大企業では，社外の人材が取締役として就任していたり，外部の監査が定期的に行われることで，財務内容や会計処理が適切になされているかチェックされる。それに対して，家族中心の小規模な中小企業は，こうした体制が十分には整えられていない。なかには，社内外からの意見や忠告に耳を傾けないワンマン経営者も存在している。

事業主が自社の財務状況や資金の流れを正確に把握していなければ，経営状態を見誤り，適切な方針や判断が下せないために，経営を行き詰まらせ倒産にいたる可能性もある。また，どんぶり勘定で会計処理をしている中小企業は，

▷**利潤の最大化**
経済学では，企業は利潤（収入 ᴹᴵᴺᵁˢ費用）を最大化することを行動の基準にしていると仮定されている。しかし，実際には，売上の最大化を目指す企業もあれば，本文にあるように事業主の生活維持や所得の増大が目指されることもある。

▷**職住一体**
仕事をする職場と住居が一体となっていること。事業主の店舗と住居が一体であったり，工場と住居が一体であったりすること。

▷**職住近接**
仕事をする職場と住居が近接したところに立地していること。

▷**経営と家計の未分離**
企業の経営に関わる資金の収支と，個人の生活に関わる資金の収支が区別されずに，混在していること。企業経営にあたっては，両者を明確に区分することが求められる。

金融機関から融資を受ける際の信用が低いために，金利や担保などの条件が厳しく設定されてしまう傾向がある。さらに，納税の申請などの際に疑義をもたれる恐れもある。こうした問題に陥らないためにも，経営と家計の分離はもちろん，適切な**会計処理**を行う必要がある。

▷会計処理
⇨ Ⅳ-7 「中小企業の会計」

③ 生業的な中小企業の存立の分野

○製造業の下請企業

　生業的な中小企業が存立している分野の1つとして，製造業では**下請企業**を挙げることができる。普段，私たちが使用している電気製品や機械製品の多くは，複数の部品が組み合わされてできている。それらの製品は，大企業の名前で販売されていたとしても，その部品の製造や加工は多数の下請企業によって担われている。部品の製造や加工を発注する親企業と，その仕事を受注する下請企業との関係が1段階で完結する場合もあれば，仕事を受注した下請企業がさらに部分的な加工を下請企業へ発注することもある。このように，親企業から一次下請企業，二次下請企業，三次下請企業へと，次々と仕事が発注されることもある。

　こうした下請構造の中では，階層が下がるほど，得られる利潤が低下していく傾向がある。生業的な中小企業は，事業主とその家族が生活を維持できる水準であれば事業を成り立たせることができる。そのため，利潤の低い下請構造の末端の部分において生業的な中小企業が広範に存在している。

▷下請企業
下請企業（下請事業者）とは，下請取引において，親企業（親事業者）から物品の製造委託や修理委託，ソフトウェアなどの情報成果物作成委託，各種サービスに伴う役務提供委託を受けた企業を指す。⇨ Ⅷ-1 「下請とは何か」

○パパ・ママストア

　小売業の分野にも生業的な中小企業が数多く存在している。商店街に軒を連ねているような小規模な**個人商店**は，事業主とその家族によって事業が営まれているものが多くみられる。典型的には，パパ・ママストアと称されるような，事業主夫婦を中心にその家族や数名のパート労働者によって担われている商店である。

　こうした個人商店は，先に指摘したように職住一体もしくは職住近接であることが多い。夫婦や家族が生活のかたわらで，交代しながら店舗の管理がなされている。また，夫婦や家族ぐるみで店舗を管理することで，長時間営業に対応している商店もある。このような形態は，従来からの個人商店だけではなく，コンビニエンス・ストアの店舗経営にも取り入れられている。大手のコンビニエンス・ストア本部は，店舗オーナーを募集する際に，夫婦や親子で店舗経営にあたることを推奨している。なぜなら，事業主とその家族の支えなくして24時間営業の体制を維持することは困難だからである。一見，コンビニエンス・ストアは，近代的な店舗管理が行われているが，従来からの生業的な個人商店の要素も取り入れられているのである。　　　　　　　　　　　（山本篤民）

▷個人商店
法人化されていない個人経営の小売業。株式会社化された商店と違い，会計も比較的簡易に処理することが認められている。

事業の承継と発展

① 継続企業の前提と事業承継

▷継続企業の前提（ゴーイング・コンサーン）
企業は将来にわたって事業を継続することが前提とされている，ということ。なお，売上の著しい減少や債務超過に陥るなど，継続企業の前提が成り立たなくなる恐れが生じた場合，経営者は財務諸表等にそのことを記さなければならない。

　ヒトの人生は有限である。それに対して，一度，誕生した企業は将来にわたって事業を継続することが前提とされている。これは，「**継続企業の前提**」（ゴーイング・コンサーン）と呼ばれるものである。ただし，実際には，創業後まもなく倒産・廃業してしまう企業もあれば，数十年，数百年と継続する企業も存在する。ちなみに，信用調査会社の東京商工リサーチの調査によると，2019年に倒産した企業の平均寿命は23.7年であった。

　いずれにせよ，企業の創業者が自分自身で事業を終了させずに継続させる場合には，後継者への事業承継が行われることになる。近年，日本の企業経営者の平均年齢は上昇が続いている。信用調査会社の帝国データバンクによれば，2020年時点の全国の経営者の平均年齢は60.1歳となっている。

　経営者の平均年齢の上昇が示すように，経営者の高齢化に伴って事業承継の時期にさしかかっている中小企業も増加している。中小企業経営者の中には，自分の代で廃業しようと考えている者も少なくない。しかし，廃業に伴って，これまで働いていた従業員の就業の場が失われることや，取引先の企業が新たに取引先をみつけ出さなければならなくなるなど問題も発生する。なかには，当該の中小企業にしかできない製品や技術が，廃業とともに失われてしまうことすらあり，社会的な損失でもある。こうしたことからも，企業は事業を継続することが求められる。

② 中小企業の事業承継

▷M&A
企業の合併・買収を指す。大企業が事業の多角化や新市場への参入などのために行う場合もあれば，中小企業が後継者難の対策として行う場合など様々である。
⇨ⅩⅤ-6「ベンチャー企業の経営」を見よ。

　前述のように経営者の高齢化などに伴って事業承継をしなければならない中小企業が増加している。中小企業の事業承継のあり方としては，第一に，経営者の息子や娘など親族に承継されることがある（親族内承継）。第二には，経営者の親族以外の従業員などに承継されることがある（親族外承継）。親族外承継には，従業員ではない第三者に経営が委ねられることもある。さらに，第三には，**M&A** の手法により他社に合併買収されることで事業が引き継がれていく場合がある。

　中小企業の事業承継は，かつては親族内承継が多数を占めていたが，徐々に親族外承継が増加していく傾向にある。しかし，特に事業の将来性を見通せな

い中小企業では，親族の中にも従業員の中にも事業の承継を希望する者がいないこともある。多くの中小企業がこうした後継者難に直面している。また，経営が順調で事業を受け継ぐことを希望する者がいた場合にも，事業承継がうまくいかずに断念してしまうこともある。例えば，先代の経営者が企業で使用している土地・建物の所有者となっている場合，後継者がこれらを相続することができなかったり，買い取ることができなかったりすることで，事業承継を断念せざるを得なくなるようなことも生じている。このように，中小企業の事業承継には，経営権と財産権をいかに受け継ぐのかといった2つの課題がある。

中小企業の廃業・消滅を避けるためのM&Aも近年，増加傾向にある。優れた製品や技術を保有していながら，後継者がみつからないことなどから廃業せざるを得ない中小企業の事業を買収企業が引き継いでいくことをねらいとして行われている。中小企業の廃業・消滅を減少させるために，国や自治体が中小企業のM&A支援に乗り出しているほか，金融機関やコンサルタント会社などもM&Aの仲介事業に力を入れるようになってきている。

3 老舗企業の事業承継と発展

日本は，他国と比較すると業歴の長い**老舗企業**が多い国として知られている。近年，老舗企業への関心が高まり，研究も盛んに行われている。時代や環境の変化を乗り越えて生き残ってきた老舗企業の経営理念や経営手法を学ぼうということである。特に経営理念の中には創業者の思いや，企業の行動の拠りどころとなる基本的な方針が表されているため，そこから長期継続の秘訣などを見出そうということである。

老舗企業といわれるような長い業歴をもつ企業の中には，創業時から変わらずに同じ事業を手掛けているところもあるが，時代に応じて事業を転換したり，**第二創業**として新たな事業を立ち上げたりしているところも少なくない。

例えば，ゲーム機メーカーとして知られる任天堂は，1889年の創業当時は花札の製造を行っていたが，その後，1950年代には日本で初めてプラスチック製のトランプの製造に成功した。さらに，1980年代以降は，携帯型ゲーム機や家庭用ゲーム機などを次々と開発していった。

このように，長い業歴をもつ企業も事業の見直しによるリストラクチャリング（再構築）を行い，新たな事業を展開しているのである。新たな事業展開は，事業承継をした際に生じやすいともいわれている。その理由としては，先代の経営者は，業界や地域のしがらみなどから新たな事業に着手することが難しくなるのに対して，後継者はしがらみや前例にとらわれずに，新たなことにチャレンジしやすいことなどが挙げられる。こうしたことから，事業承継は，事業の発展の1つの機会として捉えることが重要である。　　　　（山本篤民）

▷老舗企業
業歴が長く，何代にもわたって受け継がれてきた企業。何年以上の業歴が必要かなど，法的な定義があるわけではない。東京商工リサーチの調べでは，2017年に創業100年以上の企業は，全国に3万3069社ある。

▷第二創業
既存の企業が，従来とは異なる新たな事業をはじめたり，事業を転換したりすること。第二創業をきっかけとして，企業が発展することが期待されている。

(推薦図書)
横澤利昌編著『老舗企業の研究〔改訂新版〕』生産性出版，2012年。

　中小企業の会計

① 計算書類の役割

　株式会社であれ**特例有限会社**であれ，会計を通じて計算書類を作成することが義務づけられている。計算書類には，貸借対照表や損益計算書などが含まれる。いずれの書類も，経営者の業務上の意思決定に役立つとともに，銀行などが融資を考慮する際の有力な判断材料となる。それだけでなく，企業が支払うべき税金の額も，計算書類の数値に依存して決められる。このように計算書類は，中小企業をとりまく利害関係者にとって，最も重要な情報源の1つとして位置づけられている。

② 貸借対照表とは

　資料IV-2に例示した**貸借対照表**は，企業がお金をどのように集め（右側），集めたお金を何に使っているか（左側）を一覧にしている。出資者から集めたお金は純資産，銀行などから借りたお金は負債，お金を何に投資しているかは資産とそれぞれ呼ばれる。資産の中身をみれば，どのような事業に注力しているかがわかるし，資金調達の負債への依存度をみれば，事業に潜在するリスクを知ることもできる。すなわち貸借対照表は，X線写真のように，企業の身体状況を知る手がかりを与えているのである。

▷ **特例有限会社**
会社法が2006年に施行された後に存続する従来の有限会社は，特例有限会社と呼ばれる。

▷ **貸借対照表**
貸借対照表は，バランスシート（balance sheet）もしくは英語の頭文字をとってB/Sと表記されることが多い。

資料IV-2　貸借対照表のかたち

貸借対照表 （単位：百万円）

資　　産		負　　債	
現金・預金	35	短期借入金	30
売　掛　金	25	長期借入金	40
製　　品	40		
建　　物	40	負債合計	75
機械・装置	85		
車　　両	5	純　資　産	
土　　地	10	資　本　金	65
		純資産合計	225
資産合計	300	負債・純資産合計	300

集めた資金を様々な用途に投資している

銀行から75の資金を借り入れている

出資者から225の資金を受け入れている

全部で300の資金を集めた

出所：筆者作成。

3　損益計算書とは

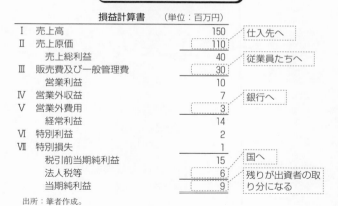

資料Ⅳ-3　損益計算書のかたち

損益計算書	（単位：百万円）	
Ⅰ　売上高	150	仕入先へ
Ⅱ　売上原価	110	
売上総利益	40	従業員たちへ
Ⅲ　販売費及び一般管理費	30	
営業利益	10	
Ⅳ　営業外収益	7	銀行へ
Ⅴ　営業外費用	3	
経常利益	14	
Ⅵ　特別利益	2	
Ⅶ　特別損失	1	
税引前当期純利益	15	国へ
法人税等	6	残りが出資者の取
当期純利益	9	り分になる

出所：筆者作成。

　他方，**損益計算書**は**資料Ⅳ-3**のように，5種類の利益を段階的に計算する構造をもつ。まず，売上総利益は，仕入れた商品に利益をいくら上乗せしたかをあらわす。そこから，人件費など営業に必要な経費を差し引いた営業利益は，本業の儲けを指し示す。おもに金融活動に付随する収益と費用をそこに加減することで，経常利益が求められる。さらに臨時的に発生した利益と損失を調整したものが税引前当期純利益であり，最終的にそこから税金を控除することで当期純利益が算出される。

　具体的なイメージは，山崩しのゲームになぞらえられる。山は企業の収益であり，最初に商品の仕入先が取り分だけ山を崩す（残りが売上総利益）。そこから従業員が砂を取れば，営業利益が残る。その営業利益を銀行などが取り分けることで税引前利益となり，最後に国が税金分だけ切り崩すと当期純利益が残る。注意しないといけないのは，どこかの段階で砂を取りすぎると，山頂に立てた旗が倒れて倒産してしまうことである。この意味で，損益計算書は各種利害関係者の間での利害調整を描写しているといってよい。

4　中小企業の会計実務

　このような計算書類を作成するためには，日々の取引を会計帳簿に正確に留めておく必要がある。会計帳簿は，領収証などの証憑書類をもとに，複式簿記のルールにしたがって作成される。なかでも，全ての取引を発生順に記帳する仕訳帳と，現金などの項目ごとに転記して整理した総勘定元帳は主要簿と呼ばれ，会計実務の核心をなす重要な会計帳簿である。正確な会計帳簿は計算書類の信頼性を担保する必要条件となるので，会計の専門家である税理士などがその作成に関与することが多い。

　もちろん，会計実務を人手で実施することには限界があるので，コンピュータに依存するケースが増えている。実際，市販のパッケージも普及し，簡単な入力によって集計作業までこなせるようになっている。それだけでなく，記帳から確定申告書の作成までを，クラウドで完結させるサービスも提供されるようになった。会計業務が過剰な負担になっては問題であるが，会計情報が果たす役割の大きさを考えれば，会計実務を効率化するシステムの構築は，中小企業にとって有益な投資となるであろう。　　　　　　　　　　（中條良美）

▷損益計算書

損益計算書（profit and loss statement）は英語の頭文字をとって，しばしばP/Lと表記される。

▷1　特定の項目や取引先について取引の明細を示した補助簿も，主要簿とあわせて用いられる。

推薦図書

斎藤静樹『企業会計入門：考えて学ぶ　補訂版』有斐閣，2016年。

8　中小企業の税制

1　税金の種類

　中小企業の所得に課税されるおもな税金は，法人税，住民税および事業税の3種類である。まず，法人税は個人でいうところの所得税であり，企業が一定期間に獲得した所得に課される。また，企業も法律上の人（法人）であるかぎり，個人と同様に，道府県民税などの法人住民税を負担する必要がある。それだけでなく，事業を展開する都道府県に対して法人事業税を納付しなければならない。大づかみにいえば，所得が1000万円なら約3割，1億円なら約4割が，中小企業の支払うべき税金の大きさとなる。

　どの税金を考える場合にも，課税所得の計算が鍵となる。この課税所得は，会計で計算される利益をベースにしているので，企業と出資者との間での資金のやりとり（資本等取引）は無視される。例えば，企業が増資によって資本を増加させたとしても，その増加分は課税所得にならない。あくまで，企業が経営努力によって獲得した利益が，課税所得の構成要素となるのである。しかし，会計上の利益がそのまま課税所得になるのではなく，そこに法人税法などに基づく様々な調整が加えられる。

2　課税所得の計算

　一般に企業会計では，売上高に代表される収益から商品の仕入原価や人件費などの費用を控除して利益が計算される。このとき，「会計上の利益は経営者の意見の表明である」といわれるとおり，利益の大きさは経営者の判断によってある程度コントロールされる。それに対して，法人税法は公正な課税を目的としているので，そうした裁量に制約を加えている。すなわち，会計上は収益，費用と認識されたものでも課税所得の計算から除かれたり，逆に費用，収益に該当しない要素がそこに含められたりする仕組みになっている。

　この課税所得は，収益の一部を修正した益金から費用を一部改編した損金を差し引いて計算される。例えば，中小企業にとって取引先の接待は，販路を維持拡大するために不可欠な経費である。しかし，そうした交際費の全額を損金として取り扱うことはできない。資本金1億円未満の企業では，年間800万円か接待飲食費の50％のいずれかを上限として，損金に算入することが認められている。節税を心掛ける企業なら，益金，損金として取り扱われる限度額を常

に念頭において行動しているはずである。

③ 税金の確定申告

　毎年，事業年度が終了すると，その翌日から2カ月以内に税務署長に対して税額の確定申告を行わなければならない。企業に自身の責任で税額を確定させるので，このような課税のあり方を確定決算主義と呼ぶ。なお，正確な会計帳簿の記録と保存が求められる青色申告を選択していることを条件に，企業には欠損金の繰り越しという特典が認められている。つまり，中小企業のある年度の課税所得が赤字になった場合，その金額を向こう9年間の所得から損金として控除することができるのである。

▷5　2018（平成30）年4月1日以降の事業年度の欠損金は10年間繰り越すことができる。

④ 納税額計算のシミュレーション

　それでは，資本金2000万円，従業員数40人，東京都所在の中小企業に1000万円の課税所得が生じたと仮定して，2019年12月末（事業年度は2019年1月～12月）にどれだけの税金を負担するのか**資料Ⅳ-4**をもとに計算してみよう。まず，法人税率は，課税所得の800万円以下の部分に対して15.0％，800万円を超える部分に対して23.2％なので，法人税額は800万円×15.0％＋200万円×23.2％＝166万4000円である。さらに，この大きさの4.4％にあたる7万3216円が，地方法人税として付加される。両方合わせると，173万7216円となる。

　次に，住民税は法人税割と均等割の2つから構成される。この企業の場合，法人税割は法人税額の12.9％なので，166万4000円×12.9％＝21万4656円，均等割は18万円であり，住民税額は都合39万4656円である。最後に，事業税は400万円×3.4％＋（800万円－400万円）×5.1％＋（1000万円－800万円）×6.7％＝47万4000円となる。さらに47万4000円×43.2％＝20万4768円が地方法人特別税として上乗せされる。結果として，この企業が納めるべき税金は，281万640円となる。

（中條良美）

▷6　実務上，100円未満の端数は切り捨てられる。

推薦図書

三木義一編著・藤本純也・安井栄二著『よくわかる法人税法入門　第2版』有斐閣選書，2015年。

資料Ⅳ-4　中小企業のおもな税率

中小法人（期末の資本金等の額が1億円以下）の法人税率

課税所得	2018年4月1日以後開始の事業年度
年800万円以下の部分	15％※
年800万円超の部分	23.2％

※2019年4月1日以後開始の事業年度においては，一定の所得要件を満たす法人に19.0％を適用。
（注）　基準法人税額×4.4％（2019年10月1日以後開始の事業年度は10.3％）の地方法人税を合わせて納付する。

東京都の法人住民税の法人税割税率

	2014年10月1日以後開始の事業年度	2019年10月1日以後開始の事業年度
資本金1億円以下かつ法人税額年1,000万円以下の法人	12.9％	7.0％
上記以外	16.3％	10.4％

東京都の法人住民税の均等割

資本金等1,000万円超1億円以下	
従業者数50人以下	18万円
従業者数50人超	20万円

東京都の法人事業税

資本金等1億円以下かつ年所得2,500万円以下かつ年収入金額2億円以下		
課税所得	2016年4月1日以後開始の事業年度	2019年10月1日以後開始の事業年度
400万円以下	3.4％	3.5％
400万円超800万円以下	5.1％	5.3％
800万円超	6.7％	7.0％

（注）　基準法人事業税額×43.2％の地方法人特別税（2019年10月1日以後開始の事業年度は基準法人事業税額×37％の特別法人事業税）を合わせて納付する。

出所：国税庁および東京都主税局のHPを参考に筆者作成。

中小企業で働く

1　中小企業で働く

中小企業が果たしうる役割の1つに，就労の場や雇用の創出が挙げられる。1999年に改定された**中小企業基本法**の中でも，中小企業に期待される果たすべき役割の1つに就業機会の増大がある。

中小企業で何らかの形で働くことを想定すると，大きく2つのパターンがある。1つは，起業・創業によって自らが企業を立ち上げ経営者として事業を運営する自己雇用のパターンである。自己雇用では，自らが実現したいと考える事業を手がけることで自己実現欲求を満たすことができる。近年のベンチャーの増大もそうした自己欲求のあらわれでもある。ただし，自己欲求といえども，生活を維持する生業をおもな目的とするのか，事業を拡大させていく企業をおもな目的とするのかでは，その内実が異なる。中小企業と一言でいっても，家族経営など生業的経営を成す層も多く存在しており，企業的経営を成す層とは区別して考える必要がある。

もう1つは，既存の中小企業に雇用され，その企業の従業員の一員となる他人雇用のパターンである。他人雇用では，従業員の一員ではあるが，中小企業ゆえのメリットもあることが知られている。例えば組織がフラットであるために，社長など経営者との距離が近く，やりたいと思うことを比較的早期に実現するように働きかけることができる。

中小企業は就業機会を増大させる主体であるとしても，実際のところ起業・創業の数は大きくは増えておらず，また若者が率先して中小企業で雇用されたいと考えることも多くないといわれる。これは若者が上の2つの就労パターンに対していかなる意識をもっているからなのであろうか。以下では，大学生を対象に行ったアンケート調査から，自己雇用としての起業・創業するということ，また中小企業で雇用されること，の2つのパターンを前提に，中小企業で働くことの意識についてみていく。

2　起業・創業する

2015年6月に，大学生に起業・創業したいか否かを尋ねたところ，起業・創業したいと思う学生は，全体の31.1%となっている。一方で起業・創業したいと思わない学生は全体の52.5%となっている。

▷**中小企業基本法**
⇨ Ⅲ-4「中小企業基本法」

▷**ベンチャー**
⇨ ⅩⅤ-1「ベンチャー企業とは」

▷1　経済センサスに基づく開業率をみると（非一次産業，個人企業＋会社），開廃業率が逆転した1980年代末以降，2009〜12年の期間を除くと，おおよそ3〜6%の水準で推移しており，廃業率が2001〜04年の期間での割合から増加して以降，おおよそ6〜7%の水準で推移していることと対照的である（関智宏「起業・創業する：2015年度における大学生を対象とした調査から」同志社大学商学会『同志社商学』第69巻第2号，2017年，277-308頁）。
▷2　ここでのデータは，2015年6月3日に，同志社大学商学部に設置された「中小企業論1」を履修している大学生に質問した際の回答に基づいている。回答した学生の数は238名であった。

起業・創業したいと思う理由を自由記述で尋ねたものを整理したところ，①中小企業が日本経済の発展や技術を支える，②サービス業を通じて社会に貢献する，③将来の仕事に役立つ，自ら成長できる，④リスクよりも成功する可能性が大きい，といった項目が導出された。また，起業・創業したいと思わない理由を同様に整理したところ，①リスクが大きい，②経営を背負う（父などから話を聞く），③失敗したり，安定しないことが不安である，④自営業であると大変である，といった項目が導出された。

日本では，充実した起業・創業のための支援施策が整備されてきたが，その取組みにもかかわらず，起業・創業の割合は増大してこなかった。大学生による起業・創業を今後増大させていくためには，「起業・創業したいと思わない」理由として挙げられた，リスクが大きいこと（リスクを負いたくない），経営を背負うということ（そうはしたくない），失敗したり，安定しないことを不安に感じること（失敗したくない，安定した生活を送りたい）という精神的障壁をいかに下げていくか，その環境整備のための支援施策が求められる。

③ 既存中小企業で雇用される

2017年11月に，4年生以上の大学生に中小企業で働きたいか否かを尋ねたところ，中小企業で働きたいと思う学生は，全体の17.2%（「そう思う」＋「どちらかと言えばそう思う」の和）となっている。「どちらとも言えない」は36.0%となっている。一方で，中小企業で働きたいと思わない学生は，全体の46.7%（「そう思わない」＋「どちらかと言えばそう思わない」の和）となっている。

中小企業で働きたいと思う理由を自由記述で尋ねた結果を整理したところ，①優れた実績がある，②成長の可能性がある，③仕事の裁量権がある，④仕事の幅がある（任される，経営も），⑤組織の中での役割が大きい，⑥社長の思い（信念）がある，⑦社員を大切にする，⑧ネットワークを形成し，地域や業界を活性化させる，⑨新しいビジネスを創出している，といった項目が導出された。また，中小企業で働きたいと思わない理由を同様に整理したところ，大企業のほうが①経営が安定している，②労働環境がよい，③教育研修制度で学べる（キャリアにつながる），④社会的な信用性がある（キャリアにつながる），⑤社会的な責任が大きい，⑥憧れがある，⑦一定の学歴による，といった項目が導出された。

中小企業で働きたいと思わない大学生が，その理由で示した大企業の特性ともいうべき側面は，はたして中小企業では実現が不可能な特性なのであろうか。中小企業で働きたいと思わない大学生に対して，中小企業で働くことについて，どのような諸点で「働く」価値を見出してもらうよう働きかけていくかは，経営実践的にも政策的にも今後検討していくべき課題であろう。　　（関　智宏）

▷3　ここでのデータは，2017年11月8日に，同志社大学商学部に設置された「中小企業論2」を履修している大学生に質問したさいの回答に基づいている。回答した学生の数は394名であった（関智宏「中小企業で働く（2017年）：2017年度における4年生以上の大学生を対象とした調査から」同志社大学商学会『同志社商学』第70巻第1号，2018年，105-131頁）。

② 中小企業の経営者

① 企業の経営者

　企業の経営の担い手は，一般的には経営者と呼ばれる。その典型は，企業の役職上としての社長をトップとして，常務，専務などがある。これらは，一般的には会社組織での役職を意味する。

　しかし，中小企業の場合，会社に代表される**法人**形態をとる企業だけでなく，法人形態をとらない個人企業も多く存在する。個人企業の中小企業の場合には，経営者をたんに代表と表現する場合がある。また，中小企業の場合，その規模の相対的な小ささから，会社組織であったとしても，大企業のように常務や専務という役職にそれぞれ複数の人材を置くことはなく，一般的には1名ずつであり，さらには常務か専務かどちらか一方であることも少なくない。また，企業によっては，社長が引退後に会長になる場合があるが，当該企業の中で会長がどの程度まで経営に介入するかは，企業によって異なる。

② 経営者＝株主＝取締役

　会社組織を念頭においた場合，中小企業の経営者は社長や常務ないし専務を指すことが多いが，一般的には社長のみを指すことが多い。これは，会社組織の形態をとる中小企業の出資者（株主）が社長であるためである。大企業（公開会社）の場合，所有（出資者）と経営（経営者）とが分化した「所有と経営の分離」が成立しているだけでなく，特定の出資者に出資の度合いが集中しない，いわゆる「所有と支配の分離」も成立している。

　しかしながら，中小企業の場合，株式を公開していないために，所有と経営が未分離であるだけでなく，さらに社長に株式の所有度合いが集中していることが多い。このため，中小企業の経営者は出資者と同一人格となることがある。さらに，会社組織に設置が義務づけられている取締役についても，中小企業の場合には経営者たる社長が取締役の代表をも兼務していることが多いため，中小企業の社長は，経営者＝株主＝取締役という1人3役を兼務していることになる。中小企業の中には，社長でなく会長が代表取締役や株主を兼任している企業も少なからず存在する。

▷**法人**
会社法など法律において人格を認められた行為を行う組織を指す。法人の代表的形態は会社である。

▷1　社長職を後継者に交代した後に，会長に就任する際，その会長と新しい社長が親子であり，かつ新しい社長の年代が比較的若いか，新しい社長への株式の移行があまり進んでいない，あるいは新しい社長が会長の娘婿などである場合には，社長を交代したとしても代表権を会長がもったままであることがある。この場合には，会長は代表取締役会長となり，社長は会社の役職上のトップであるとしても，取締役社長となる。

③　中小企業の経営者は専門経営者なのか

　中小企業の経営者は，はたして文字通りの経営者であるのかという疑問がある。特に会社組織でも規模がより小さい企業を想定した場合，また中小企業の中でも個人企業を念頭においた場合，中小企業の経営者はその企業の代表になるが，その代表は経営のみを専門で行う専門経営者でなく，その企業に労働力を提供する１人の従事者としての性格もあわせもつことが多い。

　その代表的な形態が職人タイプの経営者である。こうした企業には従業員はほとんどおらず，代表１人か従業員がいても数名である。職人タイプの経営者は，高度な製造技術を保有しており，生産設備を使ってものづくりを行う。この場合，当該企業の代表は職人という技術者としての性格もあわせもつことになる。個人企業は会社組織のような法人と異なり，企業とはいうものの，自らのあるいは家族の生活を維持することができるだけの収入（所得）をもらえば十分であるがゆえに，それだけの事業規模に留まる生業的な傾向が強い。さらに個人企業であるがゆえに，事業の継続の意思は代表本人に委ねられており，内外における様々な理由から，事業の継続を前提とせず，なかには自ら廃業の選択をする代表も少なくない。個人企業の多くは事業規模の小さい，いわゆる**小規模企業**であり，廃業などに伴う企業の減少が問題になっている。

④　中小企業の経営者の特徴

　日本の中小企業の中でも，その経営者（社長）が高度経済成長期に創業し，その後存続してきた企業である場合には，その経営者は典型的には先代から事業を引き継いだ２代目経営者であり，年齢では60〜70歳代が多くなる。

　中小企業の経営者といえば，男性の経営者をイメージしがちだが，女性の経営者の役割もまた以前にも増してより期待されるようになってきている。この理由としては，１つには，女性の場合，結婚や出産を経て，一時的に労働の現場からは距離をおくことになるが，その後，仕事に復帰する際に，元の職場に戻らず，自らが経営者となって中小企業を起ち上げようとするものがいるためである。またもう１つには，**事業承継**の対象としても，親族内承継の中で必ずしも子息に限らず息女も含めた後継者への承継が実現されているためである。

　また中小企業の経営者の中には，ベンチャーと呼ばれる若手の経営者も多く存在する。こうした企業の多くは既存企業の事業承継によって経営者になったのではなく，自らの知識やアイデアをもって自らが事業を始めた中小企業家である。中小企業の中には，時間が経過したとしても事業規模をあまり大きくしないような安定的な経営志向もあるが，特にベンチャーといわれる若手の経営者の中には，株式を新興市場などに公開して，事業規模を一気に拡大しようとする経営者も存在する。

（関　智宏）

▷小規模企業
⇨Ⅲ-10「小規模企業振興」
▷2　日本政策金融公庫総合研究所が2013年8月に実施した開業5年以内の融資先企業に対するアンケート調査によれば（回収3011社：回収率23.5%），女性の開業動機として，男性との違いが大きい特徴的な項目に，「年齢や性別に関係なく仕事がしたかった」（30.1%／男性は11.3%）と「趣味や特技を生かしたかった」（12.4%／男性は5.6%）を挙げている。前者は，年齢や性別が女性の（再）就労の制約となっていること，また後者は，事業規模を大きくしていくわけではなく自らがマネジメントできる範囲でのスモール・ビジネス志向があることを示唆している（藤井辰紀・金岡論史「女性起業家の実像と意義」『日本政策金融公庫論集』第23号，2014年，27-42頁）。
▷事業承継
⇨Ⅳ-6「事業の承継と発展」

中小企業の労働者

1　全部雇用と縁辺労働力

　中小企業の労働の特徴の１つは，かつて完全雇用ではなく**全部雇用**であるとされたことにみられるように，賃金などの労働条件が大企業と比べて悪い点である。

　中小企業の労働条件が大企業のそれと比べて相対的に悪くなる理由の１つに，中小企業における**縁辺労働力**の割合の高さが挙げられる。中小企業においては，縁辺労働力ともいうべき労働力は重要な戦力となっている。

　現行の中小企業基本法での中小企業の範囲では，その指標の１つに常用雇用者数が採用されているが，中小企業の労働を正面から捉えるためには，例えば家族労働など不定期に労働に参画している事実もあることから，常用雇用者数だけではなく，縁辺労働力ともいうべき労働者を包含できる従業者総数でみることもある。

2　二重構造

　中小企業が縁辺労働力といわれる不安定な労働力に依存しなければならない背景の１つには，大企業との労働市場の相違がある。このような中小企業と大企業との間の労働市場における相違は，**二重構造**として問題視されてきた。二重構造とは，大企業と中小企業との間の労働生産性および賃金における格差である。中小企業において，労働生産性および賃金が低いことの理由の１つが，家族労働などを主たる構成者とする労働力構成の大企業との相違であった。

　しかしながら，大企業と中小企業との労働生産性および賃金の格差や，また労働力構成における相違などが事実としても，二重構造が存在したがために経済成長を実現することができなかったわけではない。日本経済は経済成長を実現したが，二重構造とされてきた諸指標の格差は解消されたわけではなく，中小企業の労働力構成による特色も残っている。こうしたことをどのように現代的に評価していくかは課題が残っている。

3　技能労働者

　製造業，特に機械金属業種に属する中小企業において，その労働者の構成の特色にあらわれるのが，技能労働者である。技能労働者は，いわゆる職人とも

いわれてきた。こうした技能労働者は，高度経済成長の過程において，中小企業の生産現場の中で，ある加工に特化した専門加工を得意とし，巧みにその技術を施すなどによって，日本のものづくりを支えてきた。

しかしながら，こんにち，中小企業の技能労働者の多くは高齢化している。技能労働者がこれまで蓄積してきた熟練技能を，どのような形で若者など後世に引き継いでいくかという熟練技能の承継問題がクローズアップされている。一方で，国際的見地からみたものづくりの拠点も，日本以外の国や地域へ移行しつつある中で，技能労働者の中には，中国や東南アジアを中心とする国や地域などで再評価され，再雇用されている事実もある。こうした事実は，技能流出という表現でかつて問題にされたこともある。日本国内における職人と称されてきた技能労働者の社会的地位を高めるために，各分野での表彰制度などもあるが，日本国内における熟練技能をどのように存続させていくかが課題となっている。

▷ 1 ⇨ Ⅶ-4「ものづくり中小企業における生産現場のデジタル化」も参照。

④ 技能実習生の受け入れ

2010年代以降，中小企業の国際化が急務な経営課題の１つになってきている中で，企業内の国際化として注目されているのが，技能実習生である。

技能実習生の日本国への受け入れは，**外国人技能実習制度**に基づいている。この制度は，新興諸国において，実習生が修得した技能などが実習生の出身国へ移転されることで，経済発展に貢献していく「人づくり」に協力することを目的としたものである。技能実習生の受け入れのタイプには，海外の現地法人や合弁企業などから直接的に受け入れて技能実習を行う企業単独型と，送り出し機関と監理団体をつうじた団体監理型の２つのタイプがあるが，団体監理型が割合としては圧倒的に高い。

技能実習生を受け入れようとする企業などは，監理団体として厚生労働大臣から許可を受けた監理団体に受け入れ申し込みをし，契約をつうじて新興諸国の送り出し機関から送られてくる技能実習生と雇用契約を締結するだけでなく，ある一定期間の技能実習計画を作成し，その認定を受けなければならない。監理団体が外国人技能実習機構からの認可を受けて，初めて受け入れされる。2017年度末における技能実習生の数は，約27万人となっており，国別にはベトナム（45.2%），中国（28.3%），フィリピン（10.1%）の順となっている。

実習生が技能を修得する（および技能を実習生の出身国へ移転する）ことが本来的な目的であるが，受け入れ企業などでは，短期的な労働力確保の目的で受け入れるところも少なくなく，技能実習生が低賃金利用の温床となっているのではないかという懸念もある。また，技能実習生が実習期間中に日本国内で失踪するということも社会問題となっている。 （関　智宏）

▷**外国人技能実習制度**
この制度は，2016年に公布，2017年に施行された「外国人の技能実習の適正な実施及び技能実習生の保護に関する法律（技能実習法）」に基づいている。⇨ ⅩⅢ-5「中小企業のグローバル化と人的資源」も参照。

4　中小企業とキャリア教育

▷キャリア教育
日本でキャリア教育という言葉が公的に登場し，その必要性が提唱されたのは1999年12月の中央教育審議会答申「初等中等教育と高等教育との接続の改善について」においてである。
▷大阪府立布施北高等高校
1978年に全日制普通科高校として創立し，2013年のデュアル総合学科の設立により，全日制普通科と全日制総合学科の併置校となった。なお，2017年4月からはつまずいたところを徹底的に学びなおし，社会で活躍するために必要な力をつけることを目指すエンパワーメントスクールとなった。
▷デュアルシステム
ドイツを発祥とし，学校での座学と企業での職場実習（以下，デュアル実習とする）を組み合わせた教育システム。職業学校で理論を学び，企業で実践を学ぶ2元的な職業訓練制度である。日本では，2003年に政府が策定した「若者自立・挑戦プラン」で若年者の雇用問題解決にむけた1つの方策として日本版デュアルシステムの導入が提起され，2004年から厚生労働省，文部科学省主導のもと取組みがスタートした。
▷1　木下和紗「デュアルシステムに果たす地域中小企業の役割：大阪府立布施北

1 中小企業によるキャリア教育支援への注目の高まり

キャリア教育とは，一人ひとりの社会的・職業的自立に向け，必要な基盤となる能力や態度を育てる教育のことである。日本では，若年失業者やニート，フリーターの増加に代表される若年者の雇用問題の深刻化を1つの大きなきっかけとして，1990年代後半以降本格的にキャリア教育への関心が高まってきた。こうした中で，次第に注目されるようになっているのが中小企業の教育に果たす役割である。

2 布施北高校におけるデュアルシステムの概要

その代表的な事例の1つとして挙げられるのが，東大阪市の**大阪府立布施北高等学校**（以下，布施北高校）における**デュアルシステム**の取組みである。布施北高校は2004年当時，卒業時までに4割以上の生徒が退学，卒業する生徒も進路未決定の者が多数を占める状況にあった。そこでこうした状況を変えるきっかけとして，デュアルシステムを導入した。

布施北高校におけるデュアルシステムの概要は，以下のとおりである。座学では，2年生から開始するデュアル実習の準備やデュアル実習後の振り返り授業をはじめとし，プレゼンテーション力やコミュニケーション能力の育成，ビジネスマナーの習得を目的とした授業を行っている。デュアル実習では，2年生と3年生が週1回（年間約24日），原則として1日6時間，企業でのデュアル実習に取り組む。2年生は前期・後期の半期ごとに別の企業で，3年生は1つの企業で1年間のデュアル実習を行うこととなっている。

3 布施北高校におけるデュアルシステムの成果と概況

布施北高校では2004年度時点における進路未決定者の割合は5割に迫っていたが，デュアルシステムの取組み以降その割合は年々減少し，2012年度には24％となった。また，保育園でのデュアル実習に取り組んだ生徒が保育の仕事に楽しさとやりがいを見出し，卒業後進学し保育士になったというケースのように，デュアル実習での体験が進路や将来の仕事に結びついた例もでてきている。こうしたデュアルシステムをつうじたキャリア教育の成果はひろく認められ，布施北高校は2013年にデュアルシステムに重点的に取り組むためのデュアル総

合学科（1学年定員80名）の設立というさらなる成果を生みだすにいたった[42]。

④ デュアル実習に果たす中小企業の役割

布施北高校のデュアルシステムが成果を生みだすことができた大きな背景として指摘できるのが，地元中小企業の存在である。布施北高校のデュアルシステムの特徴は，株式会社大阪工作所や株式会社アドバンスを中心としたデュアル実習を受け入れる地元中小企業との連携・協働により，キャリア教育を推進してきた点にある。

なかでも最大の特徴として指摘できるのが，以下の点である。それは布施北高校の場合，デュアル実習の受け入れというこれまで想定されてきたデュアルシステムに果たす中小企業の役割を超えて，地元中小企業が積極的にデュアルシステムに関与してきたことである。具体的には，たんにデュアル実習の場を提供するだけでなく，専用カリキュラムを作成するなどデュアル実習にも主体的に取り組んできたこと，座学をつうじてもデュアルシステムに関与していること，布施北高校の一部の教員らを筆頭にはじまった新学科の設立に向けた署名活動や，協力企業の確保・拡大に協力してきたことなどを挙げることができる。

⑤ 中小企業の視点からみたデュアルシステムの意義

地元中小企業による布施北高校のデュアルシステムへの多面的で積極的な関与は，教育システムの維持・拡大や学校再生に貢献したというだけではない。関与する中小企業にとっても，以下のような意味をもっている。

1つは，中小企業における人材育成への効果である。例えば，株式会社大阪工作所では行き当たりばったりできちんとした人材育成を行えていなかったというが，デュアル実習用に作成した専用カリキュラムがきっかけとなり，新入社員研修用の技術教育カリキュラムの作成へとつながった。新卒（高卒）採用を見据えてデュアル実習の受け入れを決めた株式会社松下工作所でもまた，今後の若手人材の育成に役立つヒントや気づきが得られたという。

もう1つは，東大阪地域がかかえる後継者問題の解決への取組みである。株式会社大阪工作所会長の高田克己氏は，後継者がいないために，黒字でも廃業を選択せざるをえない小規模企業が年々増加している東大阪地域の状況に危機感をいだいていた。そこで高田氏は，後継者問題の解決に向けた具体的な1つの取組みとして布施北高校のデュアルシステムへの協力を位置づけ，取り組んでいる。

このように中小企業によるキャリア教育支援はたんなる地域貢献にとどまらず，中小企業にとっても，人材育成に関する効果や意義をもった取組みであることがわかる。

（木下和紗）

北高等学校のデュアルシステムのケース」『経営研究』第66巻第4号，2016年，269-292頁。

▷2 デュアル総合学科設立以前は希望する生徒による選択制だった。そのため，デュアル実習に取り組む生徒数は17〜93名，受け入れる協力企業数も17〜99社と年度によりばらつきがあった。学科設立以後はデュアル総合学科の生徒が必修としてデュアル実習に取り組んだが，2016年度では，2年生は前期に80名，後期に73名，3年生は55名が取り組み，協力企業数は過去最多の119社だった。

（参考文献）

菊地栄治『希望をつむぐ高校：生徒の現実と向き合う学校改革』岩波書店，2012年。

日本の金融システム

① 金融機関

　そもそも金融とは，お金（貨幣）を融通し合うことである。資金が余っているもの（資金余剰主体）と，資金が不足しているもの（資金不足主体）がいれば，その間を仲立ちする「金融」が必要となる。その金融の中心的な担い手が金融機関である。日本の金融機関には，日本銀行，都市銀行，地方銀行，信用金庫，農業協同組合，漁業協同組合，証券会社，保険会社，政府系金融機関などがある。

　金融には，間接金融と直接金融の２つがある。間接金融の担い手は，銀行などの預金取扱金融機関である。間接金融では，資金を必要とするもの（資金需要者）が仲介する銀行から資金を借りる。他方で，銀行は，資金の出し手（資金供給者）から預金などの形で貸出のための原資を集める。間接金融では，資金の受け手と出し手は直接出会うことがなく，銀行が間を取りもって資金仲介機能を果たす。銀行は預金者に利息（預金金利）を払うとともに，借り手からは利息（貸出金利）を受けとる。通常，預金金利よりも貸出金利の方が高いので，その差が銀行の利潤となる。

　一方，直接金融では，資金を必要とする企業や機関が自らの信用を裏づけとした株式や債券（本源的証券）を発行し，それを資金の出し手が購入することで，お金を融通し合う。証券会社などの仲介機関は，金融市場での証券や債券の取引が円滑に進むようなサポート役を担う。

② 伝統的な日本の金融システムの特徴：間接金融の優位

　金融システムとは，金融活動を行う組織や仕組みのことであり，金融機関や金融市場，さらには決済制度や金融規制なども含む幅広い概念である。日本の金融システムの特徴は，間接金融が伝統的に主流となってきた点が挙げられる。

　それは，資金の運用側からみた場合，日本の家計が安全資産を選好する点と符合する。日本の家計は現金・預金比率が非常に高く，家計金融資産の半分が銀行（郵便局など含む）に預けられている。また，日本では元本確定型の金融商品が中心であり，家計の８割以上が安全資産といえる状況にある。このように日本では，家計部門が金融リスクを負担しない代わりに，金融機関が間接金融という形でリスクを負担しているのが特徴といえる。

▷ 1　日本銀行の資金循環統計（1980年〜）をみれば，「家計」「民間企業」「政府」の３部門における金融資産や資金過不足の全体像を捉えることができる。日本の「家計（自営業者を含む）」部門は一貫して資金余剰主体であり，「政府（地方公共団体など含む）」部門は一貫して資金不足主体である。「民間企業（金融機関を除く）」は，1990年代初頭までは資金不足の時代が続いていたが，バブル経済崩壊後の不況で設備投資を抑えて過剰負債も減らしたため資金余剰となっている。

▷ 2　日本銀行「資金循環の日米欧比較（2015年）」によれば，日本の家計の金融資産構成は，1992年から2015年まで大きな変化がなく，安全資産の割合が高い。一方，アメリカの場合，現金・預金の比率が低く，株式・出資金および株式以外の証券の比率が高く，家計部門が大きな金融リスクを負担している。このことから，アメリカの金融システムの特徴は，直接金融中心であるといえる。

資金の調達側からみた場合，日本の企業金融は伝統的に外部資金に依存する割合が高く，わけても金融機関からの借入金の依存度が高い点が特徴的であった。高度経済成長期，企業は設備投資の意欲が高かった一方で，内部資本の蓄積が少なかったためである。この企業部門の資金調達ニーズと国の産業政策が一体となり，産業金融モデルが確立された。当時の規制金利のもと，銀行は低利で安定的に集めた預金を，企業に対し設備投資資金として長期の融資の形で供給し，資金仲介機能を果たしてきた。そこでは主に**メインバンク制**が採用され，間接金融の優位といわれる状態が続いたのである。

③ バブル経済崩壊と金融システム改革

1990年代初頭のバブル経済崩壊後，膨大な不良債権の重荷から経営破たんに追い込まれる金融機関が続出した。住宅金融専門会社の倒産に始まり，1997年〜98年にかけては，山一證券，北海道拓殖銀行，日本長期信用銀行などの経営破たんがあり最悪期を迎えた。預金者が銀行に不信をもって一斉に資金を引き出しに来た場合（銀行取付け），金融機関は存続できずに経営破たんする。1つの銀行だけでなく，不安の矛先は似たような経営状態にある別の銀行にも向けられ，次々と経営破たんが起きる恐れがある。あたかも1つの鎖でつながっているかのような状態の金融システムにおいては，その安定性を確保するために行政当局による政策（**プルーデンス政策**）の介入が必要となる。

こうした背景のもと，「日本版金融ビッグバン」で打ち出された「フリー・フェア・グローバル」を基本理念として，国際標準に適合する金融システムの改革が進められた。この改革は，1998年に「金融システム改革法」として制度化された。特筆すべき点は，BIS規制など自己資本比率規制の強化である。国際決済銀行（BIS）は，国際業務を行う銀行が破たんすることを防ぐため，銀行の自己資本比率を8％以上にするといった統一ルールを設けた。銀行は保有する資産価値の変動に対し，自己資本によりリスクを吸収することができるようになる（ショック・アブソーバー機能）。そこで，同年，金融監督当局は，金融機関の経営健全性を確保するため，自己資本比率基準に基づく早期是正措置を導入した。それに伴い，銀行は自己査定により適切な償却引当を行い，決算に反映させることになった。ただ，不良債権処理により経営体力の低下した銀行では，バランスシート改善（資産と負債の圧縮）を進めるほかなく，それが「貸し渋り」問題を引き起こすことになった。そのことがまた景気の足を引っ張る悪循環となり，「失われた10年」といわれる不況の長期化の一因ともなった。

（長山宗広）

▷**メインバンク制**
銀行と企業との間の長期安定的な顧客関係のこと。銀行は，個々のプロジェクトの採算性だけではなく，企業全体の信用性に基づき融資を実行する。企業にとってメインバンクとは，①最大の融資シェア，②大株主，③役員派遣，などの条件にあてはまる取引銀行のことを指す。メインバンク制のもと，企業は，銀行から安定的な資金提供を受けられるばかりか，業績が悪化しても資金繰りの支援など経営再建の助力が得られるものと期待する。

▷**プルーデンス政策**
ミクロ・プルーデンス政策とマクロ・プルーデンス政策に大別される。前者は，個別の金融機関を対象に，個々の金融機関の破たんを未然に防ぐことを目的として，金融監督当局が検査・モニタリングなどを講じるもの。後者は，金融システム全体の安定性を確保するために，当局が金融機関全体を対象とする業務規制・自己資本比率規制などを講じるもの。

推薦図書

家森信善『金融論』中央経済社，2016年。
島村高嘉・中島真志『金融読本（第30版）』東洋経済新報社，2017年。
日本経済新聞社編『金融入門〈第2版〉』日本経済新聞出版社，2016年。
堀内昭義『金融システムの未来』岩波新書，1998年。

中小企業金融の実態

1 中小企業の金融環境

　中小企業は大企業に比べて信用力が劣るため，直接金融による資金調達が難しい。おのずと中小企業の資金調達は，金融機関からの借入といった間接金融が主体となる。「貸し渋り」問題にみられたように，金融機関の貸出態度が慎重になると，中小企業の資金調達環境は決定的に悪化する。

　日本銀行が公表する「資金繰り判断 DI」をみると，総じて，大企業に比べて中小企業の資金繰りが「苦しい」ことがわかる。中小企業の場合，1990年代初頭のバブル経済崩壊以降，恒常的にマイナスの数値を示している。特に，金融機関の経営破たんが続出した1998～99年と，リーマン・ショック（世界的金融危機）が起こった後の2009年においては，中小企業の資金繰り判断 DI のマイナスが20ポイント超と大きい。これらは「金融機関の貸出態度判断 DI」と符合しており，金融機関の経営状況が中小企業の資金繰りに大きな影響を与えているものといえる。

　なお，近年，中小企業の金融環境は改善傾向にあり，資金繰り判断 DI は2013年12月に約22年ぶりに「楽である」に転じ，貸出態度判断 DI も2011年9月に「緩い」に転じている。

2 中小企業専門金融機関

　中小企業は大企業と比べて相対的に利益率が低く内部留保が増えないため，自己資本比率（総資本に占める自己資本の割合）の低い財務体質にある。利益率を高めるために，技術力の向上や製品開発を行おうとしても，資金不足に悩まされる。金融機関からの借入で資金調達することになるが，信用力の低さから融資が得にくく，金利の高い資金調達をせざるを得ない。ひいては，それが中小企業の収益性の低下を招く。

　こうした中小企業の資金問題に対して，日本では中小企業金融の円滑化を目的とした専門な金融機関が設けられている。具体的には，信用金庫，信用組合，政府系金融機関（日本政策金融公庫・商工組合中央金庫）である。信用金庫と信用組合は相互扶助を理念とする非営利法人の**協同組織金融機関**であり，株式会社の普通銀行とは組織形態が異なる。普通銀行の出資者は株主であるが，信用金庫は会員，信用組合では組合員が出資者となる。信用金庫の会員資格は，地区

▷1　⇨Ⅱ-4「低成長期からこんにちまでの中小企業（1990年代以降）」

▷**協同組織金融機関**
協同組織金融機関の特性は相互扶助にあり，その源流はイギリス系協同組合（ロッチデール先駆者協同組合）やドイツ系協同組合（ライファイゼン／シュルツェ），さらには日本における頼母子講や無尽，報徳思想にまで遡ることができる。協同組織金融機関は，非営利組織として会員（または組合員）の相互扶助性を共通の理念に設立された金融機関である。株式会社の銀行の場合，株主は1株につき1個の議決権を有するので，株主総会において大口株主が議決権を行使しやすい。一方，協同組織の信用金庫・信用組合の場合，出資額に関係なく1人につき1個の議決権を有するので，総代会において会員ならば誰でも議決権を行使できる。したがって，協同組織金融機関の会員は，組織の所有者であるとともに，経営にも参画し，利用者（顧客）の立場にもある。

▷2　信用金庫数は2016年10月現在で265金庫であり，1999年3月末（396金庫）に比べて3割以上の減少となっている。また，信用組

内に住所を有する者や従業員300人以下，資本金9億円以下の事業者などと決められている。

信用金庫と信用組合は営業区域に制限があり地域密着型金融となるため，地盤とする地域経済の衰退により厳しい経営を強いられる場合もある。実際，信用金庫と信用組合では経営環境の厳しさに対応するため，合併・集約の動きが進展しており，その数は大きく減少している。[2]

民間金融機関からの資金調達が困難な中小企業に対して，公的機関としての**政府系中小企業金融機関**[1]がある。バブル経済崩壊以降の長期不況下で金融機関全体の中小企業への貸出が停滞する中，公的機関として中小企業金融を支えてきた。ただ，中小企業の金融環境が改善されてくると，公的機関として民間金融機関を補完する役割が後退し，政府系金融機関が民間金融機関と競争する状況が生まれつつある。

資料VI-1　銀行，信用金庫・信用組合の違い

	銀　行	信用金庫	信用組合
租税法	銀行法	信用金庫法	中小企業等協同組合法
組織形態	株式会社	協同組織の非営利法人	
営業区域	制限なし	制限あり（広域）	制限あり（狭域）
出資金・資本金の最低限度	10億円	2億円（大都市）	2000万円（大都市）
		1億円（その他）	1000万円（その他）
出資者の名称	株　主	会　員	組合員
預金の制限	制限なし		組合員以外からの受入は全体の20％以内
貸出金の制限	制限なし	会員以外への貸出は全体の20％以内	組合員以外への貸出は全体の20％以内

出所：島村髙嘉・中島真志『金融読本（第30版）』東洋経済新報社，2017年，77頁。

③ 信用補完制度

中小企業の多くは十分な資産を保有していないので，金融機関からの借入の際に提供する**担保**[3]がなく，融資を受けられないという問題がある。そこで，公的機関が保証人となり債務を保証することで，中小企業の信用を補完する制度が設けられた。各自治体等により設立された信用保証協会を中心とする信用補完制度である。手順は次の通り。

1）中小企業が信用保証協会に直接もしくは金融機関を経由して保証を申込む。2）信用保証協会は審査をして金融機関に対して保証承諾する。3）金融機関は保証付きでの審査をして中小企業に融資実行する。信用保証協会は中小企業から保証料を徴収する。4）仮に中小企業が倒産などで債務不履行となった場合，信用保証協会が債務を肩代わりして金融機関に返済する（代位弁済），5）信用保証協会が中小企業から債務を回収できずに損失が生じた場合，予め結んでいた日本政策金融公庫からの保険でカバーする（信用保険制度）。

従来，信用保証協会は融資金額に対して100％を信用保証していた。ただそれでは，金融機関の審査・モニタリング機能が全く発揮されずに，代位弁済額が増えていく問題が生じた。2007年10月，「責任共有制度」が実施され，信用保証協会80％，金融機関20％の割合で責任を共有する部分保証に変わった。

（長山宗広）

合数は2016年10月現在で153組合であり，1999年3月末（322組合）に比べて半分以下にまで減少している。

▷政府系中小企業金融機関
もともと中小企業金融公庫，国民生活金融公庫，商工組合中央金庫の3機関があって，それぞれの機関が対象企業の規模等で棲み分けをする形で中小企業金融の機能を担ってきた。1990年代後半からの行財政改革の路線のもと，中小企業金融公庫と国民生活金融公庫が他の政府系機関とともに日本政策金融公庫という名称で統合・株式会社化され，商工組合中央金庫も株式会社化された。

▷担保
⇨ VI-3「地域金融の実態」

推薦図書

小川正博「中小企業の金融」『21世紀中小企業論（第3版）』有斐閣，2013年。
林幸治「中小企業金融」『中小企業・ベンチャー企業論（新版）』有斐閣コンパクト，2014年。
本多哲夫「中小企業と金融問題」『現代中小企業論』同友館，2009年。

地域金融の実態

▷情報の非対称性

融資対象の中小企業に関する良質な情報は，外部者の金融機関よりも，内部者である中小企業の経営者の方が多くもっている。この情報のギャップが大きい中小企業金融は，金融機関にとってリスキーなものである。

▷エージェンシー・コスト（問題）

資金を借りて事業を行う中小企業経営者をエージェント（代理人），資金を貸して代わりに事業を行ってもらうプリンシパル（依頼人）が金融機関と位置づけられる。両者の間の情報の非対称性のもとでは，中小企業経営者がリスクの高いプロジェクトの融資を申請しようとする機会主義的行動（逆選択）や，融資実行後にハイリスクのプロジェクトを追求するような機会主義的行動（モラルハザード）をとる可能性がある。

▷担保

担保とは，債務不履行に備えて，借り手（債務者）と貸し手（債権者）の間で設定されるもの。債務不履行になった場合，債権者はその担保によって資金を回収する。担保に供されるものは，土地・建物・機械など債務者が保有する資産であるが，このうち不動産に債権者が抵当権を設定して担保とする物的担保が中心である。

① 金融機関に対する金融行政

　バブル経済崩壊後の不安定な金融システムを立て直すため，金融庁は，2002年10月に「金融再生プログラム―主要行の不良債権問題解決を通じた経済再生」を発表した。これは，大量の不良債権を抱えた大手銀行（メガバンク）に向けられた施策であり，金融庁は2005年3月までに不良債権比率を半減化する数値目標の達成を迫ったのである。資産査定の厳格化や新しい会計手法の導入等により，大手銀行の不良債権処理はハードランディングで進められ，結果的に目標を達成した。ただ，中小企業向け貸出において貸し渋り問題が深刻化し，金融庁はその対応を地域金融機関に求めていく。

　地域金融機関とは，地方銀行・第二地方銀行・信用金庫・信用組合である。金融庁は，地域金融機関の不良債権処理において大手銀行と異なるソフトランディングの姿勢をとり，数値目標の対象からも外した（金融行政の二重基準）。2003年3月，金融審議会金融分科会第二部会より「リレーションシップバンキングの機能強化に向けて」と題した報告書が出され，その翌日に金融庁が「リレーションシップバンキングの機能強化に関するアクションプログラム」を公表した。これにより，2年間の集中改善期間が定められ，地域金融機関はこのプログラムに従って，不良債権処理と地域経済活性化の2つの課題を同時に解決していくことを迫られた。

② リレーションシップバンキングとは何か

　金融審議会の報告書では，リレーションシップバンキング（以下，「リレバン」）について，「金融機関が顧客との間で親密な関係を長く維持することにより顧客に関する情報を蓄積し，この情報をもとに貸出等の金融サービスの提供を行うビジネスモデル」と整理している。大企業向けに比べ，中小企業金融は，**情報の非対称性**の度合いの強い分野である。この状況において，金融機関は，中小企業の貸出にあたって，審査（スクリーニング）や融資実行後の回収・経営監視（モニタリング）のコスト（**エージェンシー・コスト**）に苦慮する。大企業向けと違って中小企業向けの融資は小口多数のため，規模の経済性が働かず，多大なコストを要する。このコストを引き下げるため，金融機関は，**担保**と**保証**に過度に依存する傾向がある。

　ただ，本来，地域金融機関においては，長期継続的な種々の取引ないし顧客との密着した相対取引を通じて情報蓄積が進み，外部からは入手しにくい情報を活用した貸出を実施できる。それがリレバンであり，中小企業金融における情報の非対称性問題を解決する手法と捉えられる。つまり，リレバンが機能すれば，借り手（中小企業）の経営能力や事業の成長性など定量化が困難な信用情報を蓄積することができ，エージェンシー・コストの軽減が可能になる。

　なお，リレバンと対置する概念は，トランザクションバンキング（以下，「トラバン」）である（**資料Ⅵ-2**）。リレバンが長期継続的な取引に基づく定性情報を重視して融資するのに対して，トラバンは財務諸表や**クレジット・スコアリング**等の定量情報に基づき，一時点かつ個々の取引の採算性を重視して融資する手法のことをいう。かつては大手銀行（メガバンク）においてもメインバンク制を採用してリレバンの機能を発揮していたが，不良債権処理を進める中で効率性の高いトラバンの性格を強めたものと捉えられる。

資料Ⅵ-2　リレバンとトラバンの比較

	リレーションシップバンキング	トランザクションバンキング
担い手	中小規模の地域金融機関	大手銀行
重視する情報	経営者等に関するソフト情報（定性的情報）	財務データ等のハード情報（定量的情報）
情報収集の方法	フェイス・トゥ・フェイスで入手	信用情報機関を活用
審査の方法	経営者に対する面談を重視	クレジット・スコアリング
融資の判断	顧客の取引店（分散型）	ローンセンター（中央集権型）
取引の期間	長期継続的	一時的（スポット取引）
顧客による金融機関の選択	単独取引（メインバンク制）	複数行取引
顧客にとっての利点	個別ニーズへの柔軟な対応	低金利，審査スピードの速さ
課題	高コスト	低価格競争の激化

出所：村本（2005）17頁を参考に筆者作成。

3　リレーションシップバンキングから地域密着型金融の実践へ

　リレバン報告書の公表当時，地域金融機関の現場では，不良債権処理と地域経済活性化の課題を同時に克服するため，中小企業（主に不良債権先）の経営改善計画の策定支援と債務者区分のランクアップ対策が最優先で取り組まれた。それから10年ほど経過し，不良債権処理は一段落したが，人口減少局面での地域経済の実態は厳しさを増していた。こうした中，金融庁は，2012年，「中小・地域金融機関向けの総合的な監督指針」において，地域密着型金融の目指すべき方向を示した。

　そこでは，地域金融機関に対して，「顧客企業に対するコンサルティング機能の発揮」「地域の面的再生への積極的な参画」などの取組みを中長期的な視点に立って組織全体として継続的に推進することが要請された。これまで地域金融機関は，リレバン機能を発揮して，取引先企業の創業支援，経営革新支援（成長段階），経営改善支援・事業再生支援，事業承継支援といった中小企業のライフサイクルに応じた支援を展開してきた。これからの地域金融機関は，中小企業という「点」の支援から一歩踏み込み，地域という「面」的再生支援を積極的に展開することが求められる。

（長山宗広）

▷保証

保証とは，主たる債務者が債務不履行に陥った場合，主たる債務者以外の者（保証人）が代わって債務を履行しなければならないことで，人的担保といわれる。中小企業が金融機関から借入をする場合，経営者名義の不動産を担保に提供したり，経営者自身や親族が保証人になるケース（個人保証）が多い。

▷クレジット・スコアリング

企業の信用リスクを計量化し，格付けに応じた条件（適用金利など）で融資する手法。1999年に中小企業庁が国家プロジェクトとして組成したCRD（クレジット・リスク・データベース）に基づき，中小企業金融においても信用リスクの測定が容易にできるようになった。

（推薦図書）

村本孜『リレーションシップ・バンキングと金融システム』東洋経済新報社，2005年。

4 新しい中小企業金融・地域金融の潮流

① 世界の金融システムを混乱させた「リーマン・ショック」

ICT などの技術革新やグローバリゼーションの進展は，日本の金融業界・金融システムに対しても直接的間接的に影響を与えた。巨額のマネーが世界を駆け巡り，バランスを失って過熱する投資は，金融市場を大きく混乱させることになる。2007年のアメリカの**サブプライムローン問題**に端を発した，2008年9月の「**リーマン・ショック**」，世界的な金融危機がその一例である。金融のグローバル化，IT 化，証券化という潮流を私たちは目のあたりにした。

② 中小企業金融・地域金融とグローバル化

この波は，間接金融主体の日本の金融システムにも及ぶ。地域密着型の地域金融機関においても無縁なことではない。リレバンの取組み後も，年々，**預貸率**は下がり続け，信用金庫の場合は50％程度となり，余った資金を国債など証券市場で運用する（余資運用）比重が増している。地域金融機関は地元で集めた預金を地元に融資で還元する機能（地域内資金循環）を弱め，余資運用に偏重している。地方で集めたマネーは，東京の金融市場に流れ込み，**国際金融センター**のネットワークを通じて，そのマネーは瞬時に世界を駆け巡る。

実体経済においても，取引先の中小企業の海外展開はますます活発なものとなっている。地域金融機関はリレバン機能を発揮して，中小企業の海外進出支援も手掛ける必要がある。なお，信用金庫業界の場合，業界のセントラルバンクである信金中央金庫が個別の信用金庫のみで対応困難な業務（資金運用・外国為替など）を集中して行っている。

③ 金融の IT 化とフィンテック革命

大手金融機関では，これまでにも金融の IT 化を進め，巨大なコンピュータ・システムで顧客データや取引データを高速処理し，基本業務（預貸金取引・決済業務など）のセンター集中化・効率化を実現してきた。さらには IT 化による金融の高度化を進め，リスクの計量化（ALM 管理）やデリバティブ取引などハイテク金融商品の開発なども実現している。

近年は，こうした大手金融機関を震撼させるような，「フィンテック（ファイナンスとテクノロジーを掛け合わせた造語）」と呼ばれる IT を活用した革新的金

▷**サブプライムローン問題**
サブプライムローンとは，信用力の低い個人や低所得者を対象にした住宅ローン。住宅ローンの貸し手（金融機関など）はこの債権を証券化し，住宅ローン担保証券などの金融商品として世界中に販売された。この商品に併せて証券会社等は高度な金融技術を応用したデリバティブ（金融派生商品）を開発して世界中に販売した。こうした金融商品は複雑に多様な債権が組み合わされており，信用バブル崩壊による損失のリスクを把握できない状態となった。⇨Ⅱ-4「低成長期からこんにちまでの中小企業（1990年代以降）」

▷**リーマン・ショック**
⇨Ⅱ-4「低成長期からこんにちまでの中小企業（1990年代以降）」

▷**預貸率**
預貸率は預金残高に対する貸出残高の比率のことで，預金の運用状況を示す指標。

▷**国際金融センター**
1996年当時の橋本龍太郎首相が指示した「日本版金融ビッグバン」において，東京市場の国際金融センター化が構想された。ニューヨーク，ロンドンと並び世界の三大金融センターとして魅力を高めるため，資本規制の緩和や市場開放など

融サービスが誕生している。その１つが，2009年頃からネット上で流通し始めた仮想通貨「ビットコイン」である。ビットコインは電子商取引（EC）の代金決済手段となるばかりか，金融機関を介さずに国境を越えて個人間で受け取り可能な仮想通貨である。既存の通貨のように中央銀行が発行を管理することができず，コンピュータのプログラムでコイン発行総額が管理され，その取引データはブロックチェーンという分散型台帳に記録される。規模の経済性を活かした大手金融機関の圧倒的優位は今後失われるかもしれない。

　さらに，GAFA（グーグル・アップル・フェイスブック・アマゾン）のような巨大IT企業によるプラットフォーム・ビジネスの脅威にさらされる。プラットフォーマーは，基盤となるサイトを作り，その上で取引するプレイヤーを仲介する。サイト上のプレイヤーの取引情報を収集・蓄積し，ビッグデータを獲得する。そして，AI（人工知能）の深層学習機能を活用して，このビッグデータを解析すれば情報の非対称性を極少化できる。結果，プラットフォーマーは，プレイヤーの信用リスクの測定等が可能となり，大手金融機関を凌駕する資金仲介機能をもつこととなる。

❹ 中小企業金融・地域金融の今後の展望

　信用金庫・信用組合などの中小企業専門・地域金融機関においても，その存在意義を揺るがす事態が迫っている。日本の金融機関は**オーバーバンキング**との指摘があり，かねてより再編・統合を進めてきた。リレバン機能が期待される信用金庫・信用組合においても，大手金融機関と同様，規模の経済性による業務効率化を狙っての再編・統合を繰り返している。超低金利時代のもと，利鞘（貸出金利息−預金利息）の縮小により，本業の業務純益が頭打ちのためである。リスクの高い余資運用は難しく，そこでの利益も期待できない。

　近年，間接金融から直接金融へのシフトが進み，無借金経営の企業も増え，信用金庫・信用組合に対する資金需要は減退している。今後，さらに預貸率が低下すれば，資金仲介の機能不全が危惧される。クラウドファンディングの普及は，この危惧を一層高める。クラウドファンディングとは，銀行・投資家など金融の専門家ではないクラウド（大衆）からファンディング（資金調達）することをいう。資金の受け手と出し手の間に仲介が入ることなく，通常インターネット上で両者が直接関係を結ぶ。クラウドファンディングという新たな資金調達手段の登場によって，小口・多数の資金の融通を専門領域とする信用金庫・信用組合の存在意義はますます揺らぐこととなる。人口減少時代の地域経済を再生する道程は遠いが，相互扶助の精神とリレバン機能を発揮し，新たな金融サービスとの連携・補完関係を探りながら，中小企業金融・地域金融・協同組織金融の担い手としての独自路線を貫く気概が求められよう。

（長山宗広）

「外に開かれた日本」を印象づける改革が行われた。ただ，これまでに加工貿易で稼いだ巨額のジャパンマネーがバブル崩壊後の不況により力を弱めていき，円の国際化も進まなかった。国際金融市場における日本・東京の地位は，香港やシンガポールの台頭により相対的に低下している。

▷オーバーバンキング
日本の貸出市場において銀行の数が過大であることや，銀行セクターの預金・資産規模が過大であることを指す議論。実際，金融業界は護送船団行政の庇護のもと，1980年代までは銀行産業の規模が拡大し続けた。ただ，90年代以降の金融自由化や金融システム改革に際して，オーバーバンキング論が噴出し，銀行の再編・統合の動きにつながった。

推薦図書
日本経済新聞社編『金融入門（第2版）』日本経済新聞出版社，2016年。

中小企業における情報化の進展(1)：電子化時代

 中小企業の情報化とは

　私たちの身の回りには，パソコン，タブレット型端末，スマートフォンなど沢山の情報技術が溢れている。そして，このような情報技術の登場は，SNSを駆使した情報発信，クラウドを活用した情報共有，電子マネーを利用した決済など私たちの日常生活を一変させている。そのような革新的な変化は中小企業においても同様に生じている。それでは，どのようにして目まぐるしく移り変わる情報技術の変化を摑み，中小企業に対する影響を正しく捉えればよいのか。

　以降の3節では，過去に行われてきた研究を遡ることから中小企業の情報化の進展を確認する。1970年代以降，中小企業の情報化研究は絶え間ない情報技術の革新とともに盛んに行われてきた。そして，そこでの主張は，対象とする情報技術（電子計算機からインターネットまで）や，適用される業務範囲（定型業務から非定型業務まで）により，論者の問題関心に応じて多様性が生じている。このような既存研究の広がりを理解するためには，情報技術が及ぼすプラスの側面とマイナスの側面に分け，各時代で起こった議論を俯瞰していくことが適切である。

　以下では，中小企業の情報化に関する先行研究を1970年から1979年までの電子化，1980年以降の **ME 化**，1985年から1994年までの高度情報化，1995年以降のネットワーク化の4つの時系列区分に分類し，情報技術が与える正と負の影響として整理する。それぞれの時代区分の関係をまとめたものが**資料Ⅶ-1**である。このように，各々の区分は独立したものではなく，技術的に関連しながら展開されていることに留意する必要がある。

▷ ME 化
1980年代は ME 化の時代といわれた。ME とはマイクロ・エレクトロニクスのことで，機械工学と電子工学を融合した新技術を指す。アナログとデジタル，ハードとソフトの融合化ともいえる。具体的には，NC 工作機械によりプログラム通りに自動化で部品加工することが例として挙げられる。⇨ Ⅶ-2 「中小企業における情報化の進展(2)」を見よ。
▷1　各時代の個別の研究の詳細については推薦図書の藤川文献を参照されたい。

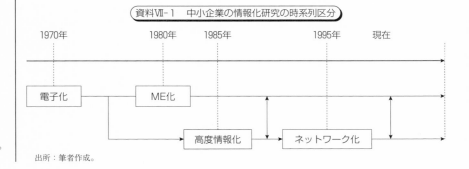

資料Ⅶ-1　中小企業の情報化研究の時系列区分

出所：筆者作成。

なお，情報技術という用語は「高度に発達したコンピュータ及び通信技術の総称」と定義し，情報化が「経営資源として利用する情報の投入量が増えること」を指す。したがって，ここでは中小企業の情報化を幅広く検討するため，広義に情報技術や情報化を捉えている。

2　電子化時代の情報化（1970〜1979年）

前述の通り，中小企業の情報化研究の端緒は1970年頃からみられる。当時の情報技術は，中小企業経営の後進性を改善する中小企業の近代化の手段として捉えられていた。そのような背景には，遅れた存在である中小企業の情報化を促すことが社会全体の情報化への対応を早めるとの考えがあった。

この時代の議論の対象となった情報機器は，電子計算機と呼ばれる小型のコンピュータである。それを社内で生じる伝票発行や給与計算などの計算業務に導入し，事務処理業務の機械化を図ることが情報化の主要な目的であった。ただし，当時のコンピュータは非常に高価なものであった。そのため，中小企業が自社で導入する際には，機器の購入ではなく，月額で賃貸料金を支払うレンタル形式を採用することが多かった。また，自社で導入することが困難な中小企業は，外部組織である**計算センター**に業務を委託することによって高価な情報技術を利用していた時代であった。

3　電子化時代の情報化における正と負の影響

では，具体的に情報技術が中小企業の正と負の両面においてどのような影響を及ぼしたのかをみていくことにしよう。情報技術は，中小企業が円の切下げや資本の自由化などの経営環境の変化に対応する情報入手に役立つこと，消費者の価値観の多様性から生じる多品種の商品管理に寄与すること，若年労働力不足の解消や上昇する賃金コストの削減に貢献することなどの効果を得るとされた。

すなわち，情報技術の役割は知識集約化の情勢変化に呼応する形で導かれていた。しかし，ここでの議論は知識集約化そのものの概念が不明瞭であったため，主に情報技術の重要性を強調するものや，導入の手引きを紹介するものが多数を占めていた。そのため，対象となる情報技術や適用される業務が特定されずに曖昧なままであった。また，一部の先進的な中小企業が手探りで情報技術を利用していた状態であり，その他大勢の中小企業はこれから情報技術の導入を検討する段階でもあった。したがって，情報技術の議論は直接的な影響として現れやすい正の影響に集中し，負の影響まで吟味されることが少なかったといえる。

（藤川　健）

▷ 2　⇨ Ⅱ-2 「戦後の高度成長と中小企業（1950, 60年代）」

▷ **計算センター**
計算センターは各種の計算処理業務を請負い，コンピュータを用いた情報処理サービスを提供する事業所のことをいう。

▷ 3　⇨ Ⅲ-5 「中小企業政策の展開(1)」

（推薦図書）
太田進一『ネットワークと中小企業』晃洋書房，2012年。
藤川健「中小企業における情報化の意義」『同志社商学』同志社大学商学部創立60周年記念論文集，2010年。

中小企業における情報化の進展(2)：ME化時代・高度情報化時代

① ME化時代の情報化（1980年以降）

　本節では，1980年代から行われたME化と高度情報化の議論を振り返る。1980年頃からは，**メカトロニクス**という言葉が注目を集めた。この時代の議論の対象となった情報機器は，CAD，CAM，**NC工作機械**，**マシニングセンター**，溶接・塗装・搬送ロボット，三次元測定器など多岐にわたる。当時は**FA**に関連する機器が主に取り上げられていた。また，それらが適用された業務は，製造業の自社内における，設計，切削加工，組立，検査，包装，運搬などの生産業務が中心であった。さらに，情報技術が適用された業務は，単独の生産業務での機器単体の利用から，**FMS**と呼ばれる複数の生産業務における，複合機器で構成されるシステム利用へと展開されたことにも特徴がある。そして，後にME化は高度情報化の影響から，**CIM**と呼ばれる生産業務に関連する企業間に及ぶシステム利用へと発展を遂げることになる。

② ME化時代の情報化における正と負の影響

　この時代は，正と負両面の議論が活発になされた。一方の正の影響に関しては，大企業がMEにまつわる機器を利用した多品種少量生産へと移行していくようになる。それにより，ME機器を導入できた中小企業は，加工品質や精度の安定・向上，合理化による生産工数の短縮，省力化による人件費削減，労働力不足による不潔・危険な作業の担当など大企業の望む生産体制を確立するようになった。ただし，ME機器は，プログラムを組めれば自動的に加工を行うため，中小企業の技術水準が平準化してしまうとの懸念があった。そのため，ME機器を活用するための新たな技能の確保，ME機器が適さない規模での対応を可能にする従来の技能の維持が，中小企業間における競争の鍵になるといわれていた。

　他方の負の影響では，大企業へのME機器の急速な普及が中小企業に対してNC機の生産能力を基準とした単価や精度を要求するようになった。このようなNC単価やNC精度は，ME機器を購入できない中小企業にも強要され，新たな外注・下請再編の契機になった。さらに，ME機器を導入した中小企業でさえも，高価な設備の稼働率を高めるため，大企業の内製化の脅威の下での中小企業同士の過酷な価格競争を強いられる一面もあった。これらのことは，

大企業が類似のME機器とそれを稼動させるためのソフトウェアを利用し，中小企業の生産能力を見積もることから生じたともいわれている。

3 高度情報化時代の情報化（1985～1994年）

1985年からは，高度情報化社会を実現する**ニューメディア**が台頭し始めた。この時代で対象になった情報機器は，ワードプロセッサ，オフィスコンピュータ，パーソナルコンピュータ，POS，ファクシミリなど多彩である。これらからも，高度情報化が**OA**と関連して議論されていたことが理解できる。また，高度情報化時代では，それらの機器が適用された業務も，事務処理業務が中心であった。ただし，高度情報化時代では，関連をもつ企業同士で緊密なリアルタイムの情報交換が必要となる，販売管理，仕入管理，在庫管理などの管理業務にも適用され始めた。また，情報技術が自社内でのシステム利用から特定企業間を跨いだシステム利用へと拡張されてきたことも注目に値する。

4 高度情報化時代の情報化における正と負の影響

この時代の正と負双方の議論は，ME化時代を引き継ぐ形で展開された。一方の正の影響においては，情報技術の導入が経営合理化の効果として発現した。ただし，ニューメディアの特性は単なるコスト削減のみならず，情報の分析に応用できる可能性を含んでいた。とりわけ，当時は地場産業に属する中小企業が，市場ニーズを把握するために情報技術を利用して活路を見出そうとする動きが目立っていた。しかし，多くの中小企業では，情報技術を活用するためのプログラマーやオペレーターなどの専門人材の不足が顕在化し始めた。

他方の負の影響は，主に**VAN**にまつわる問題として取り上げられた。議論の中心となった中小企業VANは，大企業に比べると高価な特定回線を借りるほどの情報量もなく，資金的余裕に乏しい中小企業に対する配慮から設立された。だが，その内実は関連する中小企業を含めたフレキシブルな統合管理システムを構築するため，大企業主導で進められてきたものが多い。また，VANは限定されたメンバー間での情報通信を念頭に置いている。これらのことから，VANにまつわる様々な問題が生じた。例えば，大企業の統合管理システムでは，迅速な受注への対応や多頻度納入などの中小企業自らの厳密な管理体制の構築が不可欠であり，過度な設備投資が強いられた。また，大企業と中小企業がオンラインで接続することは，中小企業の財務体質や生産能力を大企業に把握されることにも繋がりかねない。さらに，当初のVANは相互のプロトコル（通信規約）が確立されておらず，取引先企業を複数持つことによる業務負担の増大や，設備投資を行ったVANからの退出の困難性が高まることが予想されていた。

（藤川　健）

▷**ニューメディア**
既存の媒体（テレビ，ラジオ，新聞）と異なり，電子技術と通信技術の発展によって登場した情報伝達媒体のことをいう。

▷**OA**（Office Automation）
諸々の情報機器を導入して事務処理に要する業務を自動化（効率化）することをいう。

▷**VAN**（Value-Added Network）
付加価値通信網と訳される。つまり，VANとはコンピュータなどを用いて高度な処理を行った付加価値の高い情報を提供する通信サービスのネットワークである。

（推薦図書）
上野紘『現代日本の中小企業』時潮社，1994年。
小川英次『FAの経済学』日刊工業新聞社，1984年。
川上義明『現代日本の中小企業：構造とビヘイビア』税務経理協会，1993年。

中小企業における情報化の進展(3)：ネットワーク化時代

① ネットワーク化時代の情報化（1995年以降）

　本節では，1990年代から生じたネットワーク化の議論を扱う。1995年以降の情報化では，インターネットが象徴しているように，安価で不特定多数の企業が瞬時に繋がることが可能になったことに特徴を見出すことができる。この時代に対象となった情報機器は，主にパーソナルコンピュータとそれに付随する通信機器，データベースなどのソフトウェアである。それらの機器が導入された業務は，販売管理，仕入管理，生産管理，在庫管理などの相互に関係する企業間に及ぶ事務処理業務や生産業務である。

　また，それらの機器は，企業紹介，広報，オンライン・ショッピング，顧客サポートといった不特定多数に向けたマーケティングなどの戦略的な業務にも適用されている。このように，ネットワーク化時代の情報技術は，既存の事務処理業務や生産業務などの定型業務の効率化に留まらず，不確定要素の多い新たな事業創造や事業領域の再定義に繋がる戦略業務などの非定型業務にも積極的に活用されている。

② ネットワーク化時代の情報化における正と負の影響

　この時代の正の影響は，インターネットのオープン性が確保されていること，ボーダーレスで接続できること，マルチメディアを利用できることなどと連動する。それらを活用することにより，経営資源の脆弱な中小企業が自社の得意領域に特化し，その他の領域を外部企業に委託するネットワーク型経営を実現した。さらに，中小企業は自社の経営資源と他社の経営資源を結合・融合するための連携に情報技術を利用し，販路開拓や製品開発を行うことが容易になった。あるいは，情報技術は既存事業の経営合理化に寄与するだけでなく，中小企業のビジネスモデルそのものを変革するともいわれている。また，情報技術はコンテンツ作成やシステム・インテグレーションなどの新たな事業を創出することにも役立つ。ただし，ネットワーク化時代では，今日的な課題であるセキュリティの問題に配慮することが重要になってきた。

　他方の負の影響での大きな変化は，取引の中で利用される情報技術が互換性のない VAN から，互換性をもつ EDI へと切り替わったことである。これにより，中小企業は複数の取引先企業をもつことから生じる多端末化現象を回避

▷ EDI（Electronic Date Interchange）
インターネットなどを経由して標準的な通信規約に基づいた文書をやり取りすること。⇨ Ⅶ-4 「ものづくり中小企業における生産現場のデジタル化」も参照。

できるようになった。しかし，情報技術は新たな問題を生み出している。例を挙げれば，初期のCALSにみられたように，大企業は製品ライフサイクルの全ての段階において情報を統合的に管理し，効率化を図るようになる。そして，製品の各段階で関与する幅広い中小企業は，大企業と緊密な情報共有を行うために最新鋭の情報技術を導入しなければならなくなった。ただし，中小企業の大半は技術面や資金面から情報化への対応が困難である。さらに，大企業のネットワークを利用したオープンな購買・調達活動が，中小企業の独自技術を開示する恐れがある。また，ネットワークを利用した大企業への図面データの提出が，知的所有権の侵害を招くともいわれている。あるいは，大企業の在庫水準維持のためのネットワーク利用が，下請代金支払遅延等防止法に抵触する可能性があるとの指摘もある。

3　中小企業の情報化を分析するための前提

　以上の電子化，ME化，高度情報化，ネットワーク化の4つの時代区分の対象となった情報技術と業務，正と負の影響を一覧にしたものが**資料Ⅶ-2**である。情報技術はその時代に起こった技術革新に応じ，中小企業に様々な正の影響と負の影響をもたらしてきた。このような情報技術の著しい技術進歩は今なお続いている。そのような中で，中小企業における情報技術の影響を正確に把握するためには，登場した情報技術の技術的な目新しさばかりを追うのではなく，これまでに行われてきた中小企業の本質，歴史，政策，経営などの諸研究を丁寧に紐解き，多面的に解釈することが求められているといえよう。

（藤川　健）

▷ **CALS**
当初「Computer-aided Acquisition and Logistic Support」や「Continuous Acquisition and Lifecycle Support」の略であったが，今日「Commerce At Light Speed」の略として使われている。初期段階のCALSは，製品をめぐる設計，生産，調達，決済などの一連のライフサイクルで発生するデータを統合的に管理するための情報システムのことを呼んでいた。

▷ **ME化**
⇨ Ⅶ-1 「中小企業における情報化の進展(1)」も参照。

資料Ⅶ-2　4つの時代区分の主な特徴

	電子化時代 （1970年以降）	ME化時代 （1980年以降）	高度情報化時代 （1985〜1994年）	ネットワーク化時代 （1995年以降）
対象となった情報技術	電子計算機と呼ばれる小型コンピュータ	CAD，CAM，NC機器などのFAに関する機器	オフコン，パソコン，POSなどのOAに関する機器	パソコン，通信機器，データベースなどのソフトウェア
対象となった業務	自社内での伝票発行や給与計算などの計算業務	製造業の自社内での生産業務	企業間に及ぶ販売管理や在庫管理などの管理業務	マーケティングや経営戦略などの戦略業務
正への影響	情報技術の紹介が中心	人件費削減や多品種少量生産への柔軟な対応	情報交換の迅速性，予測精度の向上	種々の業務効率の改善，ビジネスモデルの変革
負の影響	未導入の中小企業が多く，議論が不足	ME機器を中心とした外注・下請再編	中小企業間での格差拡大	CALSなどによる幅広い中小企業への情報技術導入の要請

出所：筆者作成。

推薦図書
小川正博『情報技術と中小企業のイノベーション』御茶の水書房，2017年。
港徹雄『日本のものづくり競争力基盤の変遷』日本経済新聞出版社，2011年。

ものづくり中小企業における生産現場のデジタル化

▷メカトロニクス
メカトロニクスとは，メカニズム（機械装置，機構）とエレクトロニクス（電子工学）の合成語である。メカトロニクス化とは，機械工学の製品にマイクロコンピュータなどの電子工学分野の成果を付加した高性能・多機能製品の開発を目指すこと。
▷ QCD
Quality（品質），Cost（費用），Delivery（納期）。
⇨ Ⅷ-1「下請とは何か」も参照。
▷3D-CAD/CAM/CAE
CAD/CAM/CAE は，コンピュータを使った解析・設計・製図・製作工程のこと。CAD（Computer Aided Design，コンピュータ援用設計）とは，コンピュータを用いて機械や部品の設計・製図を行うこと。CAM（Computer Aided Manufacturing，コンピュータ援用生産）とは，CADを用いて設計・製図した図面を基に，コンピュータ制御された工作機械を使って，製品を加工すること。CAE（Computer Aided Engineering，コンピュータ援用エンジニアリング）とは，CADで製図する前に，製作する機械や部品が適切な形状であるのかなどを検証するために，コンピュータ・シミュレーション

① ものづくり中小企業を取り巻く社会構造変化

現在，日本のものづくり企業はグローバル競争の激化，製品ライフサイクルの短期化に曝され，また企業の生産現場も労働人口の減少や雇用形態の多様化などの構造変化に曝されている。こうした状況下で大企業のみならず，中小企業においても，ものづくり基盤の強化に向けた対策を講じている。その手段の1つとして，従来の**メカトロニクス**化から，さらに生産現場のデジタル化が注目されている。生産現場においてデジタル技術を活用し，**QCD**の向上を成し遂げ，社会構造変化に対応したものづくり現場の構築を模索している。

② ものづくり中小企業のデジタル化とは

「ものづくり」とは，「製品のコンセプト（企画）を作り，設計図を書き，それをモノへと転化させる総過程」である。そのプロセスは，「エンジニアリングチェーン」と「サプライチェーン」に分けられる。エンジニアリングチェーンとは「企画から生産準備までの流れ」であり，サプライチェーンは「調達，生産から最終需要（消費）にいたる製品供給の流れ」である。エンジニアリングチェーンのデジタル化は，技術のデジタル化と捉えることができる。このエンジニアリングチェーンのデジタル化は，さらに「開発技術のデジタル化」と「生産技術のデジタル化」に分けられる（**資料Ⅶ-3**）。エンジニアリングチェーンでのデジタル化では，設計段階や試作段階での3D化（**3D-CAD/CAM/CAE**）が取り入れられている。サプライチェーンのデジタル化は，調達や物流，サービスなど「社外との連携を含めたデジタル化」と「社内のデジタル化」に分けられる。ここでいう社内とは企業における「生産現場」であり，当該企業のサプライチェーンの中でも「労働集約的・技能集約的な色合いの濃い領域」（加工工程／組立工程／検査工程など）を指している。社外との連携を含めたデジタル化では**EDI**の導入が，社内のデジタル化では機械設備の**NC**化が進んできている。

そして，このデジタル化には，「ソフトウェアによるデジタル化」（IT化，ITシステムの導入，電子手順書など）と「ハードウェアによるデジタル化」（機械による自動化など）が含まれる。

資料Ⅶ-3　ものづくり中小企業のデジタル化領域

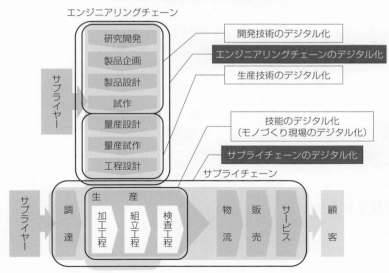

出所：近藤（2010）46頁。

③ デジタル化のメリット

　ものづくり現場のデジタル化のメリットとしては，ものづくり企業の競争力強化につながることである。つまり，①「品質の向上」，②「工数の削減によるコスト削減」，③「生産LT（リードタイム）の短縮」，というQCDの向上である。加えて，省人化・省力化により同じ規模で「生産能力の拡大」が可能となる。また，データがものづくり現場を一気通貫すれば「トレーサビリティの強化」につながる。ものづくり中小企業として，「社会の構造変化（労働人口の減少や少子化・高齢化）への対応策の1つ」としても有効である。また，「地域過疎化の中での労働力の有効活用」というメリットもある。さらに，「デジタル化による熟練技能の継承」というメリットもある。

④ デジタル化のデメリット

　ものづくり現場のデジタル化でデメリットとして最初に挙げられるのが，「現場の改善が反映されにくいこと」である。あるものづくり中小企業では，デジタル化は「劇的にコストを下げることはできるが，改善によるコスト削減を反映できない」という。改善が反映されにくいということと関連しているが，「生産ラインに柔軟性をもたせることができないこと」もデメリットとして挙げられる。また，デジタル化による「技術流出の懸念」もデメリットとして挙げられる。生産設備や生産ノウハウが完全にデジタル化されると，海外への移転，企業買収などによる技術移転が容易になることが考えられるからである。

（近藤信一）

ソフトを使って解析すること。そして，CAD/CAM/CAEでは，3D（3次元）の活用が進められている。
▷ EDI（Electronic Data Interchange）
電子データ交換。電子データ交換の仕組みによって商取引の業務効率化を実現するツールで，標準化された規約（プロトコル）に基づいて電子化されたビジネス文書（注文書や請求書など）を専用回線やインターネットなどの通信回線を通してやり取りすること。
▷ NC（numerical control）
数値制御（NC）による機械の加工方法で，コンピュータを制御装置の中に組み込んで，数値データをデジタルな電気パルス信号に変換し，そのパルス数によって工作機械を自動制御すること。⇨Ⅶ-2「中小企業における情報化の進展(2)」

推薦図書

近藤信一「第2章　デジタル技術活用のものづくりと競争力の強化」小川正博・西岡正・北嶋守編著『現代日本企業のイノベーションⅠ　日本企業のものづくり革新』同友館，2010年。
小川正博『情報技術と中小企業のイノベーション』御茶の水書房，2017年。

IT 化の進化と新しい創業の形

IT の普及による中小企業の経営環境の変化

2000年に IT 基本法が制定され，IT 戦略本部の設置に始まり，IT コーディネータの資格制度導入，**IT 経営応援隊**の設置，**IT 経営百選**，**中小企業 IT 経営力大賞**など，中小企業の IT 化推進が展開されている。IT の普及は，中小企業に，市場や経営環境の変化をもたらした。IT の普及は，「業務スピードの要求拡大」や「個別の顧客ニーズへの対応の要求増大」などの顧客の要求の変化や「同業他社との競争激化」をもたらす一方で，「販売機会・市場の拡大」などのビジネスチャンスをもたらすなど，中小企業に市場や経営環境の変化をもたらしている。そのような変化への感度は，企業規模が小さくなるほど低くなる傾向にあり，IT の普及による市場や経営環境の変化に十分に対応できていない可能性がある。中小企業が成長するためには，IT の普及という新たな環境に対応しながら，製品やサービスの価値を創造し，市場を開拓していく必要がある。『中小企業白書』(2008年版)は，生産性向上に焦点をあてた分析を実施し，「中小企業がグローバル化，IT 化といった構造変化に機動的に対応しながら，製品・サービスの開発など新たな付加価値の創出に果敢に挑戦していくことが，中小企業の業績を改善させるだけではなく，労働生産性の向上を通じた我が国経済の持続的な成長のために求められている」と指摘する。IT を生産性向上のための合理化・省力化のツールとしてだけでなく，IT を戦略的に活用して競争優位の源泉を確立することが中小企業に求められている。

② IT 化の進化とビジネスモデル変革

IT 化の進化は，中小企業のビジネスにどのような影響を及ぼすのだろうか。1つ目は，取引コストの低減である。IT は情報コストを低減し，取引の効率性を高める。標準化したインターフェイスをもつインターネットなどの IT は，理論的には空間や時間を超えた無数の人々と低コストの取引を可能とすることから，従前のように組織で全ての業務を遂行する必要がないことになる。つまり，組織内で取引していたものを，より安価で賄える市場に任せたほうが効率的であるとの結論が導かれる。その結果，現在，**B to B** や **B to C** での e コマース（電子商取引）が増加し，e マーケットプレイスも数多く台頭してきている。

2つ目は，情報ネットワーク化の促進である。現在は，インターネットとい

▷ **IT 経営応援隊**
経済産業省が，中小企業の戦略的 IT 化の促進を目的に2004年6月に設立した委員会（中小企業の経営改革を IT 活用で応援する委員会）の別称。

▷ **IT 経営百選**
IT 経営応援隊活動の一環として，2004年度に IT 経営百選選考委員会を設置し，全国からビジネス戦略・経営革新の実現のために IT 活用を実施し他の中小企業の模範となる企業を「IT 経営百選」として選定している。

▷ **中小企業 IT 経営力大賞**
経済産業省では，日本の経済基盤を支えている中小企業が，IT を活用し，生産性の向上や競争力の強化を実現することを目指して2007年度から2013年度まで，「中小企業 IT 経営力大賞」を実施し，他の中小企業の参考となるような IT の活用事例の発掘を行ってきている。

▷ **B to B**
Business to Business の略で，法人と法人の取引，つまり企業間の商取引を指す。

▷ **B to C**
Business to Comsumer の略で，法人と個人の取引，つまり企業と消費者間の商取引を指す。

う巨大なネットワークが形成されている。情報ネットワーク化は，ネットワーク拡大（ネットワークの外部性）による企業の高成長につながる。IT 化の進化によりネットワークが拡大することで，創発的な連鎖が生まれ，新規市場を創出していく。この好循環に入れば，コストは低下し収益は増大するという経済学でいうところの「収穫逓増」の局面が典型的な形で出現することになる。

　3つ目が，競争優位の源泉としてのビジネスモデルの確立である。情報ネットワークの拡大が，競争基盤を変革する可能性がある。経営戦略の観点からは，このネットワーク空間を取り込んだ**ネットビジネス**などのビジネスモデルが生まれて台頭している。IT 化の進化が，事業の仕組みの流れに着目し，ビジネスモデルを再構築するのである。IT の導入が直接的に競争力を高めるものではなく，事業の仕組みを媒介にして競争力の向上が図られるものであること，また競争優位の獲得には事業の仕組みの設計を見直すことが必要であり，根底に流れる事業コンセプト自体が価値創造の源泉につながる。

❸　IT を活用したビジネスモデルの創出

　冒頭にみられるように経営環境が変化する中で，中小企業においても IT 化への対応は必要不可欠であることは明確である。政府も，中小企業の IT 経営促進への施策を展開している。高成長している**ベンチャー企業**や中小企業には，ユニークなビジネスモデルを構築しているところが多い。冒頭に挙げた IT 経営応援隊による「IT 経営百選」のほかにも経済産業省では，2014年度から，IT の効果的な活用に積極的に取り組み，成果を上げている中小企業を「攻めの IT 経営」の観点から評価し，IT 活用内容等について優れた中小企業を選定する「『攻めの IT 経営』中小企業百選」を創設している。

❹　中小企業の取組み課題

　IT がビジネスやマネジメントに及ぼす影響として，①取引コストの低減，②情報ネットワークの促進と拡大，③競争優位の源泉としてのビジネスモデルの確立，の3点をすでに指摘した。このことは，IT は，競争基盤を変革し，既存の仕組みでは競争優位を持続することが困難であること，そして IT の導入が直接的に競争力を高めるものではなく事業の仕組みを媒介して競争力向上が達成されるものであること，を意味する。つまり，IT の進展は，安定していた企業を取り囲む産業構造や既存企業の競争構造を変革し，新たな秩序の形成に向けた構造づくりを促進させるのである。したがって，IT の戦略的活用とともに新たなビジネスモデルを構築していく必要がある。これは，後発企業，特に経営資源の絶対的不足状態にある中小企業には好機であるといえる。そのためにまずは，経営者がビジョンや戦略目標を明確にして，その下に社内外の業務プロセス（価値連鎖）の改善や人材育成を図る必要がある。　（近藤信一）

▷**ネットビジネス**
インターネットビジネスとは，インターネットを活用したビジネスモデルの総称。現在は，この言葉をネットビジネスと略して使用するのが主流になっている。

▷**ベンチャー企業**
⇨ ⅩⅤ-1 「ベンチャー企業とは」

（推薦図書）
小川正博『中小企業のビジネスシステム：仕組みによる多様なイノベーション』同友館，2015年。

6 IoT と中小企業

▷ **IoT**（Internet of Things）
モノのインターネット。インターネットとつながる機器により私たちがネットの世界とつながること。そして，IoT はすでに始まっている。ある調査によれば2013年でインターネットに繋がっている機器の台数は97億台に上る。デスクトップ PC，ノート PC，そしてスマートフォン（スマホ），タブレットなどである。そして，ある調査によるとインターネットに繋がる機器が2020年には290億台まで拡大するといわれている。また，別のある調査によると340億台まで拡大するともいわれている。

▷**インダストリー4.0**
インダストリー4.0（Industry 4.0，第 4 次産業革命）とは，ドイツ発の概念で，1 次の蒸気機関による機械化，2 次の内燃機関（ガソリンエンジン）と電気による大量生産，3 次のコンピュータによる自動化，に次いで，IoT でインターネットにつながった生産を指す。

▷**サプライヤー**
⇨ Ⅷ-4 「下請をめぐる議論(3)」

▷**ポーター**（Porter, M.）
⇨ Ⅻ-3 「地域における企業集積(2)」も参照。

1 IoT と中小企業

　近年，**IoT** が注目されている。製造業分野での取組みとして，ドイツの**インダストリー4.0**や製造業のサービス化への取組みとしてアメリカのインダストリアルインターネットの取組みがある。日本でも，官民挙げて IoT を利活用しようという動きが高まっている。その流れの中で，IVI（Industrial Value-chain Initiative）やロボット革命イニシアティブ協議会が設立され，ユースケースの積み上げが図られている。特に，中小製造企業にとってもコスト削減や生産性の向上などに有効として期待されている。

2 IoT の消極的利活用

　中小製造企業の場合，多くは下請企業である。下請企業の場合，発注先の親企業が，生産ラインに IoT システムを導入したり，IoT 対応製品の生産を行うようになってきている。親企業は IoT を活用して，自社の生産工程のみならず**サプライヤー**と顧客までをデータで連携することで，マスカスタマイゼーションのものづくりを実現できる。したがって，親企業は，サプライヤーである下請中小企業に IoT システムを導入し，自社の生産ラインとデータ連携することを求めるようになってきている。そのため下請中小企業は，自社の生産ラインの IoT 化と親企業の生産ラインとのデータ連携を迫られている。

　発注先である親企業からみれば，今後データ連携できないサプライヤーからの部材調達は，不効率になることになる。したがって，今後は汎用性の高い部材を供給する下請中小企業ほど，IoT 導入と親企業とのデータ連携を迫られることになるだろう。下請中小企業の対応策としては，① IoT を導入し親企業とのデータ連携をするか，②在庫で対応するか，③オンリーワン技術を獲得し差別化することによりデータ連携を避けるか，などの対策を取ることが必要といえる。一方で，親企業からの IoT によるデータ連携を受け入れるか，受け入れないかにより，取引関係に再編が，つまり系列の解体と再編が起こる可能性がある。

3 IoT の積極的利活用

　ポーターは論文「IoT 時代の競争戦略」で，インターネットへの接続機能を

もつスマート製品が多くの業界，特に製造業における競争戦略に変革をもたらすと論じている。中小企業でも，IoTをツールとして積極的に利活用することで競争優位を獲得するという考え方が強まっている。

　まずは，デマンドサイドでの利活用である。これらの場合は，2つに大別される。1つは，既存のIoTツールを活用して自社への導入を図るケースであり，多くの中小企業で取組みが始まっている。もう1つは，自社で自社のものづくりに最適なIoTツールを開発する事例である。これらの取組みでのビジネスモデルは，生産性の向上や省力化などにより費用を削減して収益を上げるモデル（質的改善）か，生産量の増大や設備稼働率の向上により売上を増加させて収益を上げるモデル（量的改善），となる。一方，IoTを自社の生産ラインに導入することでQCDを強化するなど，製品単価や受注単価の向上につなげて売上を上げ収益を上げるモデルもある。ただし，このビジネスモデルでの取組み事例はほとんどない。

　次に，サプライサイドでの利活用である。こちらの場合も，2つに大別できる。1つ目は，ソフト系ベンチャー企業などがニッチ市場や大手のサブシステムとして，IoTシステムのプラットフォーマーになるケースである。2つ目は，既存のものづくり中小企業などが新規事業としてそれまでの経験やノウハウを生かして，自らプラットフォーマーになるケースである。いずれのケースも，「中小企業の強みと経験を活かして，中小企業に売るモデル」であるといえる。そして，経営資源の限られた中小企業やベンチャー企業がサプライヤーになる場合は，産学官連携などオープン・イノベーションを行っているケースが多い。

③ 人口減少社会に対応したものづくり現場の維持のためのIoT利活用

　日本における人口減少問題は，現場の人材確保などものづくり中小企業にとって深刻な課題となっている。中小製造企業において，団塊の世代が一斉に退職するという2007年問題では，多くの中小企業が定年延長という対策で乗り切ってきた。しかし，人口減少問題は構造的な問題であり，定年延長という一時的な対応では根本的な解決策にはならない。そこで，期待されるのがIoTと，さらにAI（人工知能）やロボットを組み合わせたものづくり現場の再構築である。例えば，長野県塩尻市の株式会社サイベックコーポレーションでは，双腕ロボットを活用したものづくりを行い，自動化を進めている。同社は，人工の「知能」と人間の「智能」により「ジャパンドリームな会社」を目指していくという。

　地方の中小企業が直面する中長期での最大の課題は「人口減少」である。つまり，働き手の確保がより困難になることである。今後の中小企業は，人材不足の中での生産を迫られることになる。その対応策のツールの1つがIoTを活用したものづくり現場の構築であるといえる。　　　　　　　（近藤信一）

▷ QCD
⇨ VII-1「下請とは何か」
▷ AI（Artificial Intelligence）
人工知能。学習・推論・認識・判断などの人間の知能をもたせたコンピューターシステムのことで，コンピュータ上で人間と同様の知能を人工的に実現させようという試み，あるいはそのための一連の基礎技術を指す。

【推薦図書】
松島桂樹『つながる町工場：中小企業にとっての第4次産業革命』（松島桂樹著作集第11巻），オンデマンド出版，2017年。
M・E・ポーター／ジェームズ・E・ヘプルマン「IoT時代の競争戦略」『ハーバードビジネスレビュー』（特集：IoTの衝撃）2015年4月号，ダイヤモンド社，38-69頁。
岩本晃一・井上雄介編著『中小企業がIoTをやってみた：試行錯誤で獲得したIoTの導入ノウハウ』日刊工業新聞社，2017年。
島崎浩一『インダストリー4.0時代を生き残る！中小企業のためのIoTとAIの教科書』総合法令出版，2017年。
「工場管理」編集部編『中小企業が始める！生産現場のIoT』日刊工業新聞社，2018年。

下請とは何か

Make or Buy

　企業が事業活動を行うにあたって，まず一番最初に検討するべき事項の１つに，事業領域の決定がある。つまり当該事業のどこまでの範囲を自社で行うかという意思決定の問題である。この際，自社で当該範囲で事業を取り込み行うことを内製化と呼ぶ。これに対して自社では行わないが，当該事業を行っている他社から調達することを（広義の）購買と呼ぶ。ここで企業がまず内製するか購買するかは企業の事業活動における重要な課題であり，これは「Make or Buy の意思決定に関する問題」と呼ぶ。

　購買のうち，調達するべきものが市中で調達可能な財であるものを，上の広義の購買に対して狭義の購買と呼ぶ。しかし調達するべきものが市中では調達することができない財である場合には，相手先にその財を生み出してもらう必要がある。このように市中では調達することができない財の創造を相手先に要請することを，外注と呼ぶ。用語の関係を整理したものが，以下である。

$$\left\{ \begin{array}{l} 内製 \\ 購買 \left\{ \begin{array}{l} 外注（発注） \\ 購買（※狭義） \end{array} \right. \end{array} \right.$$

　外注とは，一般的には，発注元である企業から何らかの製品や部品などの製造や修理などサービスを特定の仕様を伴って要請することを意味する。ここでいう仕様とは QCD である。このように外注は，購買の１つの形態であるが，仕様の要請を伴うという特徴がある。なお要請を受ける側の企業のことを，外注する企業を発注企業と呼ぶことになぞらえて，受注企業と呼び，両者の企業間取引関係を受発注取引関係と呼ぶ。

② 下請の定義

　下請とは「対等ならざる外注関係[1]」であるという。下請にみられる「対等ならざる」側面というのは，上でみた QCD に関する要請が過度になる場合である。例えば，品質面では，相手先が対応できにくいような基準での性能を，またコスト面では継続的なコストダウンを，さらに納期面では金曜日の夕方以降に発注しその翌週の月曜日の朝一までに納品しなければならないという，いわ

▷ QCD
Quality（品質），Cost（費用），Delivery（納期）の３つの側面があり，これらの側面の総称である。

▷1　この表現は，1950年代に慶應義塾大学大学院に在籍していた北原勇氏が修士論文で提示し，その後引用され続けている定義である。

ゆる「週末発注」を要請することがある。こうした諸側面は，下請企業にとっては対応が厳しいことが多く，なかには経営に悪影響を及ぼすまで過度な要請がなされる場合もある。

　こうした「対等ならざる」側面を下請企業が受容せざるを得なくなるのはいくつかの理由がある。1つの理由は，**購買独占**の関係にあるためである。外注する製品・サービスの仕様が要請されるということは，すなわち当該製品・サービスの買手の代替可能性が極めて低くなることでもある。

　またもう1つの理由は，下請企業の事業の大部分が，発注企業が外注する製品・サービスに依存しているためである。しかし，外注される製品・サービスが，当該下請企業にしかできない場合には，QCD に関する要請を貫き通すことはできないため，あくまでここで外注される製品・サービスの売手の代替可能性が高くなる。この売手たる下請企業の代替可能性が，下請企業間の競争を生み出すが，この競争を発注企業がうまくマネジメントすることで，発注企業は自社の利益を追求しようとする（「管理された競争」）。

③　下　請

　以上のように下請は定義されるが，この定義に関連して，いくつか留意するべき諸点がある。

　第一に，下請はあくまで外注関係の一形態であるが，外注であるか下請であるかは，あくまで QCD に対する要請の程度による。それゆえ，同一の顧客，同一の取引においても，ときに外注であったり，ときに下請と呼ばれるに値する関係になったりすることがある。要請が過度になり続けると，それは下請企業の経営に悪影響を及ぼしうるため，当該関係は持続的ではなくなる。したがって発注企業は，要請の度合いのバランスを加味しながら，取引をしていくことになる。下請は公正取引委員会が監視する**独占禁止法**の「優先的地位の乱用」に値するが，摘発の件数は非常に少ない。

　第二に，下請関係は，一般的には大企業と中小企業との間の企業間取引関係が想定されるが，中小企業同士の関係にも下請関係が成立する。中小企業といっても規模が多様であり，中小企業庁が規定する下請関係には，発注企業とされる企業が中小企業でも該当する。それゆえいわゆる「下請いじめ」摘発の調査対象は，規程上中小企業に該当する企業まで含まれる。

　第三に，下請の捉え方には多くの見解があり，あとでみるように，その歴史的背景やどの部分を対象とするかによって下請の認識が変わる。このため，下請を統一的に定義することは容易ではない。ここでは下請関係を受発注取引関係の1つの形態という観点から定義を行った。　　　　　　　　　（関　智宏）

▷**購買独占**
発注企業が外注する製品・サービスを最終的に買い取る買手が，100％発注企業であるという状態のことである。

▷**独占禁止法**
⇨Ⅲ-3「中小企業庁」

下請をめぐる議論⑴：1940〜50年代／藤田・小宮山論争

❶ 藤田・小宮山論争とは

　下請をめぐる議論で，最も古典であり最も有名な論争として知られているのが，1940〜50年代にかけて展開された，大阪市立大学の藤田敬三と一橋大学の小宮山琢二の両氏による藤田・小宮山論争である。

❷ 藤田・小宮山それぞれの下請規定

　小宮山琢二は，戦間期における中小企業の存立形態を次のように規定した。

(A)独立形態

(B)従属形態

　(1)支配者が問屋あるいは商業資本輸出貿易資本百貨資本等である場合（問屋制工業）

　　(a)下請業者の生産が資本家ではないもの（旧問屋制工業あるいは家内工業）

　　(b)下請業者の生産が一応資本家的生産の内容を備えているもの（新問屋制工業）

　(2)支配者が大工業あるいは工業資本である場合（下請工業）

　これに対して，藤田敬三は，「下請制」の本質は「商業資本的支配」であるとし，中小企業の存立形態を次のように規定した。

・低次段階………………………問屋制家内工業

・高次段階　第一段階………問屋制下請（問屋制**マニュファクチュア**）

　　　　　　第二段階………工場制下請

　藤田は，中小企業の存立形態を「低次段階」と「高次段階」とに区分して，前者を「問屋制家内工業」，後者を「下請制」とした。藤田は「問屋制工業」は家内工業に限るものとし，商業資本または商業資本的な役割を果たしている産業資本・「独占資本」の一肢体としての資本と，これに対して劣位にあった小営業ないし家内工業・家内労働である工業資本との「工業支配従属的結合形態」であるとした。この一方で「下請制」の特徴を「支配されるものが少くとも若干の賃労働者を雇っている資本家的生産者である」とした。企業経営者が

「相当数の賃労働者を雇用し，その内部に分業し協業する組織がもたれ資本の労働者収奪が行われ」，「問屋制家内工業」がマニュファクチュア組織を形成するに至った場合，「工業の生産形態（経営形態といってもよい）のマニュファクチュア段階および大工業（機械制工業）段階における商業資本的工業支配の形態」へと発展し，さらにはこの問屋制マニュファクチュアの段階における「商業資本の工業支配の形態の延長としての，機械制工業の問屋による支配さらには大工場の購買部による支配」へと第二段階へ発展し，支配者が産業資本である「工場制下請」となるとした。

3　藤田・小宮山論争の論点

小宮山は，上の「下請制」に，**範疇としての下請工業**と「広義の下請制規定」という概念を追加した。また小宮山は，「範疇としての下請工業」を狭義の「下請制」と規定することによって，「範疇としての下請工業」として規定される「狭義」の「下請制」に広義として「新問屋制工業」を含め，藤田がいう「下請制」の「商業資本的支配」の側面を認めようとした。

こうした小宮山の見解に対して，藤田は，次の2つの点を問題にした。1つは，「範疇としての下請」規定に関する矛盾である。すなわち，小宮山の「下請制」は，当時の戦時体制下という特殊事情の下で抽出したものであるため，「下請制」の典型をこのような時期に求めたこと自体に問題があるとするものである。戦時体制下では，軍需生産力の拡充を指向していたこともあって「下請工業（企業）」は現実に親工場（企業）との専属的な取引を形成させる必要があったが，当時はそうした下請企業は一般的ではなかった。小宮山が提唱した「範疇としての下請工業」の概念に現実との矛盾ないしは乖離が生じた。

藤田による小宮山への批判のもう1つは，小宮山がいう中小企業の存立形態と「範疇としての下請工業」規定との間に生じる矛盾である。小宮山は，「下請工業」を後進的な「問屋制工業」とは異なる前進的なものとして位置づけた。しかし，藤田によれば「巨大資本による小資本の圧倒」としながらも，「社会的分業」や生産物の「等価交換」が達成されることとは相矛盾した見方であり，また軍事体制下という特殊事情を考慮すれば，仮に親企業と下請企業との「技術的有機的連関関係」を認めるとしても，だからといってそれが「社会的分業」の達成になるというのは言い過ぎであると指摘した。

藤田・小宮山論争は，小宮山の見解に対する藤田の批判という形で展開されたが，小宮山が早期に死去したため，論争がさらに展開されることはなかったが，日本の下請制研究のみならず，その後の日本の中小企業研究に多大な影響を及ぼした。　　　　　　　　　　　　　　　　　　　　　（関　智宏）

▷範疇としての下請工業

小宮山によれば，「範疇としての下請工業」とは，次の4点に特徴づけられる。すなわち①支配者である大企業は生産の内部的指導者であり下請は生産工程そのものの中での関わりあいであること，②「支配の根拠が生産外の前期的収取ではなく巨大資本による小資本の圧倒である」こと，③「親企業と下請企業とが生産工程上の関係をもって多かれ少なかれ有機的に結合する」こと，④「従ってその生産分化が社会的分業或は一生産部門内の特殊分業の実現である限り，生産物は価値通りに交換され得る」こと，の4点である。

(推薦図書)

藤田氏と小宮山氏のそれぞれの主張を理解するためには，下記の文献を一読することが必要である。
小宮山琢二『日本中小工業研究』中央公論社，1941年。
藤田敬三編『下請制工業』有斐閣，1943年。
藤田敬三『日本産業構造と中小企業』岩波書店，1965年。
森本隆男「下請制の本質と中小企業問題」関西学院大学商学研究会『商学論究』第14巻第1号，1966年，97-113頁。

下請をめぐる議論(2)：1950〜80年代

 ## 藤田・小林＝市川論争

　高度経済成長期になると，大企業は下請企業の中から比較的優秀な企業を選定し，これらに対して発注量の集中化や資金援助，技術指導などの強化を行うなど，その関係をより緊密化していくことになった。こうした動きは「系列化」，そうした企業を系列企業と呼び，系列外の企業よりも経営の安定や技術進歩，一定の成長がみられるようになった。この系列企業がこれまでの下請企業と同じであるのか異なるものであるのかについて論争が展開されることとなった。これが藤田敬三と小林義雄・市川弘勝の双方で繰り広げられた「系列論争」である。

　藤田は，系列は，下請のように低コストや資本節約を要求されるのではなく，「弁証法的発展を遂げた生産面の外部からする優位資本の劣位工業支配の最高形態」であり，下請とは異なるものでより次元の高いものであるとした。これに対して小林義雄らは，系列企業は「従来の下請関係に比べてより組織的であり，より緊密なものが多い」としながらも，これまで専属下請として呼ばれてきたものと大きく異なるものではないとした。

　系列化の動きは，その代表的事例として挙げられていた合成繊維工業や自動車工業での系列見直しによる取引依存度の低下などの動きから，弱まることとなり，これに伴って系列論争も下火になっていった。

② 中堅企業論，専門加工企業

　系列論争以外にも，下請企業の中には，近代化や合理化，専門化を図ることによって成長をとげる企業がみられた。こうした企業は，「中堅企業」ないし「専門加工企業」とも呼ばれ，下請から脱却して「自立化」した企業であるという評価がみられるようになった。ここでいう**中堅企業**とは，中村秀一郎が提唱した概念であり，大企業が優秀で，中小企業が劣等であるという通念に対して新しいタイプの企業成長という事実を説明するための新しい企業類型である。

　高度経済成長期や安定成長期を経て，低い技術・経営水準にあった下請企業が高度な設備機械を導入したり，多様なソフト技術を蓄積したりしていく中で，自社の専門加工技術に特化し，専属的な関係（ピラミッド型）から複数の顧客との多様な関係（ネットワーク型）を開拓させ，大企業との間で相互依存関係を

▷中堅企業
中村秀一郎によれば，①資本だけでなく，経営者自らが企業の運営における意思決定を貫けるという独立性をもっている，②製品開発，製造などの技術面や，マーケティング面で独創性を発揮している，③資本調達力，機械設備などのハード面だけでなくソフト面でも優位性をもっており，その基盤としての人材の獲得・活性化を実現している，といった特徴がある。⇨Ⅱ-2「戦後の高度成長と中小企業（1950，60年代）」を見よ。

強め，結果として日本機械工業の強い国際競争力を支えた。下請制では，下請
企業の専門加工企業化，企業間関係のネットワーク型化，相互依存関係化がみ
られた。こうした側面を積極的に評価する立場もあったが，その一方で，「自
立化」していないと評価する立場もみられた。

③ 効率的生産システム：1980年代

　1980年代になると，下請関係を，効率的で柔軟な社会的分業としての「下請
分業生産システム」とみる見方が多くでてくるようになる。

　例えば，中村精は，下請制は**準垂直的統合**であり，垂直的統合と社会的分業
との両者のメリットを合わせもっていることから効率的であるとした。下請制
は親企業にとっては有利なシステムとなるが，下請企業側は親企業の支配従属
を受容することが必要となり，中村精はこの受容のメカニズムの成立根拠を日
本古来の「イエ」という文化的要因に求めた。

　渡辺幸男は，下請の競争関係アプローチから，日本機械工業の下請関係を中
心とする社会的分業構造を「**山脈型構造**」として捉えた。大企業と下請中小企
業とでは，参入に必要な最低資本量が異なり，競争状態が異なるだけでなく，
下請中小企業の間でも，特定の分野に特化した形で激しい競争が展開されてお
り，これが下請中小企業の技術水準を上げる。

　このように，下請制を下請分業生産システムとみる見方では，下請制の生産
効率的な側面が強調される。しかしながら，効率性ばかりを強調する論調もあ
れば，管理された競争の強制をめぐる下請問題はなくなっておらず，下請生産
システムの効率性と裏腹に，不公正取引といった問題性も含めたり，また問題
性のみを強調する論調もみられた。このように1980年代における下請制は，効
率性と問題性をめぐって多様な議論が生じた。

④ 「系列」批判

　1989年には，**日米構造協議**の中でアメリカ側から「系列」批判がなされた。
ここでいう「系列」は，下請系列である生産系列のほかに流通系列などタテ系
列に加えて，企業集団・企業グループなどヨコ系列を含めたものであった。こ
こでの批判は日本の「系列」が閉鎖的で，海外企業の参入を拒むものであると
いうものであった。

　このように下請系列は日本市場の閉鎖性として問題にされたが，その一方で
下請系列にみられる生産システムの効率性も同時に認める形で，欧米を中心に
日本のサプライヤー・システムにかかる研究が活発化していくことになる。

（関　智宏）

▷準垂直的統合
垂直的統合と社会的分業との中間に位置することで，両者のメリットを合わせもつ。ここでいう垂直的統合によるメリットは，情報把握や内的連絡の容易さであり，結果として取引費用の節約，技術進歩，品質向上に結びつく。また社会的分業のメリットは，組織の柔軟性，規模の経済性，資本節約，賃金格差利用である。

▷山脈型構造
日本の機械工業では大企業だけでなく，中堅・中小企業も多層に存在しており，この山脈の裾野部分に大小様々な専門部品・加工企業が存在していることを描き出す視点である。

▷日米構造協議
1989年から1990年までの間に開催された日米の間における貿易不均衡の是正に関する2国間の会議である。

下請をめぐる議論(3)：1980年代以降／サプライヤー論との接点

① サプライヤーとは

　1990年代になると，下請ではなく，それに代わってサプライヤーという言葉を用いながら，支配従属関係を前提としない議論が展開されることになった。

　もとより，発注企業と受注企業との間の取引関係は，企業間取引関係の1つの形態としての受発注取引関係であり，設計・デザイン→部品製造・加工→半製品→組立に至る垂直的取引関係である。発注企業は，最終製品を製造するために必要な部品の製造や加工を受注企業に外注し，受注企業は当該部品や加工技術を発注企業に提供する。このことから，受注企業をサプライヤーと呼ぶ。

　最終製品製造企業を発注企業として，発注企業と受注企業であるサプライヤーとの間において受発注取引関係たるサプライヤー関係が形成されている。このサプライヤー関係を束としてみたものを，サプライヤー・システムと呼ぶ。

② サプライヤー・システム論の展開

　サプライヤー・システムをめぐっては，多くの議論がこれまでに展開されてきた。その1つの潮流に着目すると，サプライヤー・システムを日本製造業の国際競争力の源泉としてみた上で，サプライヤー関係の中長期的な継続性をめぐって，それを可能とする価値創出，またサプライヤー関係下での価値分配に研究の焦点があてられてきた。

　サプライヤー関係が国際的な学術的関心を集めたのは，1980年代以降である。そこでいうサプライヤー関係は，1980年代における日本の製造業（特に加工組立型産業）におけるそれであり，そこにみられる日本型商慣行が，日本製造業が有する国際競争力の源泉であるとされた。1980年末から，この国際競争力の源泉としてのサプライヤー関係にかかる研究成果が公開されていった。

　受注企業であるサプライヤーの視点に立てば，サプライヤーは，そのサプライヤー関係の中において，発注企業からの要請に対応しながら発注企業に部品など製品や技術供給し，最終製品の創造に貢献している。こうした一連の相互作用により，サプライヤー関係において価値が創出されると考えられてきた。

③ サプライヤー関係の特徴

　発注企業は，製造する構成部品の一部の部品の製造ないし加工を受注企業に

対して外注する。このとき外注される部品の設計や加工など品質・コスト・納期（QCD: Quality, Cost and Delivery）にかかる仕様については，発注企業がデザインし，サプライヤーに要請することになる。発注企業からすると，外注されうる部品の製造や加工などについては，自社でも製造することが可能であることが前提となっている。発注企業からすると，自社でも製造可能であるが，あえて外注したほうが，自社で製造するよりも全体としてのコストが低く済むという判断である。この場合，外注先としてのサプライヤーは，発注企業による要請に対してただ応えるだけの存在となる。また，この場合におけるサプライヤーは，ただ1社だけの専属発注ではなく，少なくとも同一の部品や同一の加工について**複社発注**のうちの1社となっている。

発注企業とサプライヤーとの間の関係は，スポット的な取引も中にはあるが，中長期的な継続性をその特徴とする。これは，一部の例外を除き，取引関係数をその部品ごとに構築したり管理したりするのにコストが高くつくために**サプライヤー・セレクション**を行い，サプライヤーとの取引関係数を集約した上で中長期的に関係を継続させていく中でサプライヤーの育成（Development）を実現しようとする意図がある。

④ サプライヤーの関係特殊能力

サプライヤー関係がある一定期間継続されるようになると，サプライヤーが発注企業からのQCD（ないし上のDevelopmentも含めたQCDD）にかかる取引上の要請に対して応えていくことによって，サプライヤー側にその要請に継続的に応えていく対応能力が構築されていくことになる。この能力が，競合関係に立つ他のサプライヤーと差別化される**関係特殊能力**である。この関係特殊能力の向上により，発注企業にとって必要不可欠な存在となる可能性が増す。当該サプライヤーに対して次第にある特定の部品の製造ないし加工以外に，当該部品と機能的に連結している周辺部品の製造・加工および場合によっては組立の一部を発注することになり，当該サプライヤーは半製品（場合によっては，ほぼ最終製品）を製造することになる。この際，当該サプライヤーは，発注企業にとって，たんなる特定の部品の製造を担うのではなく，周辺の部品製造や半製品の組立業務などを「まとめて任される」存在へと変容する。

浅沼は，サプライヤーの関係特殊技能の向上に基づき，たんに発注企業から図面を貸与されるサプライヤーとしての「貸与図メーカー」から製品開発に要する設計能力を自らがもつ「承認図メーカー」への発展こそが，発注企業から必要とされるサプライヤーへの進化のプロセスであると指摘した。この関係では，サプライヤーは，たんに発注企業側からの要請に応えるだけの存在ではなく，サプライヤー側は発注企業にとってのメリットを提案する存在となり，いわばパートナー関係とも呼ぶべき関係へと転換することになる。（関 智宏）

▷**複社発注**
パラレル・ソーシングともいわれる。発注企業は，同一の部品や同一の加工に対して，代替可能な2社以上のサプライヤーに同時に発注し，互いに競合関係を生み出すことで，自社の要請をより通しやすくすることを可能としている。

▷**サプライヤー・セレクション**
発注内容に対する対応を将来的に期待することができうる「優秀な」サプライヤーを発注企業が選定すること。

▷**関係特殊技能**
浅沼によれば，関係特殊技能は，「特定の部品の製品開発の段階において，相手の中核企業のニーズに応えうる能力」，「その部品の製造工程を開発する段階において，相手の中核企業のニーズに応えうる能力」，「その部品の量産段階において，品質，納入などに関し，相手の中核企業のニーズに応えうる能力」，「その部品の量産段階において，その部品の設計面での改善や工程の改善に基づく原価引下げを通じて，相手の中核企業のニーズに応えうる能力」の4つのベクトルでもって定式化されるとした。

▷ 1 浅沼萬里「日本におけるメーカーとサプライヤーとの関係：『関係特殊的技能』の概念の抽出と定式化」京都大学経済学会『経済論叢』第145巻第1・2号，1990年，1-45頁。

下請中小企業の存立と存立展望

① 下請中小企業の存立実態

　中小企業庁によれば，下請とは，「特定の事業者に依存する程度が高く，その事業者の発注に応じて，その事業者の必要とする物品の全部または一部について，製作，加工，組立，修理などを行っている全ての場合のこと」と定義している。また下請振興は中小企業政策の重要項目の１つでもあり，「**下請中小企業振興法**」が制定されている。

　この法律に基づく下請中小企業の存立実態をみたものが，**資料Ⅷ-1**である。このデータは，中小企業庁取引課が2013年８月に公表した「下請中小企業の現状と今後の政策展開について」の中の「中小企業実態基本調査」の調査結果の一部である。この資料から，製造業とサービス業に下請中小企業が存立しており，その数は年々増減を繰り返しているが，2010年度には10万社を超える中小企業が下請とされ，その比率は26〜27％となっていることがわかる。

② 下請を取り巻く環境変化

　下請を取り巻く経済・経営環境は，1990年代以降において劇的に変化した。1990年代以降の環境変化には，大きく次の４つが取り上げられるであろう。

　１つは，国内市場の低迷である。1980年代末から日本における開廃業率は逆転し，企業数は減少傾向にある。加えて，バブル経済崩壊以降は，経済成長がマイナスに転じるなど，日本国内の消費市場が大きく低迷した。

　２つは，**円高**である。日本国内の市場が低迷する中，日本からの輸出ビジネスに打撃を与えたが，これに伴って海外での生産が増え，結果として海外生産比率が高まっていった。

　３つは，新興諸国の急速な経済成長である。日本国内の市場が低迷する反面，東・東南アジアなど新興諸国において急速な経済成長が起こった。これは当該諸国の誘致政策による外国資本の貢献が大きいところがある。1990年代には，中華人民共和国（中国）に先進国を中心とした世界各国の主要工場が集積するようになり，中国は「世界の工場」と称され，賃金高騰に伴い国民所得も沿海部を中心に大きく向上し，２ケタの高度経済成長を実現するようになった。

　４つは，情報通信技術（ICT）の高度化，すなわちインターネットの普及である。これまで発注企業は探索コストなどからも購買機能をもつ拠点から比較

▷**下請中小企業振興法**
1970年に制定された法律。親企業の協力のもとに，下請中小企業の体質を改善し，下請性を脱した独立性のある企業に育て上げることを目的としたものである。この法律の中では，下請中小企業とは，「自社よりも資本金又は従業員数の大きい他の法人から，製品・部品等の製造・加工や，発注企業が他社に提供する役務等を受託している中小企業」のことをいう。

▷**円高**
1985年のプラザ合意以降，アメリカ・ドルに対する円の価値を高めることが国際的に容認されてから，円が急騰し，1995年には１ドルが初めて94円と100円以下に転じた。

的距離が近い近隣の中小企業に外注したが，ICT が高度化することで，探索コストが大きく削減され，取引関係の地理的範囲が拡大した。日本国内に限らず，経済成長が著しい東・東南アジアも含む範囲となっている。

❸　環境変化への対応

これら下請を取り巻く経済・経営環境の変化を受け，発注企業ならびに下請中小企業は次のような経営行動をとることで対応してきた。

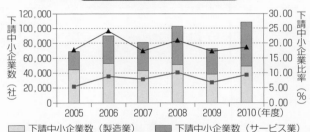

資料Ⅷ-1　下請中小企業の存立実態

□ 下請中小企業数（製造業）　　■ 下請中小企業数（サービス業）
▲ 下請中小企業比率（製造業）　■ 下請中小企業比率（サービス業）

出所：中小企業庁「中小企業実態基本調査」。中小企業庁取引課「下請中小企業の現状と今後の政策展開について」2013 年 8 月。

まず発注企業は，1 つは，これまで外注してきた業務の一部ないし全部を自社に取り込む「内製化」を行った。これは消費の低迷に伴う自社の仕事量の減少を補てんするねらいがある。2 つは，日本国内の各地に設置してきた工場などの生産拠点を統合させるか撤退させるといった，国内生産拠点の再編成を行った。3 つには，日本国内の生産機能を海外に移転させるという，海外生産拠点の増設である。これによって，国内完結型生産体制から東・東南アジアを巻き込んだ国際分業型生産体制へと移行していった。

これら発注企業の経営行動の変化は，当該発注企業と取引関係をもつ下請中小企業の受注に多大な影響を及ぼした。こうして下請中小企業は，新たな対応を迫られた。下請中小企業の存立維持のためには次の 3 つの方向性がある。1 つは，特定の発注企業との取引関係をより強固なものとし，下請企業として存立していくというものである。下請中小企業間での競争に勝ち抜き，トップ・サプライヤーとしての地位を築くのである。

2 つは，特定の発注企業に対する依存度を低めるように行動するというものである。この依存度の低減のために必要なのは，特定の発注企業とは別の新規の発注企業との新規取引を開拓していくという，いわゆる「元方複数化」の実現である。しかしながら，下請中小企業は「下請」特有の経営体質，つまり製品開発や営業といった諸機能を有していない。このため新規顧客の開拓は必ずしも容易ではないといわれる。こうした経営機能の不足を補てんするために有効であるのが，ネットワーク／連携である。中小企業 1 社では困難な状況に直面した際に，不足する経営機能を有した企業との連携により，諸課題を克服可能とする。

3 つは，下請（外注）から脱するというものである。いわゆる「脱下請」である。ここでいう「脱下請」は，上の 2 つの方向性における取引関係が B to B であるのに対して，ここの取引関係は最終消費者との関係，つまり B to C である。自社が最終製品を開発し，それを独自に販売展開していくというものである。諸課題は大きいが，中小企業の「自律的行動」として着目される。

（関　智宏）

中小企業とネットワーク

▷1　大澤真幸・吉見俊哉・鷲田清一編『現代社会学事典』弘文堂，2012年。

▷2　Gulati, R., "Alliances and Network," *Strategic Management Journal*, 19, 1998, pp. 293-317.

▷3　Gulati, 1998.

▷ネットワークの効果
①「社会的埋め込み」効果とはコミュニティに参加することで生まれるメリット，②「情報共有と学習」効果とは情報や知識の共有，学習のメリット，③「中央の公式調整」効果とはメンバーへの施設やサービスの提供のメリット，④「評判」効果とは参加によって得られるネットワークに対する信頼のメリットを指す。
▷4　西口敏宏編著『中小企業ネットワーク：レント分析と国際比較』有斐閣，2003年。

① ネットワークとは

　ネットワーク（network）は最も広義には「『つながり』もしくはその総和[1]」と定義されるが，より狭義には，例えば社会ネットワークは「特定のタイプの社会的諸関係の集合によって連結しているノード（人や組織）の集合」と定義される[2]。ネットワークという現象だけに注目すれば，人間関係やインターネット，Facebook や Twitter などソーシャル・ネットワーキング・サービス（SNS），サプライヤー関係，産業集積のつながり，産学官連携，グローバルバリューチェーンなど多様な姿をみることができる。以下では，ネットワークの形成と内容，効果に関する研究を「分野横断的に」簡単にみていきたい。

　まず，ネットワークの形成について経営学のアライアンス（alliance）の視点からみていく。アライアンスは「製品，技術，サービスの企業間の交換，共有，共同開発にかかる自発的な協定[3]」と定義され，ネットワークをより企業や経済活動の視点から捉えるものである。アライアンスは異業種企業を通じて自社にない知を学ぶこと（知の探索），また同業企業との共同開発によって知を深めること（知の深化）にも活用される。この知の探索と深化を両立させる両利きの経営がオープンイノベーション戦略の鍵を握る。

　次に，ネットワークの内容について社会学の視点からみていく。最も有名なネットワークの研究としてはグラノヴェッター（Granovetter, M.）の「弱い結びつきの強さ（Strength of Weak Ties）」を挙げることができる。グラノヴェッターはロンドンで就職先をみつけた若者を対象に，就職先の情報を教えてくれた相手との親密さを調査した。結果として，就職先を得る上で役に立った情報は友人や親のような親密な関係ではなく，たまにしか会わない知り合いを介して得られたものであったことが明らかとなった。就職活動に有益な情報が「深く強い結びつき」ではなく，「弱い結びつき」から得られるという結果から，ネットワークにおけるつながりの程度や得られる情報の違いを明らかにした。

　最後に，**ネットワークの効果**について経済学的な視点からみていく。ネットワークの参加メンバーが得られる効果について次の4つが説明されてきた[4]。つまり，①「社会的埋め込み」効果，②「情報共有と学習」効果，③「中央の公式調整」効果，④「評判」効果である。

② 中小企業ネットワーク

　中小企業ネットワークは，経営者・企業家やスタートアップ期企業のソーシャル・ネットワーク，任意グループ（異業種交流，農商工連携など），下請・系列組織，中小企業の製造ネットワーク（manufacturing networks of SMEs），中小企業組合，商工団体（商工会議所，商工会），集積のネットワーク，中小企業の産学連携，チェーン組織，国際合弁（international joint venture）など多彩に存在する。

　日本の中小企業および中小企業研究の分野においてネットワークが注目を浴びるようになったのは，1980年代以降のことである。1980年代後半から1990年代にかけて，異業種交流や産学官連携の創出といったキーワードが注目を集めた。その背景には，中小企業の経営資源の補完（補てん）の必要性からネットワークを組むことによる「**連結の経済性**」が追求されるようになったことなどが挙げられる。その後，1990年代後半以降の系列の崩壊（見直し）をはじめとする大企業と中小企業の垂直的，固定的な取引関係の変化やメリットの喪失から中小企業の存立のあり方が大きく変化した。そういった中で，経営戦略のオプションの1つとして中小企業ネットワークが注目されたのである。

　では，具体的に中小企業ネットワークを類型からみていく。本節では，日本において中小企業家，経営者が数多く参加する中小企業家同友会，商工会議所，商工会についてみていきたい。**中小企業家同友会**は①「良い会社をつくろう」，②「良い経営者になろう」，③「良い経営環境をつくろう」の3つの目的のもとに中小企業家が自主的に参加する任意団体である。中小企業家同友会は都道府県単位に組織され，約4万5000名の会員を有する。1969年には母体となる中小企業家同友会全国協議会が設立されている。

　商工会議所と商工会はともに「その地区内における商工業の総合的な発達をはかること」と「社会一般の福祉の増進に資すること」の2つを組織目的とする（商工会議所法第6条および商工会法第3条）。商工会議所は1953年の商工会議所法を根拠法として設立された民間の地域経済団体である。都市部を中心に全国515カ所に設立されており，総会員数は125万人となる。商工会議所の主な役割として，①政策提言，②中小企業の活力強化，③地域経済の活性化が挙げられる。

　商工会は1960年の商工会法を根拠法として設立された特別認可法人である。地域に密着した経済団体として全国の町村部を中心に1643の商工会が存在する。商工会の主な役割として，地域の商工業の振興・発展，小規模企業の経営支援，事業環境の整備，セミナー・イベントの開催，まちづくりなど地域活性化支援などが挙げられる。

(平野哲也)

▷5　関智宏・中山健編著『21世紀中小企業のネットワーク組織：ケース・スタディからみるネットワークの多様性』同友館，2017年。

▷連結の経済性
複数の企業間のネットワークの結びつきが生む経済性（経済効果）のこと。企業と企業が多様に連結し合うことによって，経営資源（特に情報や技術）の獲得・利用面でシナジー効果が得られる，取引コスト（情報コスト，決済コスト，在庫コスト）が削減できるなどのメリットがある（吉田・大橋監修，2011）。

▷中小企業家同友会
『PRESIDENT（プレジデント）』（プレジデント社）では2018年4月から「『実践！会社を良くする社長学』：4万7000社が集結『中小企業家同友会』パワーの源泉」と題する連載が1年間（24回）行われた。経営課題を会員で討論し，社員や家族の働きやすい企業づくりを目指す考えを共有する組織であることが紹介されている。⇨Ⅲ-7「中小企業憲章と新しい中小企業政策」を見よ。

（推薦図書）
吉田和夫・大橋正一監修『最新・基本経営学用語辞典』同文舘出版，2011年。

103

2 中小企業ネットワーク(1)：企業組合，異業種交流

企業組合

本節では1940年代から1990年代にかけて展開された日本の中小企業ネットワークについてみていきたい。

中小企業組合は中小企業の不利の是正を目的として組織されてきた。中小企業組合の歴史は，1949年に公布された中小企業等協同組合法までさかのぼる。中小企業の組織化は，中小企業の経営資源の補完（補てん），不利是正など，当時の中小企業問題の解決を図るものとして政府の支援によって積極的に進められてきた。戦後当時の中小企業を取り巻く不況に対して，協同組合による中小企業の共同事業を推進し，組織化を通じて中小企業経営の「合理化」を図ろうとした経緯がある。同法の特徴として，次の3点が挙げられる。[1]

第一に，相互扶助の精神と自治主義・民主主義を強く打ち出している点である。戦時中において協同組合が政府の経済統制の補助機関になっていたことに対する反省に立ち，具体的には組合の運営原則として，組合員の相互扶助が目的であること，組合への加入・脱退の自由，出資口数にかかわらない平等議決権と選挙権，剰余金の配当制限，組合員への直接奉仕・公平奉仕の原則，政治的中立，さらに行政庁による設立許可や監督を廃止し，行政庁の干渉を排除した点を挙げている。第二に，「**独占禁止法**」の適用除外とされている点である。大企業の加入する余地を排除し，構成な競争秩序の形成を目指し，中小企業のための組織であることを明確にしている。第三に，協同組合は事業体として経済性を備えるべきとしている点である。協同組合自体は営利を目的とするものではないが，1つの事業体としての考えに立っているとしている。その後，1955年9月に中小企業等協同組合法の改正により，「中小企業等協同組合中央会」が誕生し，1958年4月の中小企業団体の組織に関する法律の施行に伴い，「中小企業団体中央会」と名称を変更し，現在の中小企業の組織化を図る機関として存在している。[2]中小企業団体中央会は，中小企業の組織化を通じて中小企業の課題解決を図る目的を有している。

組合の具体的な形態として，事業協同組合，協業組合，企業組合，商工組合，商店街振興組合，生活衛生組合等がある。その中でも，中小企業組合の最も一般的な形態である事業協同組合は，中小企業の相互協力，相互扶助の精神に基づいて**共同経済事業**を行い，経営の近代化・合理化と経済的地位の向上・改善

▷1 黒瀬直宏「中小企業者の組織と自主的交流」巽信晴・佐藤芳雄編『新中小企業論を学ぶ［新版］』有斐閣，1996年，321-333頁。

▷独占禁止法
⇨ Ⅲ-3「中小企業庁」

▷2 池田潔『現代中小企業の自律化と競争戦略』ミネルヴァ書房，2012年。

▷共同経済事業
共同生産，協同販売，共同購入，共同運送，共同保管等を指す（黒瀬，1996）。

を図るための組合である。同業種を中心に4人以上の事業者が集まるだけで自由に設立できることからも組合として普及した経緯がある。

② 異業種交流

異業種交流は1970年代に中小企業の現場に登場し，1980年代にかけてその必要性が高まっていった。異業種交流の効果として，異業種中小企業の結集により各企業のもつ異種の情報や技術（ソフトな経営資源）の相互利用が可能になることが挙げられる。これにより各企業それぞれがコストをかけずに経営資源の幅を広げ，経営力を高めることができる。また，中小企業の戦略オプションの1つとなっているのみならず，中小企業経営者の学びの場，人間づきあいの場につながる点も指摘されている。

異業種交流の歴史としては，1970年に大阪府が設置した「新製品開発研究会」および「省力化技術研究会」が端緒とされている。その後，国が異業種交流の重要性，有効性を認識し，中小企業の情報交換できる機会を提供するため1981年に「技術・市場交流プラザ[3]」が設立された。都道府県単位で技術・市場交流プラザが設立されたことにより，異業種交流として技術交流や情報交流が行われるようになった。さらに1988年4月の「異分野中小企業者の知識の融合による新分野の開拓の促進に関する臨時措置法」（融合化法）の制定により政策的にも注力されるようになり，1970年代後半の年間6，7グループであった異業種交流グループ結成数は1985年に98グループ，1990年に2000グループを突破した。とりわけ時限立法として融合化法が制定された10年間では，1988年の1527グループから1998年の3103グループへと倍増している。

融合化法の制定により，中小企業の新分野開拓の目標を実現するための方策として異業種交流が位置づけられることとなり，中小企業経営者の間で注目を集めることとなる。具体的には異分野中小企業者の「交流段階」「開発段階」「事業化段階」の各段階に対応した支援策が講じられた[4]。しかしながら，共同事業や新製品開発等の事業活動において十分な成果を上げているグループは少なく，「交流段階」から「開発段階」「事業化段階」へと発展するとすれば，大部分の異業種交流グループは交流段階に留まっているとする見方が強い。一方で，交流や情報交換主体の活動に対して十分な意義を見出しているグループも多く，異業種交流においてはグループの成果だけではなく，「企業家として何を学んだか」「経営者として何を得たか」などメンバー企業の経営への波及効果についても考慮するべきである。とりわけ，2000年代以降の中小企業ネットワークの意義は中小企業経営の自律性とともに語られるようになる。

（平野哲也）

▷**異業種交流組織**
異業種交流組織の特質として，「メンバー間の対等関係性」，「情報伝達の双方向性」，「フレキシブル（flexible）でルース（loose）な組織」，「結合関係を規定する資源の多様性」の4点が指摘されている（中山，2001）。

▷3　1981年は「異業種交流元年」とされている（池田，2012）。

▷4　池田，2012。

推薦図書
中山健『中小企業のネットワーク戦略』同友館，2001年。

3　中小企業ネットワーク⑵：新連携，農商工連携，地域資源活用プログラム

 新連携

　本節では2000年代から現在にかけて展開された日本の中小企業ネットワークについてみていきたい。

　新連携（「異分野連携新事業分野開拓」）は，2005年に制定された中小企業新事業活動促進法に基づく中小企業支援である。より具体的には「その行う事業の分野を異にする事業者が有機的に連携し，その経営資源（設備，技術，個人の有する知識及び技能その他の事業活動に活用される資源のこと）を有効に組み合わせて，新事業活動を行うことにより，新たな事業分野の開拓を図ること」とされる。新連携における連携体の条件として，①中核となる中小企業が存在すること，②2社以上の中小企業が参加すること（なお，大企業，大学，研究機関，NPO，組合などを構成メンバーに加えることはできるが，中小企業の貢献度合が半数以下の場合は支援対象外となる），③参加事業者の間で規約などにより役割負担・責任体制などが明確であること，が明記されている。

　具体的にケースをみてみたい。「京都試作ネット」は2001年に設立され，2005年7月に新連携に認定されたインターネットを介した試作業務を行う**共同受注**のネットワーク組織である。母体組織である京都機械金属中小企業青年連絡会の参加企業を中心として，現在では理事となる企業38社（2023年10月現在）で構成されている。京都試作ネットは，1990年代以降，中小製造業の存立に対する危機意識から，自分たちの仕事は自分たちで創出すること，地域の雇用や暮らしが地域に立地する中小企業の役割であるという信念から設立に至っている。京都試作ネットのビジネスモデルはITを駆使した試作体制と2時間レスポンス，受注担当企業のコーディネートを特徴とし，現在ではクラウドをベースとした独自の案件割振りシステムによって全国の受注案件に対応する仕組みを構築している。また最近では，共同受注のみならず，メディアミックス戦略や国際営業部を開設するなど積極的な展開をみせている。そして，京都試作ネットは企業発展と学習のシステムを生みだし，参加メンバーはネットワークをつうじて，**下請企業からの自律化**の契機をえて，市場開拓や顧客獲得につながる成果を生みだしている[1]。

▷**共同受注**
共同受注事業とは，一般的に組合が取引の主体となって，注文を引き受け，その注文を組合員に割当てて生産，加工等を行わせ，検査を行った後，発注先へ納入し，代金は組合にて決済する形態とされる。京都試作ネットは組織内学習と企業発展に向けた競争の仕組みを設計するなど，中小企業としての戦略と組織の設計がみてとれる。

▷**下請企業からの自律化**
⇨Ⅷ-5「下請中小企業の存立と存立展望」
▷1　平野哲也「中小企業のネットワーク組織における企業発展と学びのシステム：京都試作ネットのケース」関智宏・中山健編著『21世紀中小企業のネットワーク組織：ケース・スタディからみるネットワークの多様性』同友館，2017年，52-65頁。

2 農商工連携

　農商工連携は2008年に制定された「中小企業者と農林漁業者との連携による事業活動の促進に関する法律」に基づく中小企業支援である。中小企業の経営向上および農林漁業経営の改善を図るため，中小商工業者と農林漁業者が連携し，互いの「技術」や「ノウハウ」を持ち寄り，新商品，新サービスの開発などを行い，需要開拓を行うことを目的とする。

　申請には中小企業者（商工業者に限る）と農林漁業者が共同で新商品の開発等に取り組む事業計画を作成することが必要となる。2023年2月までの認定事業は累計817件にのぼり，最も多いものから「新規用途開拓による地域農林水産物の需要拡大，ブランド向上（376件）」，「新たな作目や品種の特徴を活かした需要拡大（195件）」，「規格外や低未利用品の有効活用（119件）」となっている。現在の課題として，①「マーケティング力」の強化，②農商工連携に取り組むための「経営力」の強化，③連携の面的な拡大促進による「地域力」の強化が挙げられている。地域ぐるみの農商工連携の推進として，農商工連携フォーラム，新発見ツアー，キャラバン等の普及・啓発活動の継続的な実施，食品加工の産業集積の形成・高度化や農商工連携コーディネータの配置等を通じた農商工連携に取り組む**クラスター**支援を挙げている。

3 地域資源活用プログラム

　地域資源活用プログラムは2007年に制定された「中小企業による地域産業資源を活用した事業活動の促進に関する法律」に基づく中小企業支援である。地域の中小企業者が共通して活用することができ，当該地域に特徴的なものとして認識されている地域産業資源を活用して，中小企業者が商品の開発・生産，役務の提供，需要の開拓等の事業を行うことを目的とする。

　地域産業資源とは具体的に各都道府県が指定する以下の3つのものを指す。①地域の特産物として相当程度認識されている農林水産物または鉱工業製品，②地域の特産物である鉱工業製品の生産に係る技術，③文化財，自然の風景地，温泉その他の地域の観光資源として相当程度認識されているもの，である。認定された地域産業資源はそれぞれの都道府県のホームページに掲載されている。

　認定要件としては以下の5点が提示されている。①地域産業資源の活用，②新たな需要開拓の見通し，③地域を挙げた取組みと関係事業者，関係団体等との連携，④自然や文化財等の地域産業資源の持続的活用のための配慮，⑤事業計画の実現可能性である。

　以上の中小企業ネットワークは，前節の組合や異業種交流と比べ，中小企業や地域の明確なビジョンとそれを実現する戦略・組織設計に対して政策的な支援を行うことにその特徴があるといえる。　　　　　　　　　　（平野哲也）

▷クラスター
クラスターとは，ある特定の分野に属し，共通性や補完性によって結ばれている，相互に関連した企業・機関からなる地理的に近接した集団のことで，関連する複数の産業や共創相手も含まれる（吉田和夫・大橋正一監修『最新・基本経営学用語辞典』同文舘出版，2011年）。

製造分野における中小企業

① 社会的分業構造と下請企業

　中小企業の中でものづくりに従事する中小企業が，中小製造企業である。そして中小製造企業には，実に多様な企業が存在しており，中小製造企業即大企業の**下請**企業ではない。現代の社会的分業が高度に発達した社会で工業製品を製造するという場合，原材料の加工から最終完成品の加工・組立に至るまでの作業の全てが1つの企業内で行われるということはまずない。自社工場で加工・組立を行うことを「内製」という。市販されている資材・部品を市場で購入し，あるいは必要な資材・部品の加工・組立を下請企業などの外部の専門加工業者に委ねることを「外製」という。現代の工業製品は，こうした分業によって生産されている。したがって工業製品の製造・加工に従事している下請企業も，こうした分業構造（**ピラミッド型分業構造**）に組み込まれ機能している。

　このように下請企業とは，製造業の分業構造および企業間の取引関係から規定された中小企業の存立の一形態である。その下請企業の定義としては，①当該企業より規模の大きい企業（親企業）から，②直接委託（注文）を受け，③品質，性能，形状等，仕様の指定された製品・部品あるいは取引先企業が使用する設備等の製造または加工に従事している，企業となる。すなわち，下請企業とは，製造業の社会的分業構造に組み込まれている企業である。

② 下請企業の専門化

　専門化のあり方を類型的にみると，大きく分けて完成品生産，部品・部材生産，部分工程への専門化の3類型となる。完成品生産とは，非耐久と耐久の消費財，資本財いずれの製品であろうと，その完成品を生産することに専門化することである。これらの中小企業はほぼ自社製品保有の中小企業とみることができる。それに対して，製品の一部の生産に専門化している企業が部品・材料生産に専門化した企業である。さらに中小企業の多くを占める専門化の類型が，部分工程への専門化である。発注者から示された仕様書・図面にしたがって加工する下請企業である。これはそれぞれの**町工場**が板金加工といった加工サービスに専門化し，その加工部分だけを受注していることから生じる。あるいは製品や部品の組立加工だけを受注し生産している企業も多い。

　このように中小企業はそれぞれ，規模が小さいことを前提に，生産関連の特

▷下請
⇨ Ⅷ-1 「下請とは何か」

▷ピラミッド型分業構造
⇨ X-2 「大企業の生産体制と中小企業」

▷町工場
都市部にある小規模な工場のこと。中小企業に分類される。従業員数は少なく小規模経営だが，高度な技術をもっている下請企業の場合も多い。町工場が多く集積している地域としては，東京都大田区や大阪府東大阪市などがある。

定の機能に専門化し，ものづくりのほかの機能を外部の専門化企業に依存していることが多い。

③　社会的分業構造の中での中小企業の位置

　中小企業は，多様な業種分野に存立し，専門化し，社会的分業上での特定の位置を占めている。分業構造の中での中小企業は，以下の3類型で示される。

　1つ目の形態は，大規模市場に供給する完成品大企業への供給，部品生産や特定加工に専門化している中小企業である。この中には**量産的市場**の場合と，**一品生産的市場**の場合がある。これらの多くは，発注する側の大企業の指示した仕様と図面にしたがって加工し部品を組み立てる中小企業である。しかし同時に，少なくない数の中小企業が，大企業にもない水準の加工技術をもっていたり，独自の部品を生産しているがゆえに，大企業から受注している。2つ目の形態が，大規模市場向けの素材部分すなわち生産の川上部分を大企業が生産し，より完成品に近い川下の生産である二次加工や製品の生産を中小企業が担っている場合である。素材としては，需要が大規模かつ均質的であり大量生産が有利であるため大企業により担われているが，川下の市場は変化が激しくかつ細かく分断されているために中小企業に担われているような市場である。3つ目の形態が，小規模市場や変化の激しい市場で大企業と生産上では直接の関係がなく存在する企業群である。研究開発型のベンチャー企業が多くみられる分野でもある。

④　大企業と中小企業の取引上の有利不利

　社会的分業の中で，中小企業は前記のような位置を占め，そのような位置関連の中で，多くの場合大企業と取引関係を結んでいる。その際に注意すべきは，一般的には中小企業間の競争が激しいため，大企業との取引で中小企業が不利になりがちだが，それは中小企業が部分加工の受注をしているといった，一定の完成品を多段階的な社会的分業の形で生産するにあたり，どのような位置をその企業が占めているかという社会的分業上の位置それ自体で決まるわけではないことである。取引上の有利不利を決定するのは，このような位置ではなく，取引する企業それぞれの売り手同士，買い手同士での競争の激しさと，その競争の中での当該企業の競争相手に対する優位性の度合いである。特定加工に専門化し大企業からの受注にもっぱら依存している中小企業でも，他の中小企業にない独自生産技術（オンリーワン技術）を保有していれば，他の受注生産型中小企業との競争で優位に立ち，大企業との受注取引においても強い立場で臨める（オンリーワン型中小企業）。

（近藤信一）

▷**量産的市場**
大量に生産された限られた種類の製品を大量に販売する市場。

▷**一品生産的市場**
特定の顧客からの受注により生産された製品をその顧客に販売する市場。

推薦図書

渡辺幸男・小川正博・黒瀬直宏・向山雅夫『21世紀中小企業論：多様性と可能性を探る（第3版）』有斐閣，2013年。

高田亮爾・上野紘・村社隆・前田啓一編『現代中小企業論（増補版）』同友館，2011年。

西岡正『ものづくり中小企業の戦略デザイン：サプライヤー・システム，産業集積，顧客価値』同友館，2013年。

大企業の生産体制と中小企業

　日本の下請システムの特徴

　高度経済成長期に形成をみた日本の下請システムは，外製比率のとりわけ高い生産システムとして発展をみてきた。この外製比率の高さは日本の製造業大企業（親企業）に，①工場や機械設備などの固定資本の節約，②階層別の賃金格差の利用，③高度化した下請企業の専門技術の利用，④需要変動への柔軟な対応，などのメリットをもたらし，日本の製造業の国際競争力に寄与してきた。

②　下請分業構造：ピラミッド型と山脈構造型（ピラミッド型の重層的分業構造）

　日本の下請取引関係の特徴として，ピラミッド型の下請分業構造の存在が指摘される。例えば，１台の乗用車を生産するのには多くの企業が多層的に協力している。同時に，各企業が部品生産に専門化し，さらに部品の部分的加工に専門化して１台の乗用車の生産に関わっている。完成品メーカーからみて二次や三次となる協力企業ほど，部分加工に専門化している企業が多く，中小企業の比率が高くなる。このように完成品生産企業が多層的に多数の協力（中小）企業を利用している社会的分業構造を**ピラミッド型下請分業構造**と呼ぶ。このような分業構造は，その多層性と協力企業の多さと部分加工への高度な専門化ゆえに，日本の製造業独自の分業構造といえる。日本では乗用車生産に限定されず，多くの量産型製品の生産において，同様な下請分業構造が存在している。

　上記のような分業構造が形成されていることは事実だが，ここでの協力企業は，特定の企業のためだけ，さらには特定の製品分野の生産だけに携わっている企業であるとはいえない。二次や三次の特定の加工に専門化した中小企業の側からみると，乗用車関連の仕事はいくつか受注している分野の１つにすぎない場合も数多く存在する。多くの製品分野へ供給する特定の加工に専門化した中小企業が大量に存在することに注目すれば，下請分業構造はいわば最終製品を生産する企業や特定分野の完成部品を生産する企業を頂にし，その裾野には特定の加工に専門化した企業が製品分野を越えて一体的に存在する形態となる。これは山脈型の社会的分業構造と呼ばれる。この山脈型社会的分業構造から完成品メーカーにとっての下請分業構造を取り出したのが，前述のピラミッド型の下請分業構造である。

▷ピラミッド型下請分業構造
国内製造業の１つの大きな特徴は，自動車産業を典型として，自動車メーカーは一次，二次，三次と続く部品企業を従えるというピラミッド型構造（セットメーカーと取引のある一次サプライヤーには，より多数の二次サプライヤーと取引を行っている）を構築することで，系列内取引と長期取引により競争力を獲得した。

③ キャッチアップ型と国内完結型の製造業の形成

　1980年代までの国内製造業の特徴は，キャッチアップ型の製造業が**国内完結型**で展開していたことである。戦後，後進工業国として再出発した日本の製造業は，常に先進工業国の製造業から最新技術を導入し，使いこなし改良し，その成果を国際競争力につなげて発展してきた（キャッチアップ）。国内製造業のもう１つの特徴は，国内完結型の生産構造である。戦後，日本製造業は，技術導入だけではなく，設備機械等も多くを先進工業国に依存する形で発展を開始した。設備機械等の対外依存を高度成長過程での国産化政策により解消し，航空機や電子機器の一部を除き，海外依存だったコンピュータ等も含めほぼ全面的に国内生産が可能になった。国内製造業は，キャッチアップ型の産業発展により，ほぼ全面的に国内生産化し，工業製品の輸入依存が限りなく縮小する過程として展開した。鉄鉱石や原油といった素原料・燃料を海外にほぼ全面的に依存するが，それらの素原料の製鉄や精製といった一次加工品から，乗用車や衣服あるいは工作機械といった最終製品の生産まで，工業製品のほぼ全てについて，日本国内で加工し製品化する体制（**フルセット型産業構造**）を作り上げた。

④ 国内ものづくりの構造変化：フロントランナー化と需要構造の変化

　国内完結型の製造業が，1980年代末から環境変化を受けて変化している。
　第一の環境条件の変化は，キャッチアップ型による自前での産業発展から，自らレベルアップを目指す必要があるフロントランナー型となったことである。国内製造業が目指すべき手本を国外に求めることができなくなった。第二の環境条件の変化は，需要構造の変化である。これまでは輸出競争力をつければ，市場は拡大するのが一般的であった。それゆえ量的拡大を前提とした競争力強化が目指された。しかし，1990年代に入り，既存市場で量的拡大を前提として競争力強化を目指すことは，フロントランナー化し，グローバル市場で大きなシェアを確保したため不可能になった。日本の国内製造業はフロントランナーとして，常に新需要を開拓せねばならなくなり，既存市場での安定的な需要拡大を前提とできなくなった。個別製品需要の量的な変動と質的な変化が前提となった。需要の変動と変化を前提とし，経営戦略を組み立てざるをえなくなったのである。

　国内の中小製造企業は，フロントランナー化と需要構造の変化の中で，安定的長期的だが従属的な取引関係である下請関係での存在ではいられなくなりつつある。それに代わるのが変動と変化の激しい自立的な取引関係である。下請系列関係から，自立的かつ多様な取引関係のもとでの生産分業機能への転換が，国内製造業の中小企業の今後の経営戦略に求められている。　　　（近藤信一）

▷**国内完結型（生産）**
国内製造業は，大量生産を実現するために，必要な部材や生産設備をできるだけ国内で調達する国内完結型の分業構造を志向した。この分業構造の中で，中小製造企業はサポーティングインダストリー（完成品メーカーへの部品の提供，生産設備の提供）という機能を担うことになった。

▷**フルセット型産業構造**
日本は資源の多くを輸入に頼るハンデを負っている条件での加工貿易による経済成長の目指した結果，「フルセット型産業構造」つまり全ての産業分野を，一定レベルで一国内に抱え込んでいる産業構造を成立させた。

（推薦図書）
渡辺幸男・小川正博・黒瀬直宏・向山雅夫『21世紀中小企業論：多様性と可能性を探る（第3版）』有斐閣，2013年。
高田亮爾・上野紘・村社隆・前田啓一編『現代中小企業論（増補版）』同友館，2011年。
加藤秀雄『日本産業と中小企業：海外生産と国内生産の行方』新評論，2011年。

3 ものづくり中小企業の生産性向上の取組み

① 現場改善と生産性向上

中小企業を取り巻く厳しい経営環境下において，強い企業として成長していくためには，たゆまぬ現場改善により，業務プロセス全体を効率化し，生産性を向上させることが不可欠である。生産現場の改善活動の目的は「原価（コスト）低減」であり，そのために現場作業の改善による生産性（産出量÷投入量）の向上が目標となる。そのために企業は，常に「現場」をみつめ，「良い流れ」を創出し，生産性を向上させる必要がある。特に，ものづくりの中小企業の現場は，**3K 職場**の代表としていわれてきており，人手不足が深刻化している。したがって，生産性向上とともに，職場環境の改善が求められている。そのためには，現場の現状や経営課題等に関して，Q（品質）・C（原価）・D（納期）に加え，S（安全・衛生），さらに E（環境）についても考慮する必要がある。現場改善の実践には，作業工程のムダ取り手法（3M：ムリ・ムダ・ムラ）による生産性の向上，5S（整理・整頓・清掃・清潔・躾）により職場環境を整え職場の抱える課題を解決するための改善活動などがある。具体的な実施方法としては，**QC**（Quality Control，品質向上）**サークル**活動と呼ばれる小集団活動として行われることが多く，生産現場の改善やコスト削減に寄与する手法として従前から広く取組みが行われてきている。中小企業で生産現場の改善に QC 的手法を導入することは，時間短縮や経費節減といった直接的な効果だけでなく，生産性向上を担う人材育成にもつながっている。

5S のように現場重視の現場改善の他に，科学的な管理法として開発された IE（Industrial Engineering）の考え方を踏まえた現場改善の手法がある。IE とは，生産の 3 要素である人・機械設備・部材を効果的に統合し，最良の QCD を獲得するために，科学的な管理手法を利用し最適な生産システムの設計・改善・構築に関する技術・技法の体系と定義づけられる。IE は，テーラー（Frederick Winslow Taylor, 1856-1915）の時間研究（Time Study）の結果から得られた「作業測定の技術（Work Measurement）」と，ギルブレス（Frank Bunker Gilbreth, 1868-1924）の動作研究（Motion Study）の結果から得られた「方法改善の技術（Method Engineering/Study）」から成り立っているが，この「作業測定の技術」と「方法改善の技術」は，それぞれが単独で活用される技術ではなく，相互に関連性をもたせながら現場作業の改善を進めていくべきものである。例

▷ **3K 職場**
ものづくりの中小企業の現場を中心に，その労働環境・作業内容が「きつい（Kitsui）」「汚い（Kitanai）」「危険（Kiken）」である職場のことを 3K 職場と呼ばれている。3K 職場は，懸念される傾向があり，景気が好調な時ほどより懸念され，3K 職場の人手不足が深刻な問題となる。

▷ **QC サークル**
同じ職場内で品質管理活動を自発的に小グループで行う活動のこと。全社的品質管理活動の一環として自己啓発，相互啓発を行い，QC 手法を活用して職場の管理，改善を継続的に全員参加で行うものである。

えば，標準作業や標準時間の設定がなければ，生産システムが立案できないばかりか，生産の負荷量や余力の把握もできない。このようなことから，「作業測定の技術」と「方法改善の技術」は，生産工程や現場の科学的管理には欠かせない技術であるといえる。

② 生産現場の自動化による生産性向上

生産工程の自動化を図るシステムとして，生産性の向上とコスト低減を目的としてファクトリー・オートメーション（Factory Automation, FA, 工場自動化）が中小企業でも導入されるようになった。現在では，製造業におけるファクトリー・オートメーションの目的は，生産性の向上やコスト低減だけではなく，品質向上や製造工程の柔軟性向上へと移っている。

最近では，「IoT」（モノのインターネット）が様々な分野で広がりをみせているが，製造業の現場でも IoT や AI（人工知能）などを駆使して生産性を高める「スマート（賢い）工場」が大企業により導入され始めている。スマート工場とは，高度な FA を実現した上で，機器や設備をインターネットで接続し，IoT 化することで生産性の向上を実現した工場のことで，機器や設備からデータを収集し，それを解析することで自動化を進めたり，故障を未然に防いだりすることができるようになり，最適な生産体制を築くのが狙いである。

③ 政策による中小企業の生産性向上支援

人口減少・少子高齢化の進展に伴う労働力人口の減少や国際競争の激化など中小企業を取り巻く事業環境は厳しい状況にある。そのため，中小企業の生産性向上を支援し，経営強化（「稼ぐ力」の強化）を図るために，政府は中小企業が設備投資を行った際の政策的優遇措置を拡大させている。2014年 1 月20日には産業競争力強化法の制定に伴って「生産性向上設備投資促進税制」（2017年 3 月31日をもって終了）が新設された。同税制は，"生産性を特に向上させる"と認められた設備投資（「先端設備」または「生産ラインやオペレーションの改善に資する設備」）について，取得した場合に，即時償却またはその設備の取得額の最大 5 ％の税額控除が適用できる税制措置である。

中小企業の生産性向上に向けた課題の 1 つが，優秀な人材確保と人材育成である。中小企業の人材育成では，教育訓練を行う際にコストがかかりすぎることや，訓練実施のノウハウがないこと，教育できる人材が不足していることなどの課題がある。そこで，高齢・障害・求職者雇用支援機構では，2017年度から生産性向上に向けた人材育成を支援することを目的とした「生産性向上人材育成支援センター」を各職業能力開発施設に開設している。　　　　（近藤信一）

▷ファクトリー・オートメーション（FA）
受注・生産・出荷といった一連の生産現場の作業工程を，ロボットや IT などを使って自動化するシステムのこと。人手不足や人件費の高騰など課題を抱える企業において導入が進められてきた。

▷ IoT
⇨ Ⅶ-6「IoT と中小企業」

▷ AI
⇨ Ⅶ-6「IoT と中小企業」

推薦図書

赤松健治・筒井徹・藤野洋・江口政宏著／商工総合研究所編『いま中小企業ができる生産性向上：連携組織・IT・シェアリングエコノミーの活用』商工総合研究所，2019年。
関西生産性本部編／金井一頼・安田弘・越谷重友・杉村光二・志賀公治『中堅・中小企業の生産性向上戦略』清文社，2016年

大企業の調達革新と中小企業の対応

① 調達革新の必要性

　調達部門をもたない企業でも，調達活動を行わない企業はない。したがって，調達に関わる取組みは企業活動における「古くて新しい」問題である。そして，調達活動にゴールはなく，自社にとってよりよい方法を目指して，各社日々努力をしている。この「古くて新しい」問題である調達が，近年急速にクローズアップされてきている。その背景として，**リーマン・ショック**後の世界的景気後退を受けて急速に需要が落ち込む中，原価率を引き下げることで，①価格競争力をもち需要掘り起こしや販売を拡大させること，②収益性を向上させること，が企業に求められている。これに対して調達部門での取組みは，効果的かつ即効的な取組みを実施中であるといえる。日本のものづくり産業は，自動車産業に代表されるように，完成品メーカー（自動車メーカー）と裾野の広く，何層にもつながった部品メーカー（自動車部品メーカー）が，強力に連携（**ピラミッド型分業構造**）することで，強固な基盤を形成してきたといえる。しかしながら，日本のものづくり産業を強固に支えていた受発注両サイドの調達システムは大きく変わり始めている。にもかかわらず，新しい調達システムが築けていないのが現状である。

　日本のものづくりの基盤が維持・強化されるためには，**セットアップメーカー**や大企業，さらにはグローバル展開を進める中小企業が海外から外需を獲得して，彼らが国内生産をし，国内生産のために国内調達を行うことが必要である。外需の獲得については，「アジアの成長の取り込み」という中で政府も推進している。そして，「外需の内需化」による国内生産の活性化が求められている。しかし，その根本となる国内生産を支える国内調達，その担い手である受注サイドの中小企業は疲弊しきっている。外需を取り込み，国内生産を維持しても，海外から調達していたのでは国内で発生する製造付加価値が限られることから，外需取り込みの効果は限定的なものとなる。国内生産と国内調達が強固に一体となることで日本のものづくり基盤は強化され，雇用も維持されるのである。国内調達の維持のためには，発注サイドだけが利益を上げていてもダメである。受発注両サイドが「セイムボート」（in the same boat，運命共同体）となり，Win-Win の関係を構築し，信頼関係を構築することが必要である。

▷**リーマン・ショック**
⇨Ⅱ-4「低成長期からこんにちまでの中小企業（1990年代以降）」

▷**ピラミッド型分業構造**
⇨X-2「大企業の生産体制と中小企業」

▷**セットアップメーカー**
部品メーカーから部品を調達して完成品を組み立てるメーカーのこと。アッセンブリ・メーカーやセットメーカーともいう。

② 発注サイドの受注サイドに対する要求の多様化：環境対応や生物多様性への対応

　この調達システムを支えているのが，受注サイドの中小企業である。にもかかわらず，現在これらの受注サイドの企業は，従来からの QCD 対応に加えて，環境対応，CSR 対応など要求事項が高まり，疲弊してきている。このままでは，国内調達から海外調達へのシフトが加速しかねない状況である。

　日本の自動車メーカーや電機メーカーは海外市場，特に中国を中心とする新興国市場の取り込みに動いており，前述のように，日本では「外需の内需化」が必要であるといわれている。せっかく日本の自動車メーカーや電機メーカーが外需を取り込んでも，国内生産，そして国内調達ができなければ日本のものづくり基盤の強化にはつながらない。そのためには，セットアップメーカーが国内生産を維持できるような，国内の調達システムの強化が急務である。発注サイドの調達システムには，グローバル調達が前提としてある。その前提がある中で，国内の受注サイド，特に中小企業に対応が求められている。

　発注サイドは Q（品質），C（価格），D（納期）のみならず，M（マネジメント）や E（環境）への対応も要求するようになってきている。QCD に対しては，中小企業サイドからの VA 提案や VE 提案を行う必要がある。M と E に対する代表的なものが，国際的な品質マネジメントシステムである ISO9001 と環境マネジメントシステムである ISO14001 の認証取得の要求である。さらに，CSR 対応やコンプライアンス（法令順守）対応などの要求を強めている。大手企業の中には生物多様性への対応を求め始めている企業もある。このことは，消費者の環境意識の変化，つまり社会的価値観の変化が，セットアップメーカーを経由して部品サプライヤーへも浸透していることを表している。このような発注サイドからの要求の深化と多様化は，受注サイドにとっては管理工数の負担につながるもので，利益の圧迫要因となっている。しかしながら，受注を獲得し，取引を継続させるためには，必要な取組みであり，その対応自体は直接的には収益に結びつかないものの，間接的に企業活動に影響を大きく及ぼすことから対応を迫られている。

③ 川上と川下の両サイドからのコスト圧力

　発注サイド企業は，前述のようにリーマン・ショック後の世界的景気後退を受けた需要減退の中で，コスト意識を強めて受注サイドに対しての価格交渉を強くしてきている。一方で，最近の原材料価格の高騰は，素材メーカーの価格交渉力を強化している。受注サイドの中小企業の多くが，川上（素材メーカー）からの価格上昇圧力と川下（セットアップメーカー等）からの価格低減圧力を，同時に受けておりその対応を迫られている。　　　　　　　　　　　（近藤信一）

▷ CSR
⇨ IV-3「中小企業に求められる社会的責任」

▷ VA（Value Analysis, 価値分析）
製品やサービスの価値分析を行って価値を最大化すること。製品やサービスのコストと機能を研究することにより，具体的には図面や仕様書の変更，製造方法の能率化，発注先の変更などを行い，コストを低減する組織的な活動のこと。必要な機能を最小のコストで得ることを目的とする。

▷ VE（Value Engineering, 価値工学）
製品やサービスの価値を最大にするために，製品の品質や信頼性という機能的価値を低下させずに，製品の生産コストや部品の購入価格の低減を行う方法。

▷ ISO
International Organization for Standardization（国際標準化機構）。企業におけるマネジメントシステムを規格化している組織。

（参考文献）
冨田秀実『ESG 投資時代の持続可能な調達：市場価値はサプライヤーとの付き合い方で決まる』日経 BP，2018年。
商工総合研究所編『中小企業経営に生かす CSR・SDGs-：持続可能な調達の潮流と CSR 経営』商工総合研究所，2019年。

5　中小企業とタイミング・コントローラー

① サプライチェーンに存在するタイミング・コントローラー

▷サプライチェーン
素材，部品のサプライヤー
を起点に，メーカー，流通
（卸，小売），エンドユーザ
ーに至る商品やサービスの
一連のプロセスを意味し，
供給連鎖ともいわれる。

▷生産計画
生産に先立って，生産する
機種・仕様（具体的な構造
や内容のことであり，例え
ばカラー，オプションの有
無など各種バリエーショ
ン）は何か，どこで生産す
るか，それをどれだけ生産
するか，いつ生産するかを
これまでの販売実績や今後
の需要動向に基づいて計画
するとともに，生産活動に
必要な素材，部品，材料の
調達や，人手の確保，設備
のメンテナンスの計画に関
わる決定を行う業務のこと。

▷生産ロット
一定期間内に同じ製品・仕
様のモノを連続して生産す
る単位のこと。異なる製
品・仕様のモノを作ろうと
すると，次の製品・仕様の
生産のために機械を調整し
たり，加工機械に取り付け
られている部品（例えば，
金型）を取り替えなければ
ならない。一定の時間が必
要となるため，大規模な設
備を用いる企業であるほど，
ある程度の生産ロットを確
保している。

サプライチェーン全体の最適化とそのサプライチェーンにいる個別企業の最適化を同時実現する企業として，タイミング・コントローラーという企業が存在している。サプライチェーンによっては大企業が役割を担っている場合もあるが，多くのサプライチェーンでは中小企業がその役割を担っている。

例えば，この本があなたの手元に届くまでの一連の流れ（サプライチェーン）を考えてみよう。この本はいくつかの種類の紙から構成されているが，その紙を作っている企業（製紙企業）は日本全国に約400社あり，日本全国700カ所ほどの事業所で紙を生産している。日本の製紙企業が生産する紙は，標準規格品でも約15万種類に達しており，非常に多くの種類の紙を生産している。製紙企業はこれらの紙を瞬時に作り分けられないため，毎月，生産計画を立てている。売れ筋の紙は月に3回程度，需要が少ない紙は3〜4カ月に1回や年に1回しか作らないものもある。

では，製紙企業は生産計画をどのように立てるのだろうか。製紙企業は印刷会社や出版社に直接紙を販売しているわけではない（新聞紙を除く）。製紙企業と印刷会社や出版社の間には，代理店や卸商（府県商ともいう）という商社・商業者が介在している。代理店は大手印刷企業の使用見通しと，各地域に存在する卸商の販売見通しを収集し，最終的には毎月1回一定時期に注文として受け付け，さらに代理店自らの需要予測を加えて，製紙企業に毎月1回注文している。製紙企業はその注文を毎月の生産能力や製紙企業自身の需要予測を検討して，何を，いつ，どこで，どれだけ生産するかを決定する。ここで大事なのは，製紙企業は注文があった紙を全て生産するわけではないことである。製紙企業は紙ごとに設定している生産ロットに満たない場合は，生産ロットを満たすまで生産を先延ばしにすることがあり，生産効率を非常に重視しているのである。

このことは言い換えれば，製紙企業は多種多様な紙を生産しているが，実際に印刷会社や出版社が印刷物を制作する際，使用したい紙の在庫が必ずあるという状況では決してないのである。そこで代理店や卸商は取引先である印刷会社や出版社がどんな紙を使って，どれだけの部数を，いつ印刷しようと考えているかを前もって情報収集し，実際に印刷に取りかかるタイミングに合わせて，必要な紙を，必要な枚数届けることによって，印刷会社のジャスト・イン・タ

イム（JIT）的な生産（印刷）を支援することで，印刷会社は出版社の望むタイミングで印刷できるからこそ，この本が流通しているのである。

② タイミング・コントローラーの機能

タイミング・コントローラーは，市場動向にすぐに適応するために供給企業（素材生産企業）と需要企業（完成品企業）の間を取りもつ企業であり，供給企業と需要企業双方に有効に活用されている。先に見た代理店・卸商以外では，建設資材である建設用棒鋼，H形鋼，セメントは，工事の進捗状況に応じて，使用されるときに，使用される品種が，使用される形状に加工されて，使用される量だけ建設現場に納入される。しかし，実際に納品を行うのは鉄鋼企業やセメント企業ではないし，さらには建設企業から注文を受けている商社でもなく，建設現場で作業を行う鉄筋工事業者や鉄骨工事業者，生コン企業が，素材企業と建設現場との間を調整している（自動車に用いられる薄板の事例は側注「ジャスト・イン・タイム」を参照）。

このような企業をタイミング・コントローラーと呼んでいるが，その機能は「ある製品の生産における素材から製品に至るモノの流れの中で，素材企業と完成品企業の中間に位置し，その素材が流れる量（ロット）と流れる速度（サイクル）を変換する」ことにある。製紙企業のサプライチェーンのように，商社・商業者がタイミング・コントローラーである場合もあれば，専門業者がタイミング・コントローラーを担っている場合もあり多種多様であるが，その多くは中小企業であり，サプライチェーンを下支えしているのである。

③ なぜ，タイミング・コントローラーが必要なのか

タイミング・コントローラーが必要な理由は，①完成品企業が使用する当該素材の仕様が多岐にわたる，②完成品企業が使用する当該素材の数量が多量である，③完成品企業が当該素材を在庫として保有することを避けたい理由がある，④素材を生産する企業の生産技術がロット生産であり，できるだけ大きなロットでの生産を志向することである。その上で，タイミング・コントローラーが個別企業として独立するのは，(A)素材を生産する企業の大ロット生産によるコスト削減額と，(B)完成品企業のJIT納入によるコスト削減額の合計が，(C)タイミング・コントローラーを介在させることによるコスト上昇額を上回るとき，つまり，(A)+(B)＞(C)のときであると考えられる。

タイミング・コントローラーが素材企業と完成品企業の間に存在すると，素材企業は多種多様な素材を生産しながらロット生産を追求でき，一方，完成品企業もJIT調達もできる。しかも，素材企業，完成品企業ともに素材の煩雑な在庫管理業務と，在庫スペースの確保から解放されるのである。

（中道一心）

▷ジャスト・イン・タイム（JIT）

必要なものを，必要なときに，必要な量だけ，調達，供給するというトヨタ自動車とそのグループ企業が提唱した方式であり，JITと略称される。生産活動を行う工程（工場）だけではなく，購買部門，生産部門，販売部門も含んで，さらには取引企業を巻き込んだ円滑な業務遂行にJITの考え方が用いられており，自動車産業以外でも取組みが進んでいる。

自動車生産におけるタイミング・コントローラーの例として，以下に挙げるものがある。自動車企業は自動車生産に必要な薄板を自ら在庫することはほとんどなく，だからといって鉄鋼企業や自動車企業から注文を受けている商社が，自動車企業の求めるレベルでJIT供給するわけではない。日々の自動車生産に必要な薄板のかなりの量は鉄鋼企業からコイルセンターに納品され，自動車企業の求めに応じて，必要な加工がなされ，適切なタイミングで納入される。

推薦図書

富野貴弘『この1冊ですべてわかる生産管理の基本』日本実業出版社，2017年。
中道一心・岡本博公「タイミング・コントローラーの産業間比較」『産業学会研究年報』第34号，2019年。

6 町工場の存立と操業環境

1 住工混在問題と工業集積

　住工混在問題は，日本経済が高度経済成長期に入った1950〜60年代にかけて，生産拡大に伴う工場公害問題が深刻化し，居住環境の悪化から住居と工場が混在する地域から工場の転出がはじまったとされる。国の産業政策においても，こうした状況を鑑みて，工場等制限法をはじめとしたいわゆる**工場三法**が制定され，都市部からの工場移転が促進された。工場集積地である住工混在地域は，住居専用地域と比べると，土地や住居を比較的安く取得できることから，工場跡地に新興住宅やマンションが建設されるケースが増え，工場の騒音・振動等に起因するトラブルが生じるようになった。特に1980年代に入ると，地域の状況を知らない新住民，あるいは町工場に関心のない新たな住民が住工混在地域に流入し，問題が顕在化した。また，工場が転出，廃業した跡地には，さらに住宅や商業施設などが立地することにより，産業集積の空洞化が進行するとともに，「住工商問題」として新たな対応も求められている（**資料X-1**）。

2 工業集積都市へのアンケート結果

　工業集積都市間における課題検証，施策連携を図ることを目的に1996年に設立された「**中小企業都市連絡協議会**」および「東大阪市」の合同調査が2008年に実施された。調査項目の1つとして，喫緊の課題である住工混在問題が挙げられ，操業環境に関する結果が示されている。その一部を紹介すると，操業環境について，「今後の不安が大きい」が22％，「少し不安である」が24％と多く，何らかの問題や不安を抱えている企業は，54％であり，集積地の大きな課題であることがうかがえる。一方，「問題や不安はない」とする企業は，34％にしか及ばない結果となった。

▷**工場三法**
都市部の人口・産業の過度の集中を防ぐことを目的に，産業集積地域の土地利用を規制しようとするものであり，工場等制限法（首都圏1959年・近畿圏1964年），工業再配置促進法（1972年制定），工場立地法（1973年制定）のことを指す。

▷**中小企業都市連絡協議会**
参加自治体は，東京都大田区，墨田区，川口市，岡谷市，加賀市，東大阪市，尼崎市の7自治体である。

資料X-1　産業集積地の変容と住工混在問題との関係

年　代	50年代，60年代	70年代，80年代	90年代	2000年代初頭	現　在
主な要因	公害の発生	新住民との軋轢	経済構造の変化，グローバリゼーション	グローバリゼーション，後継者難	先行不透明・不安感の増大⇒廃業
工業地域の用途	跡地の発生	住宅の進出	住宅，商業施設の進出	住宅，商業施設，物流施設等の進出	

出所：筆者作成。

3 工業集積自治体の対応策

　産業集積をかかえるいわゆる工業都市や大都市圏の自治体では，こうした住工混在問題を産業集積の課題と捉え，様々な取組みが行われてきた。まず，住工混在問題

の解消を目的に，工場アパートや工場団地の造成などが積極的に行われてきた。特に，東京都大田区では住宅と工場併設の「大森機械加工センター」が1983年に供用開始され，住工混在地域の中での域内再配置や，住工併設，立体的高度利用などの可能性をもった施設として期待されていた。しかし，企業がこうした工場アパートへの入居を検討する際には，入居に必要な資金の工面や企業間ネットワークの近接性の問題があり，自治体にも用地の確保や周辺住民との調整，想定される入居企業の組み合わせなど課題が多い。

資料X-2　主な産業集積都市の住工混在問題への対応策

	事前対応		事後対応
対住民	・緩衝緑地帯の設置（尼崎市） ・住民説明会の開催義務付け等（大田区）		
	・地区計画の制定（板橋区・東大阪市） ・ゾーニングの設定（尼崎市） 　（商業立地ガイドライン，土地利用誘導指針）		・工場地域の周知活動 （各自治体）
対工場		・工場アパートの設置，紹介（大田区） ・工場適地の相談，紹介（尼崎市） ・工場建設補助等の優遇策（尼崎市・東大阪市）	

出所：筆者作成。

　以下，特徴的な施策を展開している事例を紹介する（**資料X-2**）。

　①東京都大田区：東京都大田区は，工場アパートの建設以外に，開発指導要綱に基づき，工業地域・準工業地域における集団住宅建設事業に係る開発指導を行っている。具体的には，①事業者に対し，区との事前協議，②近隣の工場主および工業団体に対する計画説明，②入居予定者への工業地域である等の趣旨説明を求めている。

　②兵庫県尼崎市：兵庫県尼崎市は，産業振興の観点からまちづくりを進める土地利用の規制に重点を置いている。例えば，1985年制定の尼崎市住環整備境条例（1986年施行）を拠り所として，2004年「尼崎市商業立地ガイドライン」や2007年「尼崎市内陸部工業地の土地利用誘導指針」が制定されるなど，自治体として土地利用の方途や誘導方向まで踏み込んだ施策が展開されている。

❹ 行政の限界と地域企業の動き

　工業集積をかかえる自治体の取組みが少しずつ展開される一方で，経営不振，後継者難などの様々な要因により，中小製造事業所の廃止・休業が特に顕著となっている。新たに発生した工場跡地にマンションなどが立地し，工場と住宅の混在が進行している。こうした住工混在地域では，住宅と工場が共存する中で互いの理解が得られず，住環境と工場の操業環境の両方に悪影響が出ることにつながり，新たに転入してきたマンション等の住民との間で騒音や振動などをめぐるトラブルが発生している。特に工場側にとっては，死活問題であることから，適正な土地利用施策の検討について，以前から自治体に対応を求めてきた経緯がある。地域経営基盤としての工業地を保全するために，ものづくりからまちづくりを考える政策的観点の導入が待たれている。　　　　（梅村　仁）

1　商業分野における中小企業

1　私たちの暮らしを支える商業

　私たちは，食料品をはじめ衣料品や電気製品，家具，書籍，文房具など様々な商品を消費しながら暮らしている。これらの商品の多くは，**スーパーマーケット**や**コンビニエンス・ストア**，**専門店**，あるいは通信販売業者などの小売業者から購入したのではないだろうか。これらの小売業者の店頭に陳列されている商品や通信販売業者のカタログやホームページに掲載されている商品は，小売業者が生産者から直接仕入れたものばかりではなく，多くは卸売業者から仕入れられたものである。このように，生産者によって生産された製品は，卸売業者や小売業者を経て，私たちが手にすることになるのである。

　小売業と卸売業からなる商業は，生産者と私たち消費者の間にある空間（生産され場所と消費される場所）や時間（生産される時間と消費される時間）の隔たりを橋渡しする役割を担っている。商業活動が活発になり交易圏が拡がるほど，生産者はより広範に生産物を供給することが可能になり，消費者にとっては入手しうる商品の種類が多様になるのである。

　こうした，小売業や卸売業の分野には，大企業も存在しているが，大多数を占めているのが中小企業である。『中小企業白書』（2019年版）によれば，2016年における全国の小売業の企業数は62万5604であり，そのうちの99.6%が中小企業である。同様に卸売業の企業数は20万9530であり，そのうち99.3%を中小企業が占めている。

2　小売業の多様な業態

　小売業は，生産者や卸売業者から製品を仕入れて，消費者に販売することを事業としている。ただし，販売する商品の種類はもちろん販売数量や販売方法，店舗の展開方法などは，多岐にわたっている。

　例えば，お酒を販売している小売業者を取り上げると，各地のこだわりのお酒を厳選して販売している専門店や，安さを武器に大量販売している**チェーン店**もみられる。また，スーパーやコンビニエンス・ストアでは，日常的に飲むお酒が取り揃えられているが，百貨店には贈答用の高級なお酒が販売されてい。かつては，お酒をはじめお味噌やお醤油などの日常の飲食料品を取り揃え，近隣の住民宅にご用聞きをして回り，商品を配達する「酒屋さん」と称される

側注（左段）

▷スーパーマーケット
飲食料品を中心に衣食住に関わる商品をセルフサービス方式で販売する小売業の業態。取り扱う商品の種類や売場面積により総合スーパーと専門スーパーに区分される。低価格・大量販売を強みとすることから，地元の中小の小売業者と競合・対立する場合もみられる。

▷コンビニエンス・ストア
小規模な売場面積の店舗で飲食料品を扱い，1日14時間以上営業しているセルフサービスの小売業の業態。小規模な店舗で効率よく利益を上げるために，POS（販売時点情報管理）をはじめとした情報管理システムを導入している。顧客の利便性を追求し，公共料金の振込み，宅配便の受渡しの対応，イートインスペースを設置する店舗もある。

▷専門店
衣料品，食料品，住関連のうち，いずれか1種類の商品が90%以上を占め，対面販売方式をとっている小売業の業態。専門的な知識をもった販売員が顧客に対応し，比較的，高価な商品を扱っている。

▷チェーン店
狭義には，特定の企業により，同一形態の店舗が多数展開されているもの。販売業務は各店舗で行い，経営

小売業者が多くみられた。

　このようにお酒を販売している小売業者の中にも，お酒のみ，あるいはお酒を中心に飲食料品を販売しているお店がある。さらに，様々な商品の1つとしてお酒を販売しているお店まで多岐にわたっている。また，販売方法（セルフ方式や対面販売）や店舗面積，営業時間などにも違いがみられる。取扱商品の種類や割合，販売方法，店舗面積，営業時間などの基準に基づいて業態が類型化されている。具体的には，百貨店をはじめ総合スーパー，専門スーパー，コンビニエンス・ストア，専門店，**中心店**などが挙げられる。

　このうち，百貨店や大手のスーパーなどを除くと，いずれの業態においても中小企業が大多数を占めている。街なかで多くみかけるコンビニエンス・ストアも，個々の事業所としては中小企業に分類される。

③　卸売業の役割

○売買集中の原理

　小売業は，消費者に対して商品を販売するのに対し，卸売業は，消費者以外の買い手に商品を販売している。つまり，卸売業は，購入した商品を再販売することを目的とする小売業や卸売業，あるいは産業用に使用することを目的とする様々な業種の企業に商品を販売している。

　卸売業は，小売業や産業用使用者の需要と供給側の生産者との間にたち，需要と供給を結びつける役割を担っている。しかも，卸売業が取引に介在することにより，生産者と小売業者や産業用使用者が個々に商品を取引するのに比べて，社会全体として流通費用を削減する役割も果たしている。これが卸売業の存在する1つの根拠でもある「売買集中の原理」と呼ばれるものである。

○集中蓄蔵の原理

　日本の流通構造の特徴として，卸売業が何段階にもわたって介在していることが挙げられる。多段階にわたる卸売業の存在は，流通費用を増大させているという批判もある。卸売業を流通過程から排除すべきという「**中抜き論**」がしばしば唱えられてきた。しかし，卸売業が存在し続けているのは，「売買集中の原理」だけではなく，小売業の「売れ残り」や「品切れ」のリスクを避けるための緩衝帯の役割を果たしているからでもある。小売業が個々に在庫を抱えるよりも，卸売業が介在して在庫を抱える方が在庫の総量が少なくてすむのである。こうした「集中蓄蔵の原理」も卸売業が存在する根拠になっている。

　だが，近年の情報技術や物流技術の発達は，卸売業の存立に影響を与えている。電子商取引や宅配便の普及により，直接，消費者が生産者から商品を取り寄せることが容易になったり，小売業が生産者から商品を仕入れたりする動きも広がっている。こうしたことから改めて，卸売業の存在意義が問われている。

（山本篤民）

▷**中心店**
衣料品，食料品，住関連のうち，いずれか1種類の商品が50％以上を占め，対面販売方式をとっている小売業の業態。「専門店」に該当する店舗は除かれる。

管理や販売戦略は本部が担っている。広義には，本部と加盟店によって組織されるフランチャイズ・チェーンや小売業者が集まり組織されるボランタリー・チェーンが含まれる。

▷**中抜き論**
卸売業を介さずに生産者と小売業者が商品を取引することや，卸売業や小売業を介さずに生産者と消費者が直接に商品を取引することで，流通過程における費用を削減しようという理論。

（推薦図書）
鈴木安昭『新・流通と商業第6版』有斐閣，2016年。

商店街の現状と役割

① 商店街の分類

　みなさんは商店街に対して，どのようなイメージをもっているだろうか。人が行き交う賑やかな商店街をイメージする人もいれば，人情味あふれる懐かしい雰囲気の商店街をイメージする人もいるであろう。また，**シャッター通り**と化したさびれた商店街をイメージする人もいるのではないだろうか。全国には，1万を超える商店街が存在するといわれており，人によってイメージする商店街は様々であろう。

　商店街は，それぞれ異なる特徴を有するが，中小企業庁が実施している商店街の調査では，次の4つのタイプに分類している。1）近隣型商店街（**最寄品**中心の商店街で地元住民が日用品を徒歩または自転車などで通い買い物をする商店街），2）地域型商店街（最寄品および**買回り品**が混在する商店街で，近隣型商店街よりもやや広い範囲であることから，徒歩，自転車，バス等で来街する商店街），3）広域型商店街（百貨店，量販店を含む大型店があり，最寄品より買回り品が多い商店街），4）超広域型商店街（百貨店，量販店を含む大型店があり，有名専門店，高級専門店を中心に構成され，遠距離から来街する商店街）。

　もちろん，こうした分類にあてはまる商店街だけではなく，神社の参道やお寺の門前に形成されている観光地化した商店街や郊外の幹線道路に沿って形成されている商店街もある。商店街は，店舗の構成や商圏の違いだけではなく，成り立ちや形態も多様である。

② 組織としての商店街

　これまで，商店街の分類について取り上げてきたが，いずれの商店街においても共通していることは，特定の地域に小売業をはじめ飲食業やサービス業などの店舗が集中しているということである。商店街は，多数の店舗が集まっている商業集積として捉えることができる。

　ただし，多数の店舗が集まっているだけではなく，各店舗が組織としてまとまって何らかの事業や活動を行っている商店街も少なくない。組織の形態としては，法人格のある**商店街振興組合**や**事業協同組合**の場合や法人格のない任意の組織（例えば，「○○商店会」など）の場合もある。これらの組織が補助金の受け皿となって商店街の整備や活性化のための事業に取り組んだり，独自の活動

▷**シャッター通り**
⇨ XII-7「企業城下町と地域社会」も参照。

▷**最寄品**
日用品や日々の食料品など購入頻度が高い商品。わざわざいくつかの店舗を回って比較したりせず，最寄りの店舗で購入する商品。

▷**買回り品**
家具や家電製品などの耐久消費財や趣味品。いくつかの店舗を回って価格や品質を比較して購入する商品。

▷**商店街振興組合**
商店街が形成されているエリアの事業者が共同して経済事業を行ったり，地域の環境整備を行うことを目的に設立される組合。商店街振興組合法（1962年制定）に則って設立される。

▷**事業協同組合**
中小企業が共同して設備の近代化を図ったり，材料や資材等の仕入・購入することなどの経済活動を行うために設立される組織。中小企業等協同組合法（1949年制定）を根拠としている。

として各種のイベントなどを開催したりしている。

　個々の店舗だけでは解決できない課題や効果が上がらない取組みについて，組織としてまとまることで対応している。

3 繁栄する商店街と衰退する商店街

　中小企業庁は，全国の商店街の現状を把握するため，「商店街実態調査」を行っている。2018年度の同調査によると，「商店街の最近の景況」として「繁栄している」と回答している商店街の割合は2.6％にとどまっている。以下，「繁栄の兆しがある」が3.3％，「まあまあである（横ばいである）」が23.5％，「衰退の恐れがある」が30.2％，「衰退している」が37.5％となっている。

　多くの商店街が「衰退している」あるいは「衰退の恐れがある」と回答しているが，その背景としては，商店街に魅力のある店舗が減っていることや業種や業態に偏りがあり，顧客から支持を得られなくなっていることが挙げられる。さらに，地域の人口が減少していることや近郊の大型店に客足を奪われていることなども挙げられる。

　商店街の衰退を象徴する現象として空き店舗の増加がある。商店街に空き店舗が増え，日中でもシャッターが閉まったままの店舗が目立つようになったり（シャッター通り），空き店舗が撤去されて空き地が増えたりすると，商店街にますます人が寄りつかなくなるといった悪循環に陥ることになる。商店街組織として独自に空き店舗への出店支援や有効活用に取り組んでいるところもあるが，行政でもこうした取組みを後押ししている。

4 商店街の役割

　全国各地で商店街の衰退が叫ばれる一方で，近年，商店街の果たしている役割が見直されつつある。そのきっかけの１つとして，高齢社会の到来により，自動車で郊外の大型店やショッピングセンターまで買い物に行くことができない高齢者が増えていることが挙げられる。商店街が身近な買い物の場として存続することが，いわゆる**買い物弱者**を生みださないためにも重要であると考えられている。

　また，地域において人々の繋がりが希薄化する中で，商店街は，地域の人々の交流の場になっていることも見直されている。高齢者や子ども，子育て世代の親たちなどに交流の場を提供している商店街もある。町に賑わいをもたらすことも，商店街の役割として期待されている。さらに，商店街は，小売業やサービス業で起業を目指す人たちの起業の場としても注目されている。

　このように，商店街は，買い物の場としてだけではなく，人々の交流の場や起業の場としての役割も果たしていることを見逃してはならない。

（山本篤民）

▷１　山形県酒田市の中町中和会商店街は，空き店舗の跡地を活用して，屋台村「北前横丁」を整備して，にぎわいを取りもどした。

▷**買い物弱者**
居住の地域に日常の買い物ができる商業施設がなく，交通機関が弱体化して商業施設に買い物に行くことも困難な状況に置かれている人々。

(推薦図書)

小川雅人『商店街機能とまちづくり：地域社会の持続ある発展に向けて』創風社，2017年。

大規模店舗の出店の影響

1 大規模店舗と中小小売業者との競合

　百貨店や大型スーパー，ショッピングセンターなどの大規模店舗は，同じ商圏に立地する中小企業の小売業者（以下，「中小小売業者」とする）の存続をも左右する存在といえる。大規模店舗は，大量仕入れ・大量販売といった**スケールメリット**を活かすことで，中小小売業者よりも有利な経営を展開することができる。そのため，自由な競争に任せておくだけでは，中小小売業者は大規模店舗に太刀打ちすることができずに，やがては倒産や廃業に追い込まれてしまうことなる。

　こうした事態は，倒産・廃業に追い込まれる中小小売業者のみならず，消費者にとっても不利益になりかねない。仮に中小小売業者が淘汰され，大規模店舗だけになってしまうと，消費者にとっては買い物の場を選択することができなくなってしまうからである。さらに，売り手の**独占**や**寡占**が進むと価格や販売数量がコントロールされてしまうことも懸念される。このようなことから，大規模店舗のみならず，多数の中小小売業者が存立していることが消費者にとっても，健全な小売市場を維持する上でも重要であると考えられる。

2 商業調整政策

○百貨店法の制定

　日本において，大規模店舗と中小小売業者との軋轢が表面化したのは，戦前にまで遡る。1920年代に発展した百貨店が，顧客のターゲットを富裕層から一般消費者にシフトしていったことをきっかけに，百貨店と中小小売業者が競合するようになっていった。特に問題とされたのは，百貨店による**不当廉売**により，中小小売業者の経営が圧迫されているということであった。

　こうした問題を受けて制定されたのが百貨店法（1937年制定）である。同法が制定されたことにより，一定の売り場面積を超える百貨店が店舗の新設や増設をする際には行政の許可が必要となり，営業時間や営業日数にも規制が設けられるようになった。同法は，大規模な百貨店の事業活動を調整することで，周辺に立地する中小小売業者の事業機会を確保することをねらいとしていた。

　このような商業調整の政策は，戦後にも引き継がれていくことになった。百貨店法は，戦後の一時期は廃止されていたものの，戦後の復興過程で百貨店が

力を盛り返していくと，中小小売業者との軋轢が再び強まっていった。こうした中で1953年に再び百貨店法が制定されることになった。

○大規模小売店舗法の制定

高度経済成長期になると，小売市場では**スーパーマーケット**が急成長していくことになった。スーパーマーケットの多くは規模の上では百貨店法の対象にならないこともあり，中小小売業者との競合が激しくなっていった。中小小売業者の危機感が高まる中で，「百貨店法」が廃止され，スーパーマーケットの規模の店舗をも対象とする「大規模小売店舗法」（1973年）が制定されることになった。

大規模小売店舗法も一定の規模以上の店舗に対して営業時間や営業日数に規制を設けている。しかし，その一方で新規の出店に関しては「許可制」から「届出制」に変更されたので，その面では出店のハードルが下げられたといえよう。

その後，1970年代後半には大規模小売店舗法の規制が一時的に強化されることになる。だが，1980年半ば以降になると，政府は，規制緩和や競争政策を重要視するようになり，事業活動を規制したり，調整したりする大規模小売店舗法はこうした政策に反するものと考えられるようになっていった。また，アメリカからの外圧もあり，大規模小売店舗法の規制は徐々に骨抜きになっていき，2000年には法律そのものが廃止されることになった。

3 商業調整からまちづくりへ

商業調整に代わり，新たな政策的課題としてクローズアップされたのが「まちづくり」である。1990年代頃から，特にまちの中心部の衰退が各地で問題とされるようになっていた。このような状況のもとで，「まちづくり3法」と称される「大規模小売店舗立地法」（1998年制定・2000年施行），「中心市街地活性化法」（1998年制定），「改正都市計画法」（1998年施行）が制定・施行された。

大規模小売店舗立地法は，大規模店舗の出店にあたって配慮すべき事項（交通渋滞・騒音・廃棄物処理等）を定め，地域の住環境との調和を図ることが目的とされている。また，中心市街地活性化法は，中心市街地を活性化させるための基本計画を策定し，国に認められると各種の支援が受けられるというものであった。改正都市計画法は，市町村が独自に特別用途地区を設定できるようにした。

まちづくり3法の施行により，中心市街地に活気が戻ったかというと，その成果は乏しかったと評価されている。まちづくり3法の施行後，郊外への大規模店舗の出店が加速し，中心市街地がさらに衰退するといった事態が生じた。そのため，2006年には，まちづくり3法が見直され，まちの機能を中心市街地に集中させる**コンパクトシティ**が目指されることになった。　　（山本篤民）

▷スーパーマーケット
⇨ XI-1 「商業分野における中小企業」

▷コンパクトシティ
まちの中心部に住宅や商業施設，行政施設などを集中させた都市。コンパクトシティの構想は，まちの中心部の活性化やまちの機能が郊外に拡散することを防ぐこともねらいとして唱えられている。

（推薦図書）
足立基浩『シャッター通り再生計画』ミネルヴァ書房，2010年。

日本の商習慣と流通制度

① 日本の流通構造と流通革命

○第一次流通革命

▷卸売
⇨ XI-1 「商業分野における中小企業」

日本の流通構造は，生産者と小売業者の間に多段階にわたって**卸売**業者が介在しており複雑であることが従来から指摘されてきた。こうした流通構造は非効率であり，変革すべきだといったことも繰り返し論じられてきた。高度経済成長期に唱えられた流通革命もその1つである。

高度経済成長期には，人々の旺盛な消費と，それに伴う生産の拡大により，大量の商品を効率よく流通させることが強く求められるようになった。こうした中で，小売業の分野では**セルフ方法**で商品を大量に販売するスーパーマーケットが台頭した。スーパーマーケットの台頭は，卸売業の分野を変革するきっかけにもなった。これまで多段階にわたって取引に介在していた小規模な卸売業者が排除され，大量流通に対応可能な卸売業者に取引を集約することが促されることになった。もちろん，小規模な卸売業者が完全に排除されたわけではないが，事業内容の見直しを迫られた卸売業者も少なくない。

▷セルフ方法
店内の各商品に値札等で価格が表示されており，顧客が自ら買物カゴやトレーなどで商品を選び取り，精算所（レジ）において一括して商品の支払いを行う販売の方法。

○第二次流通革命

さらに，1980年代後半には，第二次流通革命が唱えられた。この時期は，情報技術の進展が流通のあり方に変化をもたらすことになった。その代表例としては，コンビニエンス・ストアをはじめ小売業に導入されていった**POSシステム**が挙げられる。POSシステムの普及により，商品の迅速な受発注や納入，売れ筋商品の分析などデータに基づく商品管理が行われるようになっていった。

情報技術の活用により効率化を図った小売業者や卸売業者がいる一方で，情報化への対応が困難であった小規模な卸売業者や小売業者は，競争の上で苦戦を強いられることになった。

▷ POSシステム
POS（point of sales）システムとは，精算時にレジで商品に付けられたバーコードを読み取ることで，いつ・どのような商品が，いくらで，いくつ売れたかといった情報を収集し，その情報を在庫管理や商品の発注などに活用する「販売時点情報管理システム」のこと。さらに，収集された情報を分析して店舗経営や商品開発にも活用される。

② 日本の商取引に残る商習慣や制度

○建値制

今日，国境を越えた貿易取引や投資がますます盛んに行われるようになっている。こうした中で，国際的な商取引のルールづくりが進められているが，それぞれの国に独自の商習慣や制度が残っていることも事実である。その点は日本も例外ではなく，外国企業が日本の市場に参入しようとする際に，日本独自

の商習慣や制度が参入障壁になっていると批判されることもある。

　日本の商習慣の1つとして，建値制が挙げられる。建値制とは，生産者が流通段階で確保すべき利潤を見込んで小売価格を決める制度である。値崩れを防ぐための措置であるが，生産者が小売業者に販売価格を指定することは一般的に禁じられている。そのため，実際には，メーカー**希望小売価格**といった形で小売業者の販売価格に影響を与えている。こうした制度は，生産者が流通業者に対して支配的な力をもっている場合には成り立つが，量販店やチェーン店など**バイング・パワー**のある小売業者に対しては十分に機能するものではない。むしろ，生産者が激しい競争にさらされているような場合には，商品の販売促進の名目で販売代金の一部を小売業者に払い戻すリベート制がとられている。

○再販売価格維持制度

　生産者が卸売業者や小売業者に対して価格を指定することは，独占禁止法によって禁じられている。ただし，書籍や雑誌などの著作物は，例外とされている。出版社は書籍や雑誌の価格を決定し，書店は値引きなどを行うことなく決められた定価で販売している。このような制度を再販売価格維持制度という。

　書籍や雑誌が再販売価格維持制度の対象とされているのは，これらは文化的な商品であり，消費者が全国どこでも同じ価格で書籍や雑誌を購入する機会を提供することが必要であると考えられているからである。また，小規模な出版社でも自ら定価を定めることで，書店の価格競争などに巻き込まれることなく，出版活動が行えるようにすることを目的としている。

③　流通系列化の現状

　生産者が自社製品の販売を管理・促進するための方法として流通系列化が進められてきた。流通系列化は，家電製品や化粧品の分野において典型的にみられたように，大手の生産者のもとに商品の取り扱いを許された中小の卸売業者や小売業者が組織されている。

　流通系列化のもとで，生産者は，卸売業者や小売業者に対してブランド名の使用を認めたり，従業員を店舗に派遣したり，販売設備の貸与や贈与をしたり，売れ残り商品の返品を受け入れるなどの優遇的な措置をとってきた。

　その一方で，卸売業者や小売業者には，他社の競合商品の取り扱いを制限したり，販売地域を限定したり，特定の仕入先を指定するなどしている。

　生産者が主導した流通系列化は，生産から販売までをコントロールすることで値崩れ防止や販売促進など，一定の効果を発揮してきた。しかし，今日では，バイング・パワーを発揮して価格決定の主導権を握る大型の小売店などが台頭したことや，インターネット販売が普及して消費者の購買行動が変化するなどして，流通系列化の有効性が失われつつある分野もみられる。（山本篤民）

▷希望小売価格
生産者が小売業者に対して「この価格で消費者に売ってほしい」と希望する小売価格。ただし，小売業者に対して拘束力をもつ価格ではない。

▷バイング・パワー
強力な販売力をもっている小売業者が生産者や卸売業者に対して優位性を発揮して商品を仕入れる購買力。バイング・パワーの発揮により，小売業者は，消費者に商品を安価で販売することが可能になるが，生産者や卸売業者に対する優越的な地位の濫用になる恐れもある。

推薦図書
坂本秀夫『現代流通の諸相』同友館，2016年。

チェーン店と中小企業

チェーンストアの仕組み

　みなさんが利用しているスーパーやコンビニエンス・ストア，ファストフード店やファミリーレストランの中には，全国どこでも同じ看板をかかげ，品揃えやサービス，価格や接客方法もほぼ統一されている店舗があるのではないだろうか。このように同一形態の複数の店舗を管理・運営している形態をチェーンストアという。

　チェーンストアの多くは，本部が経営方針を決定して，各店舗に対して経営指導やノウハウの提供を行っている。また，チェーンストアでは，本部が商品を**集中仕入**することで，スケールメリットを追求するなどしている。一方，各店舗は，消費者への販売業務やサービス業務を担っている。

　狭義におけるチェーンストアは，単一の企業のもとに，多数の店舗が直営で管理・運営されているもので，コーポレート・チェーンもしくはレギュラー・チェーンと称されるものである。広義には，複数の独立した企業によって構成されるボランタリー・チェーンやコーペラティブ・チェーン，フランチャイズ・チェーンもチェーンストアに含むものとして捉えられる。

2 多様なチェーンストア

○ボランタリー・チェーンとコーペラティブ・チェーン

　コーポレート・チェーンは単一の資本のもとに複数の店舗が直営で管理・運営されているのに対し，ボランタリー・チェーンやコーペラティブ・チェーンは，独立した小売業者同士が共同化した形態となっている。

　ボランタリー・チェーンは，卸売業者が主宰して本部の役割を担い，小売業者を加盟させる形態である。一方，コーペラティブ・チェーンは，小売業者自身が集まり本部を設立して共同化する形態となっている。なお，両者を合わせて「ボランタリー・チェーン」と称されることもある。

　中小規模の小売業者は，チェーンに加盟することで，集中仕入れや共同配送，共同宣伝など共同事業によるスケールメリットを享受することができる。そのため，中小規模の小売業者にとって，チェーンに加盟することは，大規模店舗に対抗する上での1つの手段にもなっている。

▷**集中仕入**
チェーン店などにおいて本部が各店舗の実績を分析して，一括して商品を仕入れる方法。スケールメリットの追求や仕入コストを削減するとともに，適切な在庫管理にもつながる。

○フランチャイズ・チェーン

　フランチャイズ・チェーン（FC）では，本部（フランチャイザー）が加盟店（フランチャイジー）を募集して，加盟店に対して**商標**の使用権を認めたり，経営ノウハウを提供したり，商品供給を行っている。一方，加盟店は，本部に対して**ロイヤリティー**を支払うことで成立している。店舗については，本部が直営店として建設して自ら管理・運営しているものと，加盟店側が店舗を建設して経営しているフランチャイズ店がある。こうしたフランチャイズ・チェーンのシステムは，コンビニエンス・ストアをはじめとした小売業や飲食店，サービス業などにも広がっている。

　フランチャイズ・チェーンへの加盟は，既存の中小規模の小売業者や飲食業者のみならず，新規の創業希望者が加盟するケースもみられる。創業希望者は，フランチャイズ・チェーンの商標や経営ノウハウを利用できることや商品の仕入れ先を確保することで，創業期の企業の欠点でもある知名度や信用の不足，経営者の知識・経験の不足を補うことができる。もちろん，創業希望者に限ったことではなく，既存の中小規模の小売業者がコンビニエンス・ストアなどのフランチャイズ・チェーンに加盟するのも，知名度や信用の向上，経営ノウハウ，商品の仕入れ先の獲得など経営基盤の強化が期待されるからである。

③ コンビニエンス・ストアの現状

　日本フランチャイズ・チェーン協会の調査によると，全国には約5万5000店舗のコンビニエンス・ストア（同協会の正会員7社が対象）が営業している。コンビニエンス・ストアは，POSシステムによる売れ筋商品の分析や商品管理の徹底，多頻度配送による品切れの防止など近代的な情報技術を活用して効率の良い経営により成長を遂げてきた。このような近代的な側面とともに，家族経営を基礎とする旧来的な側面をも残している。実際にコンビニエンス・ストアの加盟契約にあたって，夫婦や親子など2名での加盟を条件としているところもある。つまり，長時間営業の店舗の運営は，夫婦や親子をはじめ**家族労働**に依拠せざるを得ないことを物語っている。

　近年，コンビニエンス・ストアの店舗数が飽和状態にあるともいわれ，競争が一段と激しくなっている。こうした中で，本部と加盟店との間のトラブルが問題となっている。例えば，フランチャイズ本部は，**ドミナント戦略**により新規出店を進めているが，そうした戦略は同一チェーン店同士の過当競争を引き起こしている。その結果，売上低下を余儀なくされる加盟店があらわれたり，加盟店のオーナーの年収が当初に本部から示された額を大幅に下回る事態も生じている。本来，本部と加盟店は，対等な事業者として共存共栄も目指すものとされている。しかし，フランチャイズ契約のもとで，加盟店が自らの経営努力だけでは克服しえない困難な状況に陥る場合もみられる。　　　　（山本篤民）

▷**商標**
自社の商品やサービスを識別するために使われる文字・図形・記号などの標識。自社が製造・提供する商品やサービスであることを知らせるためのマーク。近年，文字や図形に加え，「動き」，「音」，「色彩」なども商標としての保護の対象になった。

▷**ロイヤリティー**
本部のもつ商標や経営ノウハウの利用にあたって加盟店が支払う料金。利益や売上高などの一定の割合として算出される場合や，定額の場合など様々である。

▷**家族労働**
一家の家業を支えるための家族構成員による労働。主に家族を中心として事業が営まれている場合には，事業主の家族による労働が大きな位置を占めることになる。⇨Ⅳ-4「ファミリー・ビジネスと中小企業」

▷**ドミナント戦略**
チェーン店などが特定の地域に絞って集中的に出店する戦略。地域内での市場占有率を高め独占状況をつくりだすことや，商品配送などの効率化を図ることを目的とする。

（推薦図書）
木下安司『コンビニエンスストアの知識（第2版）』日本経済新聞出版社，2011年。

サービス業における中小企業 ：生活衛生関連業種のケース

① サービス業としての生活衛生関連業種

　日本において，全産業に占めるサービス業の比重が高まっているにもかかわらず，サービス業における中小企業はほとんど取り上げられることがない。

　サービス業には様々な業種があるが，ここでは生活衛生関連業種について取り上げる。この業種は，厚生労働省が所管する法律「生活衛生関係営業の運営の適正化及び振興に関する法律」（1957年6月法律第164号，略称：生衛法）で規定する18の業種からなる。

　これら18の業種とは，具体的には，理容店，美容店，興行場（映画館），クリーニング店，公衆浴場（銭湯），ホテル・旅館，簡易宿泊所，下宿営業といったサービス業，また食肉販売店，食鳥肉販売店，氷雪販売業（氷屋）といった販売業，さらには，すし店，めん類店（そば・うどん店），中華料理店，社交業（スナック・バーなど），料理店（料亭など），喫茶店，その他の飲食店（食堂・レストランなど）といった飲食業を指す。

　これらの営業は，「いずれも国民の生活に不可欠なサービスや商品を提供しており，公衆衛生の見地から国民の日常生活に密接に関係しているところから，これらの営業の経営の健全化，衛生水準の維持向上等を図ることにより国民生活の安定に寄与することを目的」として，生衛法により営業者の自主的活動の促進，経営の健全化の指導などといった行政施策が講じられている。また**全国生活衛生営業指導センター**によって，生活衛生関係営業の振興を図るための各種指導事業および調査・研究事業がなされている。

　特徴的な点は，生活衛生関係営業を営む場合に，保健所の許可または保健所への届出が必要になるという点である。いずれの営業も食品衛生法および理容師法，旅館業法，クリーニング業法など個別の業法によって規定されている。

② 生活衛生関連企業の存立実態

　生衛法が規定する18の業種のうち，理容店，美容店，興行場（映画館），クリーニング店，公衆浴場（銭湯），ホテル・旅館，飲食店に限って，衛生行政報告例を頼りに（側注1），企業（正確には事業所数）の存立実態をみていく（飲食店が2014年3月末時点，それ以外の業種は，2015年3月末時点のもの）。

　生活衛生関連企業が運営する営業許可施設数は，一部の例外を除いて，この

▷1　厚生労働省HP（「生活衛生関係営業概要」1.生活衛生関係営業）より。（2019年11月16日閲覧）
▷**全国生活衛生営業指導センター**
都道府県生活衛生営業指導センターおよび生活衛生同業組合連合会の健全な発達を図るとともに，衛生水準の維持向上および利用者または消費者の利益の擁護の見地から生活衛生関係営業全般の健全な発達を図ることを目的として，「生活衛生関係営業の運営の適正化及び振興に関する法律」第57条の9の規定に基づき設立された厚生労働省所管の公益財団法人であり，生衛業の振興を図るための各種の指導事業および調査・研究事業を実施している。

数年において軒並み減少する傾向にある。具体的には，理容所数は，12万6546施設であり，前年度比1.2％の減少となった。理容所は1986年をピークに減少傾向が続き，1996年と1997年に若干増加したものの，1998年度以降に再び減少している。美容所数は，23万7525施設で前年度比1.5％の増加となっており，他の業種と比べて例外的である。興行場数は，4745施設で，前年度比0.8％の減少となった。うち，映画館は，1496館で前年度より28館の減少となった。クリーニング店の営業許可施設数は，10万8513施設で前年度より5054施設の減少となった。公衆浴場の営業許可施設数は2万6221施設である。そのうち，公営と私営の普通浴場を合計した一般公衆浴場は4293施設となり，減少が続いている。1970年当時では浴場業の87％を一般公衆浴場が占めていたが，2014年度には16.4％まで減少した。旅館業の営業許可施設数は，7万8898施設であり，前年度より621施設の減少となった。そのうちホテル営業施設数は9879施設，旅館営業施設数は4万1899施設，簡易宿所数2万6349施設となっている。飲食店の営業許可施設数は，142万5737施設で前年度より945施設の増加となった。

③　生活衛生関連企業の経営課題

　日本政策金融公庫国民生活事業本部生活衛生融資部が2019年9月に実施した調査によれば，生活衛生関連企業が直面する経営上の問題は，多いものから，「顧客数の減少」（47.5％），「仕入価格・人件費等の上昇を価格に転嫁困難」（34.0％），「店舗施設の狭隘・老朽化」（23.7％），「従業員の確保難」（22.2％），「客単価の低下」（21.1％）となっている。

　同じく日本政策金融公庫国民生活事業本部生活衛生融資部が2015年6月上旬に実施した特別調査によれば，生活衛生関連企業が売上拡大に向けて取り組んでいる内容は，「商品・サービスの改善・新規開発」（65.2％）が最も多く，次いで「価格の見直し」（36.8％），「人材の採用・育成」（27.5％）となっている。

　売上拡大に向けて強く意識する課題として，「商品・サービス力のアップ」（65.6％）が最も多く，次いで「経営の参考となる情報の収集」（27.7％），「知名度の向上」（27.2％）となっている。売上拡大に向け障害となっている外部環境は，「顧客の高齢化」（44.2％）が最も多く，次いで「消費者の低価格志向」（37.9％），「同業者との競合が激しい」（23.7％）となっている。また，人材の採用・育成に向けて取り組んでいる内容は，「賃金アップ」（20.3％）が最も多く，次いで「長時間勤務を減らす」（18.6％），「若手の採用・育成」（16.2％）となっている。しかしながら，人材の採用・育成について取り組んでいることが「特になし」と回答した企業の割合が約半数を占めた。　　　　　　　（関　智宏）

▷2　「持ち直しの動きに足踏みがみられる生活衛生関係営業の景況—生活衛生関係営業の景気動向等調査結果（2019年7〜9月期）」
この調査は，2019年9月上旬に，生活衛生関係営業3290企業に対して郵送で実施したアンケート調査である。有効回答企業数は3151企業であり，回収率は95.8％であった。なお業種別の内訳は次のとおり。飲食業1443企業，映画館55企業，食肉・食鳥肉販売業157企業，ホテル・旅館業177企業，氷雪販売業55企業，公衆浴場業108企業，理容業423企業，クリーニング業264企業，美容業469企業，であった。

▷3　「生活衛生関係営業の景気動向等調査結果（2015年4〜6月期）特別調査結果」
この調査は，2015年6月上旬に，生活衛生関係営業3220企業に対して郵送で実施したアンケート調査である。有効回答企業数は3061企業であり，回収率は95.1％であった。なお業種別の内訳は次のとおり。飲食業1452企業，食肉・食鳥肉販売業147企業，氷雪販売業59企業，理容業375企業，美容業434企業，映画館52企業，ホテル・旅館業169企業，公衆浴場業115企業，クリーニング業258企業，であった。

7 観光産業と中小企業

▷1　外国人観光者数・消費額の推移
近年，日本政府はインバウンド観光政策に注力し，ビザ緩和，免税制度の拡充，出入国管理体制の充実，航空ネットワーク拡大などを実施し，訪日外国人旅行者数は2003年521万人→2017年2869万人の約5.5倍になり，訪日外国人旅行消費額（年間，1人あたり）は2011年8135円→2017年4万4161円の約5.4倍となっている（観光庁「次世代ヘルスケア産業協議会第10回新事業創出WG」資料，2018年）。

▷2　長野県白馬村の挑戦
1998年冬季五輪の会場になった白馬村。白馬岳を中心にリゾート地として開発され，昭和の終わりから平成の初めにかけて，スキー客で大いににぎわった歴史がある。その後はスキーブームの終えんとともに白馬の観光地利用者数も激減し，飲食店や宿泊施設の閉店も相次いだ。しかし，2005年あたりから年間約3万人の外国人旅行者が訪れるようになり，2017年には11万人以上の外国人が白馬を訪れるようになった。その理由は，自然環境のすばらしさ，地元の受け入れ態勢，大都市からの好アクセス，地道なプロモーション活動の継続にあるとされる。移住し

1 なぜ，今，観光産業なのか

　観光振興を国としての重要な政策の1つに据え，一層の発展を図ろうとする日本政府の姿勢は，21世紀に入って明確となり，そのための具体的な動きが加速化している。2006年に「観光立国推進基本法」が，「観光基本法」（1963年制定）を全面的に改正する形で成立した。日本の発展を支える政策としての標語として，かつての「貿易立国」をはじめとして近年の「科学技術立国」「環境立国」「知的財産立国」など，「立国」を付した語はいくつも生まれているが，名称に「立国」が明示された法律は，これが初となる。また，2008年10月には，観光庁が発足し観光政策を押し進める機関が設立された。しかし，観光政策を重視する動きは，日本に限ったことではなく，世界的な潮流でもあり，多くの国々が観光客を集めようと，互いに競い合っている状況である。各国が観光振興に注力する誘因としては，裾野が広い観光関連産業のもつ経済波及効果への期待が最も大きいとみられる。人口減少社会・経済成長の鈍化などによる閉塞感漂う日本の今後の成長のためには，アジアにおける観光ブームなどによるツーリズム人口の拡大，東京オリンピック・パラリンピックの開催決定などにより，新たな起爆剤が不可欠とされている。▷1

　また，昨今，地域住民が自分たちの住む地域を評価する動きが出始めている。それは，いわゆる財政指数，環境，情報公開などの自治体ランキングや，地域をフィールドワークし，自らの地域を「まちなか歩き」し，再発見しようとするなど様々な形がある。つまり，他地域にない，その地域ならではの独自の魅力とは何か，地域の内外から，その付加価値が求められかつ問われる時代がやってきている。▷2

2 ものづくりのまち：東京都墨田区

　次に，地域資源としての製品や商品を創り出す現場である「工場」に着目し，ものづくりと観光の融合化に取り組む東京都墨田区を事例に紹介する。元来大相撲が行われる両国国技館や江戸東京博物館など，江戸以来の魅力ある歴史と伝統文化が色濃く残る墨田区は，葛飾北斎や勝海舟など歴史上の人物ゆかりの地でもあり，東京を代表する文化豊かなまちである。一方，江戸時代から現代に伝わる熟練の「わざ」が今も残るとともに，明治時代に日本の近代軽工業が

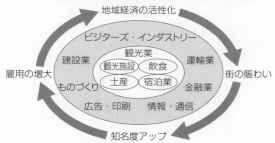

資料XI-1　ビジターズ・インダストリーの概念図

地域経済の活性化

ビジターズ・インダストリー

観光業

建設業　（観光施設）（飲食）　運輸業

雇用の増大　ものづくり　土産　宿泊業　金融業　街の賑わい

広告・印刷　情報・通信

知名度アップ

出所：墨田区観光振興プラン。

発祥して以来，製造業が集積・発展し，現在も様々な業種の中小企業が存立する「ものづくりのまち」でもある。

③ すみだ3M運動の展開

　墨田区は，1985年より，墨田区の産業や産品の魅力を伝え，ものづくりの素晴らしさなどをアピールする「**すみだ3M（スリー エム）運動**」を展開している。その取組みとして，製品，道具，文献・資料などのコレクションを展示する「**小さな博物館**（Museum）」，優れた技術ですみだの産業を支える技術者を認定する「**すみだマイスター**（Meister）」，製造現場と店舗が一体となった「**工房ショップ**（Manufacturing Shop）」などが実施されている。この運動は，工場や民家の一部を博物館として公開したり，製造と販売が一体化した新しいスタイルの店舗づくりなど，地域一体となって取組みを進めている。また，実際に職人の仕事を垣間見ることができ，技術伝承の深い意味をもつ事業でもある。

④ ものづくりと観光の融合化

　特に，注目したいのは，これまでのものづくりに加え，観光振興を通じて，さらなる産業振興も図り，地域活性化へと結びつけるプラスの連鎖・循環を促していくことを目指す「ビジターズ・インダストリーの創出」の展開である（**資料XI-1**）。

　ビジターズ・インダストリーとは，観光客など地域を訪れる人々（ビジターズ）による賑わいを，地域づくりの柱となる産業（インダストリー）として捉え，地域資源を活かしたプログラム開発と提供などを図ることにより，地域活性化を目指そうとする考え方である。墨田区は，地域の魅力を「探る」「磨く」「活かす」ことに本気で取り組む最先端の街であり，ものづくりと観光を融合させた「産業観光振興」は，政策として大きな可能性をもっている。（梅村　仁）

▷ **すみだ3M運動**
⇨ III-8「地方自治体の中小企業政策」も参照。

▷ **小さな博物館**
戦前から現在までの商品や工作機械，文献，資料など，墨田区を象徴する産業と文化に関わる「もの」のコレクションを，工場・作業場・民家の一部を利用し，現在27館にて展示している

▷ **すみだマイスター**
付加価値の高い製品をつくる技術者を認定し，その技術を公開してもらうことにより，技術の普及・向上を図り，さらに次世代への技術の継承，技術者の育成を目的とした運動である。現在36名が「すみだマイスター」に認定されている。

▷ **工房ショップ**
製造現場と販売店舗が一体となった新しいスタイルを取り入れたショップ。オリジナル商品の販売やものづくりが教育上の観点から大きく注目されていることから，修学旅行生のものづくり体験なども受け入れ，墨田区の提唱する「工房文化の都市」の実現に向け，現在27ショップが運営されている。

た外国人がオープンするカフェや宿泊施設も生まれ，現在白馬村では通年観光（冬だけに頼らない）を目指す動きが活発化している。

地域における中小企業

 中小企業への期待

　『中小企業白書』（2019年版）によれば，日本の企業数は359万となっており，うち99.7％にあたる358万者が中小企業者・小規模企業者である（2016年 6 月時点）。また，地方圏に所在する企業184万のうち，99.9％が中小企業者・小規模企業にあたる。従業員数をみると（**資料XII- 1**），従業員総数4679万人のうち，大企業の従業員数は31.2％を占め，中小企業・小規模企業の従業員数は68.8％，さらに地方圏に目を向けると，従業員総数の82.0％が中小企業・小規模企業となる。

　このように，中小企業が雇用や経済に多大な影響を与えており，特に地方圏においてその影響が顕著であることがわかる。中小企業は，今後グローバル企業として日本経済を牽引する企業の「苗床」としての役割のほか，部品供給等を通じたサプライチェーンにおける担い手として日本の製造業を支え，さらには，地域の経済・社会・雇用を支えている。また，昨今，徳島県神山町[1]などの地方都市において，サテライトオフィスを設置する企業が増えている。働き方改革の一環として，「職住近接」の観点から従業員が通いやすい環境整備に注力するとともに，地域貢献に寄与する潮流が存在する。

▷ 1　徳島県神山町の取組み
　徳島県神山町は，農業を主産業とする人口約5200人の山村である。住民の発案をもとに，道路の美化運動，人形返還運動，国際交流等について，未来をみながら創造的にコト（プロジェクト）を進めてきたことが，現在のIT 中小企業の進出に結びつき，国内外から注目されている。特に，町が保有する「ゆるい（自由度の高い）空間」が中小企業，起業家，若者を魅了し，地域活性化に繋がった地域である（梅村仁「地方都市における IT 中小企業の集積と地域活性化：徳島県神山町を事例として」『企業環境研究年報』第23号，2019年）。

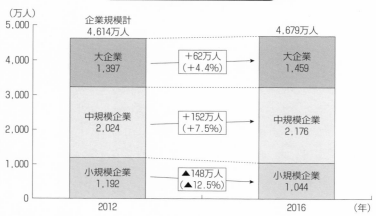

資料XII- 1　企業規模別従業者数の割合

出所：総務省・経済産業省「平成24年　28年経済センサス―活動調査」再編加工。

② 地域中小企業

　今日，地域中小企業という用語が日常的に使われるようになっているが，その背景として，地方の時代といわれるように，地方や地域に対する関心が高まっていることがある。地方や地域の担い手がそこで活動する中小企業であり，グローバル化が進んだ現在も立地地域を中心に活動していること，地方自治体が実施する施策は当該地方自治体の行政エリアの中小企業を対象にしていることなどがある。

③ 中小企業の地域貢献とソーシャルビジネス

　地域社会の問題は深刻化，多様化しており，問題解決のために，行政だけでなく地域住民や企業，NPO など地域構成員の貢献が期待されている。中小企業は地域経済の担い手であり，事業活動を介して多くのネットワークや経営資源をもっている。また，財政状況の厳しさから行政による支援への制約が強まる中，地域貢献活動の持続性確保が重要となっているが，中小企業はこれに必要なビジネス的手法や考え方も保有している。そうしたことから，地域を事業の基盤とする中小企業に対して地域課題解決への貢献が期待される。

　中小企業は従業員，販売・資材の調達など事業活動の多くを立地する地域に依存している。また，経営者，従業員は，その地に居住する生活者であり，都市計画（商業施設の配置，都市景観など），地域の文化，自然，人間関係・相互扶助などの状況は，生活の質に関わってくる。したがって，中小企業の地域への貢献は，自らの事業基盤の強化，経営者・社員の生活の質の向上に寄与することにもなる。地域の状況が厳しさを増す中，地域の課題解決へのニーズ，シーズともに増加しており，中小企業の貢献が期待されている。なお，地域における環境，貧困問題など様々な社会的課題の解決を目的として活動する**ソーシャルビジネス**が注目されている。ソーシャルビジネスには事業性という要件があり，地域貢献活動は事業性の有無を問わないという点で違いがある。つまり，ソーシャルビジネスと地域貢献活動は同じではないが，ソーシャルビジネスの多くは地域貢献を目的としているといえる。また，尼崎地域産業活性化機構（2015）の調査において，創業事業所の目的として，ビジネス目的より社会的目的が上回る傾向も指摘されており，ソーシャルビジネスの高まりがみてとれる（**資料XII-2**）。

　例えば，大里綜合管理株式会社（千葉県）は，1975年7月設立，不動産，建築業を営みつつ，地域貢献活動，各種イベント開催などを行っている。経営理念は「一隅を照らす〜生きていることに，めぐりあえたことに感謝し，お役に立ちます〜」。社会貢献事業は140ものプロジェクトにのぼる。　（梅村　仁）

資料XII-2　創業事業所の類型化による特性分析

		事業で重視すること	
		ビジネス志向	社会的志向
創業の思いやきっかけ	ビジネス目的	24.5%	4.6%
	社会的目的	43.0%	27.8%

出所：尼崎地域産業活性化機構（2015）。

▷**ソーシャルビジネス**
社会的課題の解決をビジネスとして，事業性を確保しながら，自ら解決しようとする活動がソーシャルビジネスである。
▷ 2　尼崎地域産業活性化機構「尼崎市における新規立地に関する実態調査報告書」2015年。

推薦図書

佐竹隆幸編著『現代中小企業のソーシャル・イノベーション』同友館，2017年。
吉見隆一「中小企業と地域貢献」『商工金融』62(2)，2012年。
池田潔「地域中小企業の競争戦略」『商大論集』62(3)，2011年。

地域における企業集積(1)：日本

1　産業集積の重要性

　産業集積は，特定の地理的範囲内に企業が多数集中している現象を指す。この場合，集積している多くが中小企業である。また，産業集積というと，一般的に「産地」ないしは「特定企業を頂点として集まった企業群によって形成された地域で，企業間に相互作用関係（分業や競争）がある場合も多い」とされる。

　このようなモデル的な見方の背景には，地域に外部からの需要を獲得する特定企業群があり，それらを中心として地域に閉鎖的な生産ネットワークが形成されているという考え方が想定されている。

　現在の集積地域の大きな問題は，かつて集積地域の頂点に位置し，企画・開発を行い，地域に生産を定着させて，需要と雇用を創出してきた企業が，様々な形で成長の限界に直面しているという事実である。背景には，東アジアへの量産シフトや国内の不況による全体的な需要の収縮，中核企業の成熟化と市場環境への不適合，製造業の分野における国際的な競争の激化などが挙げられる。その結果，中小企業が特定企業を中心とする閉鎖的な分業ネットワークに依存して企業活動を発展させることは難しくなりつつある。

　産業集積を構成するのは，個々の企業であり，互いの連携関係の中で産業集積の構造変化を引き起こしていくプロセスをみることが重要であり，特に，中小企業のネットワークや連携関係として産業集積の意義は高いと考えている。

　地域の有力な中小企業は，一方で地域の外も含めて市場や資源の調達先を広く捉えながらも，他方では地域の他企業や公的産業支援機関，大学，研究機関等との取引や連携関係を活用しながら，経済活動を行ってきた。また，中小企業が内外のネットワーク関係をもつことによって，経験と知識およびそれらをもつ人材が地域に蓄積されていく。したがって，地域の中小企業は，産業集積の諸機能に基礎づけられていると考えている。また，ネットワークなどの外部性創出メカニズムとしても，産業集積の意義が認識できよう。

　加えて，産業集積は，そこに関与する企業の技術の高度化や新規事業の創出を促し，地場の人材や技術を育てる「苗床」機能を担うとともに，知識や技術の伝達媒体機能も果たし，地域における連携関係の中で，経営革新のスタイルが伝播していく可能性ももち合わせているといえる。また，中核的な中小企業

▷1　東大阪市製造企業の取引状況

東大阪市製造企業の立地場所（本社）ごとの取引先数をみてみる。金属製品製造業の最大の取引関係は，大阪市（25.7％）で，次に東京都（12.9％），東大阪市（12.7％），八尾市（3.9％），一般機械製品製造業では，大阪市（27.7％），東京都（18.2％），神戸市（4.4％），東大阪市（4.3％）となっている。また，東大阪市と大阪市内区の取引をみると，金属製品製造業では，①東成区，②淀川区，③中央区，④西区・平野区，次に一般機械製品製造業では，①北区，②浪速区，③中央区，④東成区となっている。東大阪市では，大阪市を中心とする関西圏との取引が多いことが特徴としてみられ，企業間の取引における立地上の近接性の有効性（**地理的近接性**）がみられる。

▷地理的近接性
距離の重要性は，情報技術が普及した後でも変わらない。face to face のコミュニケーションは依然として，近くに立地することが大切であると考えられる。

や大企業からは，スピンアウトや人の異動を通じて，地域に優れた人材が供給され，新たな活性化の担い手となるなど，人や技術を育て，情報のスピルオーバーとスピンアウトを促進する場としても，産業集積は重要である。[12]

② 産業集積のメリット

産業集積には，多くの企業と業種が存在し，地域内には複雑な「分業関係」「競争関係」がつくり上げられており，産業集積のメリットは以下のように整理される。[13]

①多数の企業の集積を基盤とした企業間・業種間の分業による専門化や競争関係の進展

②広範な分業関係による技術や受注可能な領域の拡大

③多様な受注に対応するための分業の調整費用の低さ

④利用可能な資源の蓄積による創業や事業転換の可能性の高さ

⑤以上の事業環境を通じた個々の企業やネットワーク，地域といった各レベルでの技術水準や製品企画力・開発力の向上

③ 産業集積の分類

日本には，多数の産業集積地が存在する。『中小企業白書』(2000年版)において，産業集積は，①産地型集積，②企業城下町型集積，③都市型集積，④進出工場型集積，⑤広域ネットワーク型集積，⑥産学連携・支援施設型集積の6類型に分類されており，それぞれの形成過程を経て企業が集積され，経済発展に寄与してきた。特に，大都市圏における多様な中小企業が高度に集積する都市型産業集積は，その代表的な地域として，**東京都大田区**や**東大阪市**が挙げられ，「**集積の経済**」を生む源泉となっている。

④ 産業集積地域の展望

国内の産業集積地域が困難な状況を打開して，新たな活路を切り拓いていくには，各産業集積のもつメリットを活かしつつ，そこで事業活動を営む「意欲的な企業群」の活動を促進する環境，あるいは新産業創造の苗床となる環境をつくり，地域全体に波及させていく必要がある。

近年，地方自治体においては産業振興ビジョンや中小企業振興条例（八尾市，帯広市など）などを制定し，自治体独自に活性化を目指して様々な政策が展開されている。地域経営という視点から，自らの意思を明確にするとともに地域のあり方についてグランド・デザインを構築し，独立の政策主体として，今，かつてないほどに，自治体が期待されている時代であろう。地域のもつ資源の1つとして産業集積地域の存続・再活性化を政策課題として，捉えることも重要であろう。

(梅村　仁)

▷2　中小企業総合研究機構『産業集積の新たな胎動』同友館，2003年。

▷3　植田浩史「産業集積研究と東大阪の産業集積」植田浩史編『産業集積と中小企業』創風社，2000年。

▷東京都大田区
⇨X-6「町工場の存立と操業環境」

▷東大阪市
⇨X-6「町工場の存立と操業環境」

▷集積の経済
異業種の企業が集中して立地することで得られる外部経済のことをいう。多くの企業は，集積の経済があるために，多数の企業が立地している都市に好んで立地することで，さらに集積が発生して，集積の経済がより大きくなる。具体的な集積の経済の発生する要因として，取引関係にある異業種の企業が同一の地域（都市）に立地することで，取引に伴う交通やコミュニケーションにかかる費用を大きく節約できること，異業種の技術者が集うことで，新たな創造の発想によって，新しいアイディアなどが生まれ，企業の生産性向上につながることなどがある。

(推薦図書)

斎藤有希子「組織間の共同研究活動における地理的近接性の意味」『研究レポート』384号，富士通総研経済研究所，2012年。

梅村仁『自治体産業政策の新展開』ミネルヴァ書房，2019年。

3　地域における企業集積(2)：海外

▷1　伊藤正昭『新版　地域産業論』学文社，2003年。

▷柔軟な専門化
単一の工程に専門特化した中小企業群を，受注品の仕様によって柔軟に編成し，生産する方式。その特徴は，生産ネットワークを最適化させるため，中小企業群を柔軟にコーディネートするオーガナイザーが存在していること，およびオープンなネットワークを構築していること。

▷シリコンバレー
名称の由来は，多数の半導体メーカー（半導体主原料ケイ素：Silicon）が集まっていたこと，およびその地形（渓谷：Valley）から名づけられた。⇨ⅩⅤ-7「ベンチャー企業への支援」も参照。

▷大学発ベンチャー
日本の経済が持続的な発展を続けていくためには，イノベーションの連続的な創出が必要である。大学発ベンチャーは，大学に潜在する研究成果を掘り起こし，新規性の高い製品により，新市場の創出を目指す「イノベーションの担い手」として高く期待されている。

1　中小企業の集積を活かした事例：第三のイタリア

　第三のイタリア（サード・イタリー）とは，イタリアにおける中小企業や零細な手工業を中心に発達している都市や地域を指す概念のことをいう。該当する都市や地域は明確ではないが，イタリア中部・北東部を指すことが多い。

　これらの都市や地域は，中世以来の制度的，文化的な基盤が機能し，独立心が強く健全な企業感覚をもつ企業家精神が豊かであることから，独自の産地形成に作用したといわれる。また，南北に長いイタリアにおいて，大資本による近代工業化が進展したイタリア北部の都市（ミラノ，トリノ等）や，農業を主産業とするイタリア南部の都市とは異なる産業構造をもっている。特に，「**柔軟な専門化**」といわれる組織構造をもっていること，職人間のネットワークが極めて緊密であること，生産者の間の意思疎通が容易な関係にあること，ネットワークを活かした市場対応が極めて敏感であることが特徴である。

2　ベンチャー企業による新たな集積事例：シリコンバレー

　シリコンバレー（Silicon Valley）は，アメリカ・サンフランシスコの南部に位置しているサンタクララバレーおよびその周辺地域のことをいう。現在はアップル社やインテル社などかつてのベンチャー企業が成長し，IT企業の一大拠点となっている。

　シリコンバレー近くにあるスタンフォード大学出身の技術者であるヒューレット・パッカード氏が，エレクトロニクス，コンピュータ企業を設立し，この大学の敷地をスタンフォード・インダストリアル・パークとして，新たなテクノロジー企業を誘致したのが始まりといわれており，**大学発ベンチャー**の先駆けとなった。

3　主な産業集積論

　近年，産業集積が注目を集め，様々な分野で研究が行われるようになってきている。しかし，それぞれの研究の位置づけが必ずしも明確ではなく，産業集積をめぐる政策論議が活発になる中で，非常に複雑な状態でもあるようにみえる。そもそも，ウェーバーに始まる産業集積をモデル化して考察する理論的な研究の多くは「個々の企業の意思決定や行動」に焦点をあて，どのようにして

産業集積を形成するに至るのかを分析していた。それに対して，最近の多くの実証研究はマーシャルの系譜に位置づけることができ，その関心は「産業集積という一種の生産システム」の優位性とは何かに向けられている。

①マーシャル（Alfred Marshall）　著書『経済学原理』において「ある地域に集積された産業はふつう，たぶん正確な表現とはいえないが，地域特化産業と呼ばれている」とし，産業の地域的集中化の研究から外部経済の概念を明らかにしている。その解明しようとしている主題は，産業集積維持のメカニズムである。

②ウェーバー（Alfred Weber）　集積によって生じる費用低減を「集積の利益」として一括することによって，集積を費用最小化の観点からモデル化することに成功している。しかし，分析対象としているのは個々の企業であり，産業集積をシステムとして捉える視点は希薄である。

③ピオリとセーブル（M. J. Piore & C. F. Sabel）　彼らの主題は「フォーディズムといわれる大量生産体制の相対化と超克」であり，産業集積そのものを扱ったわけではないが，そのような近代のフォーディズム体制を超えるポスト・フォーディズムの可能性としてイタリアの中小企業の生産体制に触れており，その中で，A.マーシャルの産業地域論を再評価し，さらに一経営規模の拡大も含めて集積が論じられる中で，中小企業同士のネットワークの優位性を「柔軟な専門化」という概念で提唱した意義は大きい。

④クールグマン（Paul Robin Krugman）　現代の国際貿易をリードするのは，国という経済単位ではなく，むしろ空間的にはるかに小さなスケールの産業集積地域であるとした。

⑤ポーター（Michael Porter）　著書『国の競争優位』の中で，企業が競争優位を持続させる環境としての「ダイヤモンド理論」を提示し，世界経済の中での国の競争優位が**産業クラスター**の形成に成功するか否かにかかっていることを主張している。

⑥ジェイコブス（Jane Jacobs）　多様な業種に属する企業，とりわけ多くの中小企業が立地する都市の集積に着目し，業種を異にする企業の間に生じる知識のスピルオーバーの重要性を論じている。つまり，都市特有の多様な分業が枝分かれしていく形で，プロダクト・イノベーションが生み出されているという点を指摘している。

⑦フロリダ（Richard L. Florida）　クリエイティブクラスといわれる創造的・知的職業を担う人たちが魅力ある都市に集まり，そこで創造活動を繰り返すことで地域が活性化されるとし，つまり創造性に富む地域特性こそが知識産業集積に重要であると指摘している。　　　　　　　　　（梅村　仁）

▷産業クラスター
クラスターは，本来「群れ」「（ぶどうの）房」などを意味する。「産業クラスター」は，ぶどうの房のように企業，大学，研究機関，自治体などが，地理的に集積し，相互の連携・競争を通じて新たな付加価値（イノベーション）を創出する状態のことをいう。産業クラスターの代表例として，アメリカのシリコンバレーなどが挙げられる。また，日本におけるクラスター形成に向けた取組みは，2001年より経済産業省「産業クラスター計画」が開始され，全国19のプロジェクトが実施され，地場企業を中核とした取組みが行われている。⇒III-6「中小企業政策の展開(2)」
▷2 ⇒VII-6「IoTと中小企業」も参照。

4　地域開発と中小企業(1)：国土総合開発

1　国土総合開発の方向性：全国総合開発計画

　第二次世界大戦後，アジア諸国の中で最も早く工業化と経済成長を達成した日本では，国土における地域格差が大きな課題となった。その是正政策の指針となる「全国総合開発計画」が制定され，それを根拠とした産業政策が展開されることとなった。

　全国総合開発計画とは，国土の利用，開発および保全に関する総合的かつ基本的な計画であり，住宅，都市，道路等の社会資本の整備のあり方を長期的に方向づけるものである。全国総合開発は，1962年，地域間の均衡ある発展を目指して制定され，第一次の全国総合開発計画であることから略称として「一全総」と呼ばれる。その後，五次にわたる計画（全総，新全総，三全総，四全総，21世紀の国土グランドデザイン）が策定されているが，時代の要請をうけてそのねらいや政策の方向性は移り変わってきた。

2　地域産業政策の変遷

○高度成長期～1970年代

　日本は，高度経済成長期にかけて，重化学工業を中心に，三大都市圏（東京，名古屋，大阪）において産業が発展した。それに伴い，いわゆる都市への人口と産業の集中により，過密問題が生じた。また，それに反比例して，地方では過疎問題が深刻化し，こうした喫緊の課題を解決するため，工業の分散が図られることになった。そこで，工場の立地を規制するため，二大都市圏（東京，大阪）を対象にして，1959年「首都の既成市街地における工場等の制限に関する法律」，1964年「近畿圏の既成市街地における工場等の制限に関する法律」が制定された。この法律の目的は，都市部への産業および人口の過度の集中を防止し，生活環境改善を図るため，工業等制限区域について，工場および大学等の新設・増設を制限したものである。また，1972年には「工業再配置促進法」が施行され，工業集積の過度に高い地域からの工場移転が図られた。

○1980年代：オイルショック後の地方分散

　オイルショック以降，日本は高度経済成長期に終わりを告げ，低成長期に入るに伴い，産業構造の変化が起こり，重厚長大型産業を中心とした産業地域はその影響を受け，地域産業は停滞・衰退し，その活性化が緊急な課題となって

▷ 1　大阪湾ベイエリアの変貌
大阪湾周辺地域（ベイエリア）は，20世紀を通じて，鉄鋼・造船・化学工業等のいわゆる重厚長大産業を中心に関西のみならず日本の経済発展を牽引してきた産業集積地域である。しかし，産業の発展とともに急激な人口増加により，都市における住宅問題や公害問題が深刻化したことから，1960年代から工場等の地方移転が促進され，工場移転が相次ぐこととなる。また，1970～80年代から産業構造の転換が進んだことによりその活力が低下し，工場の停止，撤退などにより，これまで活気づいていた臨海地域に工場の遊休地が現れるに至った。1990年代には，大阪湾臨海地域開発整備法（通称：ベイ法）に基づき，ベンチャー企業の支援施設やレジャーランド（例：ユニバーサル・スタジオ・ジャパン）などの中核的施設整備が推進された。
▷オイルショック
⇨Ⅱ-3「安定成長期の中小企業（1970，80年代）」

資料XII-3　全国総合開発計画と主な地域産業政策

全国総合開発計画	主な地域産業政策
①全国総合開発計画（1962～68）〈拠点開発構想〉	1959　首都の規制市街地における工場等の制限に関する法律（工場等制限法・首都圏） 1962　新産業都市建設促進法 1964　近畿の規制市街地における工場等の制限に関する法律（工場等制限法・近畿圏） 1964　工業整備特別地域整備促進法
②新全国総合開発計画（1969～76）〈大規模プロジェクト構想〉	1972　工業再配置促進法 1973　工場立地法
③第三次全国総合開発計画（1977～86）〈定住構想〉	1983　高度技術工業集積地域開発促進法（テクノポリス法） 1988　地域産業の高度化に寄与する特定事業の集積の促進に関する法律（頭脳立地法）
④第四次全国総合開発計画（1987～2000）〈交流ネットワーク構想〉	1992　地方拠点都市地域の整備及び産業業務施設の再配置の促進に関する法律（地方拠点法）
⑤21世紀の国土のグランドデザイン（1998～2015）〈参加と連携〉	1997　特定産業集積の活性化に関する臨時措置法（地域産業集積活性化法） 1998　中心市街地活性化法 1999　新事業創出促進法

（注）　本文中で扱っていない法律も含んでいる。

出所：筆者作成。

きた。

　しかしながら，国の政策はこれまでの大都市圏からの工場分散化路線は維持したまま，都市から地方に移転・分散し，一定程度集積している地域を拠点として知識集約型産業の集積が図られ，1983年に「高度技術工業集積地域開発促進法（テクノポリス法）」，1989年「地域産業の高度化に寄与する特定事業の集積の促進に関する法律（頭脳立地法）」，1992年には「地方拠点都市地域の整備及び産業業務施設の再配置の促進に関する法律（地方拠点法）」が相次いで制定された。▷2

○1990年代以降：大都市の空洞化

　戦後の日本経済を支えてきた大都市圏を中心とする既存の産業集積や都市機能集積の空洞化の懸念が高まり，大都市における集積の維持・活性化のため1997年「特定産業集積の活性化に関する臨時措置法（地域産業集積活性化法）」が制定された。同法の目的は，海外生産の拡大等により，国内の集積の衰退が進み，ものづくり基盤の崩壊，地域経済の基盤消失が進んでいくという状態に対し，基盤的技術の高度化や特定分野への進出を促進させることで集積の維持・活性化を図ろうとするものである。

　また，2000年以降，臨海部への企業の進出がみられ，特に関西地域では薄型テレビの大規模工場が進出したことから，「パネルベイ」と呼ばれるに至ったが，その後撤退し最近では環境ビジネスの展開と大規模物流拠点への動きが加速している。産業集積地域では，時代とともに地域の位置づけと様相が変化し，中小企業政策もその都度大きな変革を求められてきた。　　　　　　　（梅村　仁）

▷2　地方都市の知識集約型産業振興
テクノポリス法は地方圏のハイテク製造立地促進，頭脳立地法は地方圏のソフトウェア等産業支援サービス業の立地促進，地方拠点法は地方圏のオフィス機能の立地促進を目的としており，重厚長大産業から軽薄短小産業への転換等を背景に，地方における知識集約型産業の拠点開発を指向していた。

地域開発と中小企業(2)：外来型開発の失敗と地方の時代

▷太平洋ベルト地帯
南関東から中京，阪神，瀬戸内を経て北九州に至る連続的な産業・経済先進地帯をいう。

▷拠点開発方式
成長の極理論（F. ペルーが1950年に提唱）を地域開発に応用したもの。大都市圏からある程度離れた地域に，工業地域や都市を開発する拠点（開発拠点）を配置し，それらを大都市圏と交通・通信網で結ぶ開発方式。

▷全国総合開発計画
⇨XII-4「地域開発と中小企業(1)」

▷工場等制限法
「首都圏の既成市街地における工業等の制限に関する法律」（1959年）と，「近畿圏の既成都市区域における工業等の制限に関する法律」（1963年）の法律との総称である。また，同法では，大学等の立地も制限したことから，首都圏の大学の郊外立地が相次いだ。

1 外来型開発とその結末

　1960年に池田勇人内閣が打ち出した「所得倍増計画」は，**太平洋ベルト地帯**において，フルセットな産業基盤を用意する社会資本投資を優先的に行うことが目的であった。しかし，地域間の所得格差や人口流出が問題となっていたことに加え，開発対象にならない地方からの不満や反発が起こり，当初の計画は修正を迫られた。それが，外部から重化学工業を誘致することが前提となる**拠点開発方式**を主な開発手法とした，1962年の**全国総合開発計画**であった。

　その論理を示したものが**資料XII-4**である。外部から企業や工場を誘致するために，工業団地や道路などの社会資本整備を行い，重化学工業等を地域外から誘致する。誘致企業や工場が稼働すると，川上，川下の関連産業を刺激するとともに経済効果が波及し（トリクルダウン），地域の都市化が進む。そして，都市化がさらなる波及効果を生み出し，産業の多様化を通じて地域の経済的価値の向上や，税収の増加となる。その後，生活福祉に向けた公共投資が行われ生活環境の改善が進み，過疎・過密問題は解消されるというものであった。

　全国総合開発計画において，拠点開発方式は新産業都市構想によって実行された。当初は，全国に数か所の新産業都市を認定し，重点的に地域開発を進めていくことを想定したが，実際には，各地からの陳情が相次ぎ，全国で約30カ所の認定となった。新産業都市として一定程度の成果があった地域も存在したが，その大半は失敗に帰結した。なぜ，外来型開発に基づく拠点開発方式は成功しなかったのか。その要因をみると，重化学工業の誘致に成功した場合と失敗した場合に分けられる。重化学工業の誘致に成功した場合は，公害や自然環境の破壊など外部不経済を被った上，期待された産業連関を通じた経済効果の波及はほとんど生じなかった。また，そもそも誘致に失敗した場合は，社会資本への先行的投資を回収できず，自治体の財政危機へと直結した。いずれの結果においても，過疎・過密問題は解消することはできなかったのである。

2 工場等制限法と中小企業集積の困難

　地域間格差，過疎・過密の解消を目的とした国土総合開発計画の展開といわば表裏一体のものとして，**工場等制限法**が制定，施行された。東京圏，関西圏の大都市圏において，過度の産業と人口の集中を抑制することが目的とされた。

資料XII-4　拠点開発の論理とその帰結

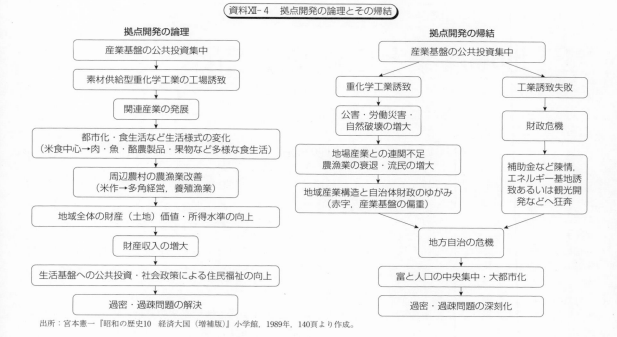

出所：宮本憲一『昭和の歴史10　経済大国（増補版）』小学館，1989年，140頁より作成。

都市の無秩序な膨張や生活環境の悪化，交通状況の悪化といった都市問題を引き起こす要因として，産業や人口の大都市への集中が問題視されたのである。そして，同法は，大都市圏に立地している既存の中小企業に対して大きなインパクトをもたらすことになった。例えば，関東首都圏では1972年に法律が改正され，制限地域が23区全域に及んだ上に工場の基準面積が500m²に厳格化され，工場の新設や新たな設備投資が困難になったことにより，中小企業集積地である城南地域や城東地域から郊外への工場移転が進んだ。もちろん，都市化に伴い工場の操業が困難になりつつあったが，政策的な影響も大きかったのである。

3 「地方の時代」と内発的発展，地域主義

　オイルショック以後の安定成長期において，大都市圏への人口集中が一段落し，地方圏での人口増加がみられた時期があった。工場の地方分散も相まって，「地方の時代」が期待された。しかし，この地方圏での人口増加は，大都市部での労働力吸引力が弱まったためであり，1980年代以降は，都市部への人口集中がより顕著なものになった（岡田，2016，76頁）。

　とはいえ，60年代の外来型開発のアンチテーゼとして，中小企業論や地域経済学の分野では，地域の中小企業を地域経済の主要な担い手と位置づけ，地域の産業や個性を活かした産業や文化を創り出し，地域産業振興のあり方を模索する**地域主義**や，地域内での産業連関の構築を通じた経済の活性化を追究する内発的発展論といった考え方が主張され，積極的に展開されるようになる。

（大貝健二）

▷地域主義
1960年代の外来型開発を批判的に検討し，地域住民の自発性によって，政治的経済的社会的な自立性を高めようとする考え方であり，1970年代に広く浸透した。エコロジーの追究，地域産業の活性化などに言及している。

推薦図書
岡田知弘ほか『国際化時代の地域経済学　第4版』有斐閣，2016年。
玉野井芳郎・清成忠男・中村尚司編『地域主義』学陽書房，1978年。
宮本憲一『昭和の歴史10 経済大国』（小学館ライブラリー）小学館，1994年。

地場産業と伝統的工芸品

① 地場産業の産地の構造

　旅先でめずらしい特産品を目にした経験や，それをお土産として買って帰った経験がある人は多いのではないだろうか。また，自分が住む地域が，全国に誇る特産品の生産地になっている人もいるのではないだろうか。このように，全国を見わたすと，その地域ならではの特産品を生産している地場産業の**産地**が存在している。こうした産地は，大企業も含まれていることもあるが，多くは中小企業によって構成されている。

　陶磁器や織物，木工品などに代表される地場産業製品は，その地域の気候や風土の特性を活かし，主に地元で産出される原材料を使用して生産されている。長期にわたって，その地域の人々によって作り続けられてきたことから，地域の歴史や文化を象徴する製品も少なくない。

　地場産業製品の生産にあたっては，材料や部品の加工，完成品の製造・組立・仕上げなど全ての工程を１つの企業の中で行っている場合もあるが，特定の工程に専門化した中小企業による**社会的分業**によって製品が作られている場合も多い。こうした社会的分業による製品づくりの工程を管理しているのが**産地問屋**や**製造卸**である。また，産地問屋や製造卸は，消費地問屋や小売業者への販売の窓口にもなっている。

　しかし，近年では，地場産業製品を販売する小売業者が，国内の産地問屋を経ずに，直接，海外から製品を仕入れるような動きも広がっている。そのため，産地問屋や加工業者の受注減少や，問屋や加工業者自体の減少を余儀なくされている産地もみられる。

② 伝統的工芸品産業の振興

　国（経済産業大臣）は，地場産業製品のうち，100年以上の歴史を有することなどの要件を満たしているものを「**伝統的工芸品**」として指定し振興を図っている。1975年に南部鉄器や加賀友禅，九谷焼，輪島塗など35品目が指定され，その後，2021年１月までに236品目が指定されている。北海道から沖縄まで，全ての都道府県に国が指定した伝統的工芸品がある。

　国が伝統的工芸品を指定して振興を図ってきた背景には，1970年代頃から後継者の確保が困難になったり，原材料の調達が困難になったりするなど，伝統

的工芸品産業が産業として存立していくことが厳しくなっていったことが挙げられる。また，伝統的工芸品の中には，日本人の生活様式が洋風化する中で，使用される頻度が少なくなったりするなど，需要そのものが先細りになっているものもみられる。

伝統的工芸品に指定された産地の組合をはじめ地元の自治体などは，伝統的工芸品産業の後継者の育成や，製品開発，販路開拓などの取組みや支援を行ってきた。しかし，伝統的工芸品産業を取り巻く環境は，一段と厳しくなっている。特に伝統的工芸品づくりに携わってきた**伝統工芸士**をはじめ職人の高齢化が進み，これまで受け継がれてきた技術や技能が次世代に承継されずに消滅しかねない状況になっている。伝統的工芸品の生産を担ってきた中小企業では，経営状況の悪化から弟子をむかえたり，職人を雇ったりする余裕が失われているのである。

③ 地場産業・伝統的工芸品産業の可能性

地場産業製品や伝統的工芸品は，かつて日本の主要な輸出産品であった。製品によって違いはあるが，戦後から1970年代頃まで輸出が盛んに行われていた。しかし，1970年代に入ると韓国や台湾などで作られた安価な製品に，海外の市場を徐々に奪われていくことになった。さらに，1980年代以降は，円高の影響もあり，輸出をして利益を上げていくことがますます困難になっていった。

そこで，いくつかの地場産業や伝統的工芸品産業の企業は，国内市場を中心に販路を見出していくことになった。国内市場への転換を模索していく中で，1980年代末から1990年代はじめにかけて，いわゆる「**バブル経済**」がおとずれた。この時期は，人々のあいだに高級志向やブランド志向が高まった時期でもある。こうした中で，商社などを介して海外の有名ブランドとライセンス契約を結び，ブランド品として製品を製造・販売する企業も現れた。しかし，「バブル経済」の崩壊とともに，高級志向・ブランド志向も後退し，むしろ低価格志向が強まっていった。

さらに，2000年代になると，国内市場を安価な中国製品が席巻していくことになり，国内の地場産業や伝統的工芸品産業の企業の多くは，経営を悪化させている。ただし，国内外で日本の地場産業製品や伝統的工芸品が再評価される動きもみられる。その理由としては，安全性や健康面で問題を引き起こすような不良品や，違法な模倣品が世界の市場に出回る中で，安全志向や本物志向，手づくりの良さなどが見直されていることが挙げられる。こうした中で，地場産業製品や伝統的工芸品が注目され，国内では，こだわりのセレクトショップなどで取り扱われるようになっている。また，近年，地場産業製品の輸出が増加に転じており，海外での評価も高まっていることがうかがえる。

（山本篤民）

的な技術・技法により製造されていること。④主たる原材料が100年以上継続的に使用されていること。⑤一定の地域である程度の規模を保ち，地域産業として成立していること。

▷伝統工芸士
伝統的工芸品産業振興協会は，国（経済産業大臣）が指定する伝統的工芸品の生産に従事する技術者の中から，高度の技術・技法を保持する者を「伝統工芸士」として認定している。

▷1 ⇨XIII-3「中小企業の輸出」

▷バブル経済
⇨II-4「低成長期からこんにちまでの中小企業（1990年代以降）」も参照。

推薦図書
山田幸三『伝統産地の経営学』有斐閣，2013年。

企業城下町と地域社会

▷産業集積
産業集積とは，ある一定の地域にある特定の産業が集中して立地している状態であり，本節で取り上げる「企業城下町型産業集積」以外に，都市部において戦前から形成された産業基盤や軍需関連企業などが都市圏に集中立地して形成された「都市型産業集積」，日用品など消費財を中心とした事業所が特定地域に集中立地して形成された「産地型産業集積」などがある。
⇨XII-2「地域における企業集積(1)」，XII-3「地域における企業集積(2)」
▷サプライヤー・システム
⇨VIII-4「下請をめぐる議論(3)」

① 企業城下町とは

産業集積の諸形態の1つに企業城下町がある。これは特定の大企業／親企業を頂点として形成される下請制ないし**サプライヤー・システム**が，ある特定の地域に形成されている状態のことである。日本ではかつて城を核としてそこに城主を抱え，城を取り囲んで下町が形成されたが，このような状況をなぞらえたものである。

　一般的には，企業城下町といわれる地域には，重化学工業や加工組立型産業など，製造業が形成されており，日本では高度経済成長期以降，瀬戸内沿海部を中心に，東は茨城県日立市から，西は福岡県北九州市の八幡に至るまで，多くの城下町が形成されてきた。トヨタが立地する愛知県豊田市や，日立製作所が立地する茨城県日立市など，特定の大企業が当該地域に立地したことによって当該地域の自治体名や地区名などが企業の社名と同じになっているところも少なくない。

② 企業城下町の特徴

　下請制やサプライヤー・システムは，発注元である大企業と受注先である中小企業との間で生産工程上の連関が構築されているために，大企業の業況のあり方が直接的に外注先の中小企業に影響を及ぼす。

　問題は，企業城下町ではこうした生産工程上の連関が特定の地域内で構築されていることにある。したがって，発注元である大企業の業況が良い場合には地域に存立する中小企業全体にプラスの影響を及ぼすが，当該大企業の業況が悪い場合には，その悪影響が地域の中小企業全体に及ぼされることになり，地域全体が疲弊する。

　特定大企業はもちろんのこと，地域を構成する下請中小企業もまた業績が悪化することになると，法人税や事業所税など税金を納付できなくなる企業が地域内で続出することになる。現況の税制では，赤字決算であれば，納税の責務が免除される。納税が滞ることによって地方財政の財政収入は激減し，地方自治体は地域経営の課題を突き付けられることになる。

3　企業城下町における商業・サービス業

　一般的に企業城下町において立地する特定の大企業は，地域の住民を労働者として多く雇用していることもあり，通勤などの便利性向上のためもあって，当該企業と当該地域の中心駅など交通の要所とが近接していることが多い。それゆえ，例えば中心駅から特定大企業までの通勤路に多くの商店などが立ち並び，なかには商店街が形成されているところもある。

　問題なのは，業況が悪い場合には，たんに生産工程上の連関のある下請中小企業に影響を及ぼすだけではなく，通勤路に多く立地する商業やサービス業にも悪影響を及ぼす点にある。バブル経済が崩壊して以降，日本経済が低迷していく中で，企業城下町における商店街など商業集積は，またたく間に**シャッター通り**としてその名を馳せることになった。企業城下町に形成される商店街の多くは，商業機能を失い，その代わりに空き店舗が解体された後にはマンションなど住居が建設されるなど，その変容は著しい。

▷シャッター通り
⇨ XI-2 「商店街の現状と役割」

4　企業城下町における地域社会の展望

　企業城下町における地域社会の最大の課題は，何よりも，地域社会全体が当該地域に立地する特定大企業に経済的に大きく依存した体質になっているという点にある。下請中小企業が存立維持を図っていくためには，特定大企業に依存しながら競争力を強めていく選択肢と，特定企業に対する依存度を下げ発注元かあるいは最終消費者など顧客を多数化していく選択肢との2つの選択肢があるが，地域社会は後者の依存度を下げていく選択肢が望ましい。

　企業城下町における地域社会の主役は長らく特定の大企業であったが，これからはむしろ地域に存立する多様な中小企業がその主役にとって代わることになるであろう。その規模や事業の範囲は特定の大企業と比べると小さいかあるいは狭かったりするが，地域の多様な中小企業が当該地域にとってなくてはならない主体に転換していくことが必要となる。

　企業城下町を支えてきた特定の大企業は，多くの場合，構造変化に伴って事業の転換を余儀なくされている。当該地域に根づいた経営をいつまで行っていくかは時間の問題でもあるかもしれない。

　特定の大企業に依存できないこんにち，地域社会の抱える課題は多様である。地域の中小企業は自社の事業を遂行するだけでなく，自社を取り巻く地域で生じている諸課題に正面から向き合い，諸課題を解決していこうとする社会的な役割が同時に求められる。こうした地域の中小企業が地域で正しく認識し，支えていくことこそが，企業城下町が形成されている地域社会の今後の展望である。

（関　智宏）

震災復興と地域市民としての中小企業の役割

① 「東日本大震災」被害と震災後の中小企業への支援

　2011年3月11日に発生した「東日本大震災」から9年が過ぎた。中小企業が受けた被害の型では，取引先・仕入先の被災による販路縮小や製品・原材料・資材の入手不足，受注キャンセルなどが影響した「間接型」が約9割を占めており，これに対して工場・施設・機械や人的被害を受けた「直接型」は約1割にとどまっている。このように，「間接型」がほとんどを占めるのは，2008年秋の**リーマン・ショック**後の世界同時不況で経営体力が脆弱だった企業が多く，震災が業績不振に追い打ちをかけたことを示している。

　東日本大震災および東京電力福島第一原子力発電所事故により，東北地方を中心に多くの中小企業は，その事業所，工場，事業設備の損壊，流失など，未曾有の被害に直面した。リーマン・ショック以降，中小企業の経営環境が著しく厳しい中での被災は，各中小企業に事業存続そのものの判断を迫るものとなった。政府は，被災中小企業向けとして，融資，債務保証の特例措置，二重債務対応などの資金調達支援や，仮設工場等の無償貸与，複数の中小企業等が設備を復旧する際の補助金交付など，様々な支援メニューを展開した。

② 震災後の中小企業の復旧と事業継続に向けた取組み

　被災地の中小企業は，復興や支援に懸命に取り組んでいる。以下では，復興や支援にかかる取組みの特徴やポイント，中小企業の役割などを考察する。

　被災した中小企業が資金や人員の制約がある中で復旧に取組み，**事業継続（BCP）** のために懸命に努力している。そうした中小企業の姿から，中小企業が復旧や事業継続を図る上でのポイントが浮かび上がってくる。1つ目の観点は，どのようなきっかけや思いがあって復旧や事業継続に取り組んだのか，である。どん底ともいえる状況から再び動き出すには，事業を再開しようと思わせる「顧客からの依頼」「従業員への思い」「地域に対する思い」といった他者との関わりから生じるきっかけや，事業継続の原動力となる経営者の確固たる思いが必要である。2つ目の観点は，復旧や事業継続のためにどのような手段を活用したのか，である。中小企業はもともと経営資源が乏しい上，震災で大きなダメージを受けた。復旧や事業継続を可能にする手段を確保できなければ，顧客からの依頼に応えたり従業員や地域への思いなどを形にしたりすることは

▷リーマン・ショック
⇨ II-4 「低成長期からこんにちまでの中小企業（1990年代以降）」

▷事業継続計画（BCP）
企業が自然災害，大火災，テロ攻撃などの緊急事態に遭遇した場合いわゆる有事において，事業資産の損害を最小限にとどめつつ，中核となる事業の継続あるいは早期復旧を可能とするために，平常時に行うべき活動や緊急時における事業継続のための方法，手段などを取り決めておく計画のこと。

難しい。復旧や事業継続を果たした中小企業では，「非常時への備え」「支援策の活用」「取引先からの支援」といった手段をうまく活用している。3つ目の観点は，復旧や事業継続の過程でどのように事業を発展させたのか，である。震災という大きな環境変化があった中では，以前のままの事業ではいられないケースもあり，何らかの「新しい事業」や「新しい取り組み」を始めたり「地域との交流」を進めたりしている中小企業がいる。震災前と同じ状態に戻すのではなく，事業を発展させること，**ステークホルダー**との関係を強化することなどが，復旧・復興，そして事業継続を実現するためには重要である。

▷ステークホルダー
⇨ Ⅳ-3 「中小企業に求められる社会的責任」

③　中小企業による支援の特徴

東日本大震災では，自らも被災しているにもかかわらず支援を行った中小企業も多い。中小企業の場合，資金や人員が潤沢な大企業とは異なり経営資源が乏しい中で支援を実施するため工夫が必要となる。

中小企業による支援の取組みの特徴は3つある。1つ目は，本業を生かし，**専門性**を発揮して支援を実施していることである。本業をもとにした支援は日常業務の延長として取り組めるし，中小企業ならではの専門性は被災者や被災地に対して独自の貢献ができる。2つ目は，身近にいる対象者や自社の顧客など，自らの目が届く範囲で支援していることが挙げられる。3つ目は，外部の人や組織と連携して支援を実施していることが挙げられる。

中小企業単独では難しくても，外部と連携すれば比較的容易に実現できる支援がある。経営資源が乏しい中小企業にとっては外部との連携は，できることの幅を広げられる重要な方法である。

▷専門性（専門化）
中小企業の専門性については，Ⅹ-1 「製造分野における中小企業」参照のこと。

▷1　第Ⅸ章「中小企業のネットワークを知る」

④　震災復興における中小企業の役割とは

自社の復旧や震災支援に取り組む中小企業は，事業を継続することや被災者・被災地を支援することを通じて，地域コミュニティを支える存在となり，地域経済を活性化させたいと考えている。それは地域に対して，「雇用の受け皿となる」「商品やサービスを供給する」「課題に迅速に対応する」という3つの役割を果たすことである。

東日本大震災からの復興は道半ばであり，復興需要はしばらく存在するだろうが，やがて終わりを迎える。震災前から存在していた地域経済の課題，すなわち少子化・高齢化による地域需要の減少やグローバル化に伴う海外企業との競争などへの対応がなされなければ，被災地の経済は悪化することが予想される。個々の中小企業が自社の復旧や地域の被災者と被災地への支援に取り組み，結果的に事業を発展させることは，被災地の復興だけでなく，復興後の強い地域経済をつくり出すことにもつながる。

（近藤信一）

（参考文献）
井上考二「震災後の中小企業の取り組みと役割」『日本政策金融公庫論集』2014年11月号，41-57頁。
鎌田純一・伊達岡雅人・中西信介「東日本大震災後の中小企業支援と今後の課題：これからの中小企業政策に求められるもの」『立法と調査』（2012.7 No.330），経済産業委員会調査室，2012年，57-36頁。
日本政策金融公庫総合研究所『東日本大震災と中小企業』文一総合出版，2014年。
小島公一『リスク対策で生き残りを賭けろ！ Nipponの中小企業』税務経理協会，2013年。

9　地方創生と中小企業

1　地方創生の創設

　地方創生とは，東京一極集中を是正し，地方の人口減少に歯止めをかけ，地方経済の再生により，日本の活力を上げることを目的とした第二次安倍政権によって創設された政策である。

　まち・ひと・しごと創生の取組みは，前記のような人口減少に歯止めをかけ，国民の希望を実現しつつ2060年に１億人程度の人口を確保することを目指し，地方創生を併せて行うことにより将来にわたって活力ある日本社会を維持することを目的としている。2014年11月21日に地方創生法が成立し，「まち・ひと・しごと創生長期ビジョン」と「まち・ひと・しごと創生総合戦略」が閣議決定されている。

　また，地方創生法成立前には，内閣官房から「まち・ひと・しごと創生に関する政策を検討するに当たっての原則」として，次の５つの原則が示されている。①自立性（自立を支援する施策），②将来性（夢を持つ前向きな施策），③地域性（地域の実情等を踏まえた施策），④直接性（直接の支援効果のある施策），⑤結果重視（結果を追求する施策）。

2　国の総合戦略

　基本的な考え方としては「人口減少と地域経済縮小を克服すること」および「まち・ひと・しごとの創生と好循環の確立すること」の２点である。

　前者は，東京一極集中を是正すること，若い世代の就労・結婚・子育ての希望を実現すること，地域の特性に即して地域課題を解決することの３点が示された。また後者は，雇用の質を重視したしごとを生み出すこと，地方への新しい人の流れをつくりだすこと，しごとの創生と人の流れを支えるためのまちを活性化させて，好循環をつくりだすことが示された。上述した５つの原則とともに，従来までの政策の検証（改善点）としては以下５点が示されている。(1)府省庁・制度ごとの「縦割り」構造，(2)地域特性を考慮しない「全国一律」の手法，(3)効果検証を伴わない「バラマキ」，(4)地域に浸透しない「表面的」な施策，(5)「短期的」な成果を求める施策。

　また，基本目標としては，政策の進捗状況について**重要業績評価指標**（**KPI**）で検証し，改善する仕組み（**PDCAサイクル**）を確立して，成果（アウトカム）

▷１　地方創生が打ち出されるに至ったきっかけは，日本創成会議の人口減少問題検討分科会が，2040年までに全国約1800市町村のうち約半数（896市町村）が消滅する恐れがあると2014年５月に発表した（通称，増田レポート）ことにあるとされる。⇨ I-6「中小企業の統計」，III-6「中小企業政策の展開(2)」も参照。

▷**重要業績評価指標（KPI）**
KPI は Key Performance Indicator の略称。施策ごとの進捗状況を検証するために設定する指標をいう。
▷**PDCAサイクル**
PDCA とは Plan（計画），Do（実行），Check（評価），Action（改善）の頭文字をとったもので，PDCA のサイクルを継続的に回すことで，仕事を改善・効率化することができるといわれている。

資料XII-5 「まち・ひと・しごと創生総合戦略」：4つの基本目標

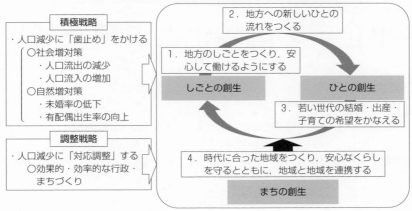

出所：総務省。

を重視した目標設定が求められている。それらを踏まえて，次の4つの基本目標が掲げられた。

①地方における安定した雇用を創出すること。

②地方への新しいひとの流れをつくること。

③若い世代の結婚・出産・子育ての希望をかなえること。

④時代に合った地域をつくり，安心なくらしを守るとともに，地域と地域を連携すること。

つまり，「しごと」が「ひと」を呼び，「ひと」が「しごと」を呼び込む好循環を確立するとともに，その好循環を支える「まち」に活力を取り戻すとしている。

資料XII-6 寒川町エコノミックガーデニングの連携ネットワーク

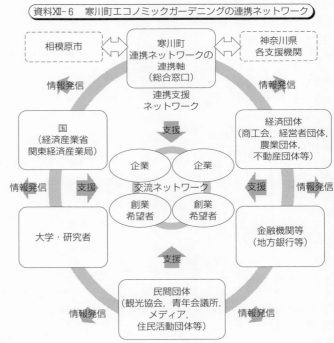

出所：寒川町。

③ 地方創生と中小企業支援

現在各地域においては，人口動向や将来の人口推計（地方人口ビジョン），産業の実態や，国の総合戦略などを踏まえた，地方自治体による「地方版総合戦略」を策定し，取組みを進めている。具体的な取組みとして神奈川県寒川町の**エコノミックガーデニング**事業を紹介する。寒川町では，地方創生の一環として意欲ある地域企業が活動しやすいビジネス環境をつくることを目標に，地域ネットワークを軸とした企業の成長ステージに応じた支援体制構築に注力している（**資料XII-6**）。

（梅村　仁）

▷エコノミックガーデニング
⇨ III-8 「地方自治体の中小企業政策」

中小企業の国際化とグローバル化

① 企業の国際化・グローバル化と海外展開

　1980年代になると，日本では「国際化（internationalization）」という用語が頻繁に使われるようになった。しかしながら，1990年代に入ると「グローバル化（globalization）」という用語が登場し，2000年代以降はこちらの方がよく使用されるようになった。一般的に「企業の国際化」とは，国内から海外へと企業活動の場を拡大することを指しており，国内経営から国際経営に至るまでのプロセスといえる。一方「企業のグローバル化」とは，世界規模での企業活動の相互依存関係の拡大を意味しており，国際経営からグローバル経営へと発展していくプロセスといえる。

　中小企業に関しては，国際化でもグローバル化でもなく，「海外展開」という用語が近年多用されている。これは，中小企業の海外展開を円滑に支援するために，経済産業大臣を議長とする「中小企業海外展開支援会議」が2010年10月に設置され，それを受けて2011年6月に「**中小企業海外展開支援大綱**」が策定されたことが大きく影響している。なお，この大綱において，厳密な海外展開の定義は見当たらないが，海外展開とは企業の国際化のことを指しているとみて差支えはないと思われる。

　中小企業の国際化の実態調査である「平成27年度中小企業海外事業活動実態調査」（中小企業基盤整備機構）は，海外展開を「輸出」「海外直接投資（海外拠点の設置）」「契約（業務・技術提携）」の3つに分類している。3つのうちのいずれかを実施している海外展開企業は，全体の3割未満である。海外展開の内訳は，6割弱が輸出，約3割が海外直接投資，3割弱が契約である。なお，海外展開企業の中心は，約6割を占める製造業である。

② 輸　出

　輸出は，海外に自社の商品や製品を販売する形態で，以下の2つのものがある。1つは「間接輸出」で最も簡単な形態であり，手数料だけ払って，あとは自国の輸出業者（例えば，総合商社）に任せておくというものである。もう1つは，「直接輸出」で，生産者が自社製品を自ら輸出する形態である。これには，輸出先の仲介業者を利用する「**代理店**や**流通業者**を通じた輸出」と，輸出先にある自社の組織を利用する「支店や子会社を通じた輸出」がある。上述の実態

▷中小企業海外展開支援大綱
この大綱で取り組むべき重点課題としては，①情報収集・提供，②マーケティング，③人材の育成・確保，④資金調達，⑤貿易投資環境の改善が掲げられた。なお，この大綱は，オールジャパンでの支援体制を強化するために，2012年3月に改訂され，日本弁護士連合会，国際協力機構（JICA），海外貿易開発協会（JODC），海外技術者研修協会（AOTS）が新たに中小企業海外展開支援会議に加わっている。
▷輸出
⇨XIII-3「中小企業の輸出」
▷代理店
海外の代理店とは，標的国で自社に代わって業務を行う独立した仲介業者で，製品の所有権を保有しておらず，在庫もほとんどもたず，顧客に対して製品の信用を与えることもない。
▷流通業者
海外の流通業者とは，他の仲介業者や最終購入者に対する製品の再販売を目的として，製品の所有権を有する独立した商人である。これは，在庫管理，販売促進，顧客への信用の拡大，注文処理，製品の配送，製品の補修・修理といった代理店よりも幅広い機能を果たす。

調査では，間接輸出が5割弱，直接輸出が5割強となっている。海外展開企業の中でも，輸出を初めて実施するといった初期段階にある割合も少なくないので，間接輸出の割合が比較的高くなっている。

政府の「日本再生戦略」（2013）の3つのアクションプランでは，国際展開戦略が柱の1つとなっているが，中堅・中小企業等の輸出額を，2020年までに2010年の2倍とするために業態や企業規模にかかわらず，進出前から進出後までの一貫した支援の本格的な体制の整備が求められている。

❸ 海外直接投資

海外直接投資とは，資金を投入し，海外に現地法人や支店等の拠点を設置し，実際に事業を行うことである（ただし，契約権限を有さない駐在員事務所は除く）。上述の実態調査によると，海外直接投資で設置した海外拠点の約6割が生産機能，つまり海外生産の拠点となっている。

海外生産とは，標的国において製造工場やその他の生産工場を保有する際に発生する形態である。活動内容の観点からみると，親会社からの半製品の輸入に完全に依存している簡単な組立工場から，製品の一貫生産を行うものまで，多岐にわたっている。

その投資形態は，株式所有比率によって異なる。1つは，親会社の完全所有子会社（独資）で，もう1つは，親会社と1社以上の現地企業との合弁である。上述の実態調査で投資形態をみると，独資（100％出資）が6割強となっている。これと合弁の中でも「現地企業との合弁（50％以上出資）」の1割強とあわせると，8割弱となっており，経営支配の確保が重視されていることがわかる。親会社としては，海外子会社が親会社の経営方針や戦略にそって経営されることが望ましい。よって，親会社が自社の支配権を強固なものにしておきたい場合は，完全所有の方が選好されるのである。

❹ 契　約

契約とは，他の企業との株式所有を伴わない長期の提携のことである。代表的な形態には，「生産委託（製造契約）」と「ライセンシング（技術供与）」がある。生産委託は，海外の企業に細かい指定をして製品の製造を委託する一方で，その販売については自社で責任をもつものである。他方，ライセンシングは，他企業に対して一定の期間だけ，自社の**知的財産権**の使用を認め，その対価として**ロイヤリティー**などを得る契約である。

上述の実態調査でも，最も重要な提携内容を，生産委託とライセンシングと回答した企業は，それぞれ4割以上，2割弱であった。また提携を行っている国は，中国だけで3分の1を超えており，製造業の中小企業が世界の工場である中国で契約を活用していることがうかがえる。　　　　　　　（遠原智文）

▷**海外直接投資**
⇨XIII-4「中小企業の海外直接投資」

▷**知的財産権**
⇨XIV-4「中小企業の研究開発」
▷**ロイヤリティー**
⇨XI-5「チェーン店と中小企業」

（推薦図書）
浅川和宏『グローバル経営入門』日本経済新聞社，2003年。

国際化のプロセスと中小企業

▷ウプサラ・モデル（Up-
psala model）
スウェーデンのウプサラ大
学の研究者がスウェーデン
製造業の研究に基づいて構
築したモデルで，①不定期
な輸出，②独立のエージェ
ントを介した定期的な輸出，
③販売子会社の設立，④海
外生産拠点の設立，という
４つの段階が提示されてい
る。
▷間接輸出
⇨ XIII-1 「中小企業の国際
化とグローバル化」

▷代理店
⇨ XIII-1 「中小企業の国際
化とグローバル化」
▷流通業者
⇨ XIII-1 「中小企業の国際
化とグローバル化」

▷直接輸出
この段階の直接輸出には，
海外マーケティング計画に
対する部分的ないし完全な
統制の確保，自社の製品系
列に対するマーケティング
活動の集中化，知的財産権
の適切な保護といったメリ
ットもある。⇨ XIII-1 「中
小企業の国際化とグローバ
ル化」

1 第一段階

　伝統的な企業の国際化プロセスのモデルは，「**ウプサラ・モデル**」が有名で
あるが，漸進的かつ段階的な発展プロセスをたどるという発展段階説（ステー
ジ・モデル）が一般的となっている。最初は自国の輸出代行業者に依存する段
階（**間接輸出**）である。モノとしての自社製品は海外へ移転されるが，それ以
外の経営資源は国内にとどまっている状態である。国内市場で販売が伸び生産
量も増えると，企業は海外市場を開拓して国内における生産能力を増強して規
模の経済を享受しようと考える。とはいえ，輸出の経験に乏しい場合は，外部
の輸出業者に頼るほかない。間接輸出には，海外市場の状況に詳しい専門業者
に任せてあるので，リスクが低いというメリットがある。しかしながら，海外
市場に関する経験や知識の蓄積が難しいというデメリットが顕在化してくるに
つれて，企業は次の段階に目を向けるようになる。

2 第二段階

　海外の**代理店**や**流通業者**を活用する段階（直接輸出）である。ただし，この
段階の期間は短かったり，スキップされたりすることも少なくない。しかしな
がら，「平成27年度中小企業海外事業活動実態調査」では，海外展開企業（全
体の3割弱）のうちの約6割が輸出を行っており，内訳としては，直接輸出の
方が若干多くなっている。そして，「信頼できる販売店・代理店の確保」は，
「輸出を行う上で直面している課題」として第2位，また「輸出における主要
課題」では第3位となっている。加えて，この課題が約5年前の状況から好転
している企業は約3割にとどまっており，積年の課題となっている。よって，
中小企業がこの段階に進むことは簡単なことではないといえる。

3 第三段階

　海外販売子会社を設立し，自社の製品を輸入して販売を行う段階（**直接輸出**）
である。これにより，標的国の市場からフィードバックした多量で迅速な情報
の入手が可能となり，以前の段階で問題となっていた現地の市場や顧客との接
点が実現し，現地市場のニーズを汲み取ることが可能となる。

　日本政策金融公庫総合研究所が取引先の中小企業に対して実施したアンケー

ト調査「中小企業による輸出の実態」によると，2016年6月時点で輸出を行っている中小企業は15.7％である。また輸出の歴史（開始時期）も古いものではなく，1980年代までに開始した企業は3割にも達していない一方で，2000年以降が6割弱であり，2010年以降だけで約3割を占めている。そして輸出形態（複数回答）では，間接輸出と直接輸出がそれぞれ61.2％，58.8％であるが，「自社海外販売拠点への輸出」はわずか11.8％である。このことから，第3段階まで進んでいる中小企業はさほど多くないといえる。

4　第四段階

　海外（現地）生産が開始される段階である。主なものとしては，**海外直接投資**や輸出へのインセンティブといった現地政府による政策や低コスト労働力の存在によって，輸出拠点型拠点が設置されたり，輸入規制といった現地政府の政策と標的国の市場状況（例えば市場の規模）によって，現地の市場志向型の拠点が設立されたりする。

　「平成27年度中小企業海外事業活動実態調査」で，海外拠点を設置している企業は約3割に過ぎず，その9割弱がアジアに集中している。最も重視する機能としては，生産機能が約6割で，第二の販売機能の倍以上となっている。最重要拠点で生産（販売）している商品（製品）は，中間財（部品等）の4割弱と資本財（機械・生産設備等）の約2割とで6割を占めている。また販売先は，現地の日系企業が約4割，日本の親会社向けが約2割となっている。これらの拠点は，大企業の**東アジアベースの分業体制**を支えているといえる。

　なお，中小製造企業は，資金不足と海外生産のリスク回避を理由として，海外生産よりも生産委託を好む。商工中金の「金融・経済危機の中小企業に対する影響と海外展開に関する調査（2009年7月）」によると，海外展開企業のうち，**生産委託**を行っている企業は3分の1以上であり，今後3年間で行うとしている企業は6割以上である。しかも成功していると感じている企業は，8割を超えている。よって，中小企業の場合，国際化していない企業もしくは国際化の初期段階の企業が多く，また生産委託を選好する傾向が強い。その一方で，起業の直後から海外展開を目指す**ボーングローバル企業**も注目を集めている。よって，大規模製造企業の国際化プロセスである発展段階説を中小企業にそのまま適用することはできない可能性が高い。

5　第五段階

　地域・グローバル統合が実施される段階で，標的国で単に生産のみを行うのではなく，より付加価値の高い活動を実施するようになる。究極的には，最もグローバル化しにくい機能である研究開発活動の一部も移転し，本国と現地との相互依存のもとで製品開発を実施するようになる。　　　　（遠原智文）

▷**海外直接投資**
⇨XⅢ-4「中小企業の海外直接投資」

▷**東アジアベースの分業体制**
⇨XⅢ-4「中小企業の海外直接投資」
▷**生産委託**
⇨XⅢ-1「中小企業の国際化とグローバル化」
▷**ボーングローバル企業**（Born Global Companies）
ボーングローバル企業の最も有名な要件は2つある。1つは創業から3年以内に外国市場で最初の製品の販売をしている企業であること，もう1つは母国市場外で売上高の少なくとも25％以上をあげている企業であること，である。⇨Ⅰ-4「多様な中小企業とその視点(1)」

（推薦図書）
額田春華・山本聡『中小企業の国際化戦略』同友館，2012年。

中小企業の輸出

1　輸出の担い手

　戦後復興期における輸出の担い手は，中小企業であった。日本経済が高度成長期に入るまで，日本の輸出額の過半は，**中小企業性製品**によって占められていた。具体的には，日用雑貨，衣類などの労働集約的軽工業製品と自転車，ミシン，カメラ，双眼鏡などの軽機械工業製品である。

　労働集約的軽工業製品の国際競争力の源泉は，農村から供給された豊富な低賃金の労働力にある。例えば，婦人用ブラウスの1ダースの労賃は，アメリカの約5ドルに対して，日本は約1ドルであった。日本から輸出されたブラウスは，アメリカの量販店では1枚99セント程度で販売されたので，「ワンダラー・ブラウス」と呼ばれた。一方，軽機械工業製品の国際競争力は，単なる賃金の安さだけでなく，戦時体制下において，軍需機械工業の下請として組み込まれた中小企業が終戦後，その技術や設備を活用して，ミシンなどの民需機械工業に転換したことにある。しかしながら，これらの中小企業は国内市場での販売力に乏しかったために，海外バイヤーへの **OEM** による輸出に活路を見出して，その輸出志向を強めていった。

2　輸出における退潮

　日本の輸出は，中小企業の強い輸出志向もあって，1962年には初めて100億ドルとなった。しかしながら，高度成長が始まると，雇用の拡大による労働需給が逼迫した結果として，賃金は上昇し，低賃金労働力に依存していた労働集約的軽工業製品の中小企業の存立基盤が揺らぐようになった。そうした中，これらの製品分野において，韓国，シンガポール，台湾，香港といった新興工業経済地域（NIEs: Newly Industrializing Economies）の企業が，低賃金労働力を武器に輸出を増加させてきたため，競争が激化するようになった。これにより，輸出額に占める中小企業性製品の割合は，次第に低下し，1960年には約57％であったが，1970年には約38％となっている。そして，この退潮に決定的な追い打ちをかけたのが**特恵関税制度（GSP）**の実施と固定為替制から変動相場制への移行とその後の円高であった。

▷**中小企業性製品**
中小企業性製品とは，日本標準産業分類細分類で，中小事業所（従業員300人以下）の出荷額が70％以上を占める製品のことである。

▷ **OEM**（Original Equipment Manufacturing）
委託者のブランド名で製品を生産することを指し，一般的に海外市場に参入するときに利用されやすい。また Original Equipment Manufacturer の略語でもあり，この場合，生産するメーカーのことを指す。

▷**特恵関税制度（GSP）**
Generalized System of Preferences。特恵関税制度とは，開発途上国・地域を原産地とする特定の輸入品（鉱工業産品と農水産品）について，一般の関税率よりも低い税率を適用して，開発途上国・地域の輸出所得の増大や工業化の促進を図るという，先進国による開発途上国支援制度である。

③ 役割の変化

　国際競争力の低下に直面した中小企業は，絶え間ない努力を行った。具体的には，自動機械の導入や生産の合理化による労働生産性の向上だけでなく，製品開発力の強化，製品品質の徹底，多様な品数，迅速な供給とアフターサービスという非価格面での競争力を強化した。また東アジア諸国の企業との競争が激しいアメリカ市場から，中近東やアフリカだけでなく，ロシアや東欧諸国の市場への進出を図った。しかしながら，このような努力が実を結ぶこととならず，中小企業製品の輸出が回復することはなかった。実際，中小企業製品の輸出比率は，1974年以降，14％を下回っていたが，1996年に14％を回復し，2000年には約15％となっており，多少の増減はあるが，ほぼ一定した状態である。こうした中，低賃金労働力が豊富に存在し，特恵関税制度の恩恵を享受できる近隣諸国で生産拠点を設ける動きがみられるようになった。

　以上のように，中小企業性製品の輸出額に占める割合は低下していったが，国内の生産額に占める中小企業の割合は，50％を超える割合で推移するという現象がみられた。これは，軽機械工業製品の中小企業などが，急激に輸出を伸ばしてきた自動車や電機・電子の大企業の下請となったことによって生じた。つまり，中小企業の製品（中小企業が生産した部品など）が大企業の製品に組み込まれて輸出されるという**間接(的)輸出**の割合が多くなったのである。

④ 輸出の黒子

　現在，中小企業による輸出のうち，一番多い形態は，間接(的)輸出となっているだけでなく，その割合は大企業と比べて高くなっている。実際，『中小企業白書』（2009）では，「自社製品が取引先を経由し，海外市場へ販売されている」と回答している企業が最も多く，その割合も中小企業では33.2％である一方で，大企業では22.7％である。また日本政策金融公庫総合研究所の「中小企業の輸出動向に関する調査（2012年3月）」でも，輸出を行っていない中小企業は，全産業で77.3％と高く，製造業でも51.8％となっている。その一方で，「国内の販売先を通じて輸出されている可能性があるが，実際にはどれだけが輸出されているかは不明」という回答が，全産業で10％に達しており，製造業では20％弱にもなっている。

　日本企業が国際競争力をいまだ保持している**製品のアーキテクチャ**は，**インテグラル型・クローズド型**である。よって，系列組織の中小企業が，緊密なコミュニケーションのもとで，部品を製造し，それが大企業の製品に組み込まれて輸出されるという場合も少なくない。こうした視点からみていくと，中小企業は，大企業の輸出を支える黒子として，日本の製造業を下支えしていると理解することができる。

（遠原智文）

▷**間接(的)輸出**
このような輸出のことも「間接輸出」と呼ぶことがある。また完成品が輸出されることを「直接輸出」と呼ぶことがある。なお，これまで出てきていた間接輸出および直接輸出と混同してはいけないので，間に「(的)」を挿入している。

▷**製品アーキテクチャ**
⇨ XⅣ- 3 「イノベーションのタイプと中小企業(2)」
▷**インテグラル型・クローズド型**
⇨ XⅣ- 3 「イノベーションのタイプと中小企業(2)」

（推薦図書）
川上義明『現代中小企業経営論』税務経理協会，2006年。

4　中小企業の海外直接投資

① 輸出から海外直接投資への転換

▷特恵関税制度
⇨ XIII-3 「中小企業の輸出」

　日本の輸出における中小企業の存立基盤は，1970年代に**特恵関税制度**の実施，固定為替制から変動相場制への移行とその後の円高によって，決定的な打撃を受けた。そうした中，海外直接投資に対する自動許可限度額の引き上げや自動許可対象外国法人の拡大などの自由化が進んでいくと，輸出中小企業の中で，生き残りをかけて，豊富な低賃金労働力が存在し，特恵関税の恩恵を享受できる近隣諸国などに生産拠点を設ける企業が出てきた。

　これにより，1972年から1974年にかけて海外投資ブームがおこった。中小製造業の海外直接投資は，それまで年間数十件であったが，1972年には178件，1973年には411件，1974年には252件の合計841件にも達した。これは1971年までの累積投資件数の倍近いものであった。しかしながら，日本経済が2度の**オイルショック**によって，高度成長から低成長に移行すると，中小企業の海外直接投資も低調となり，海外から撤退する企業も増大した。

▷オイルショック
⇨ II-3 「安定成長期の中小企業（1970，80年代）」

　この時期の海外投資ブームの特徴は，まず繊維や雑貨そして電子部品（の組立）といった労働集約的な業種が中心である。また進出先は，韓国や台湾といった近隣の東アジア地域に集中した。加えて，投資形態は単独出資であった。

② 投資内容の変化

　最初の海外投資ブーム後，中小企業の海外直接投資は，年間100件程度となった。しかしながら，その内容は徐々に変化していった。業種的には，機械工業の中小企業の海外直接投資が活発化した。これには2つの要因がある。1つは，1970年代半ばになって，発展途上国の政府が自国の工業化のために，**ローカル・コンテント規制**を強めたことである。これにより，日本から主要部品を輸入して現地で組み立てるノックダウン（knock-down）生産が難しくなり，現地での部品の生産や加工が必要となった。もう1つは，欧米先進国との貿易摩擦の激化である。1980年代に入ると，自動車，電子機器，OA機器などの輸出が急増し，日本の貿易黒字が巨額化しために，欧米先進国との経済的な関係が悪化した。

▷ローカル・コンテント
(local content) 規制
海外直接投資を通じた現地生産を行っている進出企業に対して，一定の割合以上の原材料や部品等を現地調達することを義務づける政策である。

　以上のような状況への対応として，機械工業の大企業は海外直接投資による海外生産を活発化させた。そして，大企業は，自社の下請として，大企業が輸

出する製品の部品を生産（加工）していた中小企業にも海外直接投資を要請した。なぜなら，これまでのような低コストながらも，高い品質を保つためには，部品企業のみならず下請加工企業を随伴して，生産体制を構築する必要があったからである。

　地域的には，アジア一辺倒から北米の割合が増加した。以前は，アジアだけで全体の70％であったが，1980年には52％にまで減少している。一方，北米の割合は，かつての20％前後から1980年には39％にまで増加している。これは，中小企業の海外直接投資の目的が，低賃金労働力を活用したコスト削減だけでなく，かつて大企業が輸出によって確保していた市場を維持・拡大するための支援も重要となったことの反映といえる。

③　グローバル経営元年

　9月の**プラザ合意**に象徴される1985年は，日本企業の国際経営の転機の年である。なぜなら，日本企業の戦略の軸が輸出から海外生産へとシフトしたからである。実際，1985年は輸出比率がピークとなっている。このため，1985年は「グローバル経営元年」（吉原，2015）と呼ばれることもある。

　プラザ合意に伴う急激な円高を受けて，大企業は中小企業による海外直接投資への要請を強めた。これにより，年300件程度で推移していた海外直接投資が，1986年には約600件と倍増し，1988年には1600件を超えたが，バブル経済の崩壊によって減少に転じた。その後は500件から800件と概ね一定していたが，1997年のアジア通貨危機や国内の不況を受けて，1998年には57件と激減した。

　地域的には，それまでの北米重視から東アジア回帰の傾向がみられた。1984年の海外直接投資の約半数は，北米が占めていたが，1994年には9.4％にまで減少した。一方東アジアへの海外直接投資は，1984年の38％から1994年の81.3％へと倍増した。なお，1994年は「中国投資ブーム」ともいえ，海外直接投資の63％が中国向けであった。その後は，中国以外の東アジアや北米やヨーロッパの割合も回復した。

④　東アジアベースの分業体制

　2000年代に入ると，大企業は東アジアにおいて開発から生産までを一貫して行う東アジアベースの分業体制を構築し，現地調達や域内調達の割合を高めていくようになった。こうした中，2001年に**WTO**へ加盟し，投資環境が改善された中国への海外直接投資が中小企業でも増加した。しかしながら，近年は人件費の高騰などの理由により，中国向けの海外直接投資は次第に減少する一方で，ASEANを初めとしたアジア諸国への海外直接投資が増加している。

（遠原智文）

▷プラザ合意

ニューヨークのプラザホテルに，先進5カ国（日本，アメリカ，イギリス，フランス，西ドイツ）の蔵相・中央銀行総裁が集まり，開催された会議でドル高是正の国際協調が合意され，発表された。⇨Ⅱ-3「安定成長期の中小企業（1970，80年代）」も参照。

▷ WTO（World Trade Organization）
WTO（世界貿易機関）は，各国が自由にモノ・サービスなどの貿易ができるようにするための各種の協定を決め，貿易障壁を削減・撤廃するために，加盟国間の貿易交渉の場を提供する国際機関である。

推薦図書

吉原英樹『国際経営（第4版）』有斐閣アルマ，2015年。

中小企業のグローバル化と人的資源

グローバル人材

　企業の規模にかかわらず，日本企業がグローバル化を進めていく上で，大きな課題になるのは，「グローバル人材」の確保，育成，活用である。グローバル人材とは，「業種や規模，海外ビジネス経験などにより様々だが，能力面から捉えると，外国語でのコミュニケーション能力を前提に，①行動力，②発信力，③異文化活用力を備えた人材」のことを指す。具体的にいうと，①行動力とは，基礎的な資質の中でも，海外市場開拓において未知の領域に積極的にチャレンジする力のことである。②発信力とは，海外では互いの意見が異なることを前提に，議論しながら合意形成を図ることが多いため，自分の立場や意見を相手に伝える力のことである。③異文化活用力とは，日本と異なる価値観やコミュニケーション方法を認識し，違いを善悪や優劣で判断せず，価値観が異なる相手と協力して仕事を遂行する能力や姿勢に加えて，異なる文化の人材がもつ強みを認識し，その強みを活用することで新しいアイデアや価値を生み出す力のことである（「ジェトロ世界貿易報告書」2012年度版）。

　グローバル人材の必要性が叫ばれているということは，現状では不足していることを意味する。しかも，日本の今後の労働人口の減少を踏まえると，グローバル人材の層を厚くすることは容易ではない。実際，2015年の25歳から34歳の人口は，2000年と比べて，20％も減少し，15歳から24歳にいたっては30％も減少している。

外国人留学生

　経済産業省はグローバル人材育成のための取組みを推進するための目玉として，「海外人材活躍推進プログラム」を実施している。これは，「日本再生戦略改訂2014」を踏まえて，日本経済の一層の活性化と国際競争力の強化のために，**高度（外国）人材**の「卵」といえる外国人留学生の日本企業（特に中小企業）での就職拡大を目的としている。具体的には，プログラムに位置づけられたセミナーやイベント等を通じて，日本での就職を希望する外国人留学生と彼らの採用に興味・関心のある日本企業とを結びつける仕組みを強化している。

　外国人留学生数は，「外国人留学生在籍状況調査（日本学生支援機構）」によると，「**留学生30万人計画**」が発表された2008年に12万3829人であったが，2015

▷**高度（外国）人材**
専門的な知識や技術をもち，日本の経済成長に貢献することが期待される外国人のことである。具体的な活動領域は，①高度学術研究分野，②高度専門・技術分野，③高度経営・管理活動となっている。その受入れを促進するためにポイント制（学歴，職歴など項目ごとに設けたポイントを合計する）を活用した出入国管理上の優遇措置が講じられている。

▷**留学生30万人計画**
2008年に当時の福田康夫首相が提唱し，日本を世界により開かれた国とし，アジア，世界の間のヒト・モノ・カネ，情報の流れを拡大する「グローバル戦略」を展開する一環として，2020年に外国人留学生30万人の受入れを目指すものである。

年には20万人を超え，2018年には約30万人（29万8980人）と過去最高となっている。とはいえ，在留資格の変更で2011年から日本語教育機関に在籍する留学生も含めるようになったので，高等教育機関（大学・短期大学・高等専門学校）に在籍する外国人留学生数は，20万8901人である。そして，外国人留学生の大半が卒業（修了）後に日本での就職を希望している。しかしながら，実際に就職した割合は，3割程度である。そこで「日本再興戦略2016」では，外国人留学生の日本国内での就職率を5割に引き上げることを目指している。

3 外国人労働者

外国人労働者の数は，「外国人雇用状況の届出状況」（厚生労働省）によると，2016年，ついに100万人を突破した。2008年には，50万人を切っていたが徐々に増加傾向となり，2016年には約108万人となり，2018年には約146万人にまで急増している。2013年以降，6年連続で過去最高を記録している。

　外国人を雇用している事業所を業種別でみると，製造業が21.4％と最も多い。しかしながら，卸売・小売業が17.0％，宿泊業・飲食サービス業が14.5％，建設業が9.4％となっており，外国人労働者の活躍の場は，様々な分野に広がっている。一方，外国人を雇用している事業所の従業員規模でみると，30人未満が58.8％，30人から99人が18.5％となっている。このことから外国人を雇用している事業所の多くは中小企業である。

　在留資格別で最も多いのは，外国人労働者全体の33.9％を占める「身分に基づく在留資格」である。これには，「永住者」「日本人の配偶者等」「永住者の配偶者等」「定住者」が含まれるが，年々割合は減少している。次に多いのは，「資格外活動（留学）」を含む「資格外活動」の23.5％で，❷でみたようにその割合は増加している。その他には，技能実習生等の「技能実習」が21.1％，**「専門的・技術的分野の在留資格」**が19.0％で，その割合は大きく変化していない。とはいえ，外国人労働者の総数が増えているので，それぞれ，前年同期比で5万701人（19.7％），3万8358人（16.1％）の増加となっている。

4 技能実習生

技能実習制度は，国際貢献の一環として日本の技術の移転を目的に，1993年に始まったが，独立の在留資格としては2010年に新設された。新興国に進出する日本企業が増加するにつれて，製造や開発を担う人材の確保や育成の手段として技能実習制度の重要性も増している。なぜなら日本の製造業の強みを生かすためには，物理的な生産基盤だけではなく，ものづくりの基盤を支える人材の確保・育成が必要不可欠だからである。よって，中小製造企業の進出が顕著なベトナム人労働者の40％以上が「技能実習」となっている。　　（遠原智文）

▷外国人労働者
⇨Ⅴ-3「中小企業の労働者」

▷専門的・技術的分野の在留資格
この資格には，「教授」「芸術」「宗教」「報道」「高度専門職1号・2号」「経営・管理」「法律・会計業務」「医療」「研究」「教育」「技術・人文知識・国際業務」「企業内転勤」「興行」「技能」が該当する。

▷技能実習制度
⇨Ⅴ-3「中小企業の労働者」

6　中小企業の海外展開支援

▷中小企業海外展開支援大綱
⇨ XIII-1 「中小企業の国際化とグローバル化」

▷展示会
物品などを並べて見せることで，将来に向けた企業価値の向上を目的とするものである。見本を展示して，売買の商談を行う「見本市」と混用されることが多い。

▷ふるさと名物応援事業
全国津々浦々の地域や中小企業・小規模事業者の活性化を図るため，各地域にある地域資源を活用した「ふるさと名物」のブランド化などに対する支援をする。成果目標は，2015年度から2019年度までの5年間の事業で，開発した商品・サービスの市場取引達成率80%である。

1　海外展開支援予算

　2011年に**中小企業海外展開支援大綱**が策定されて以来，中小企業の海外展開を支援するための政府予算措置は充実化が図られている。その柱は「中小企業の海外展開を一貫して支援する予算」と「JAPANブランドの育成を支援する予算」である。「中小企業の海外展開を一貫して支援する予算」は，毎年内容が見直されながらも，規模が拡大していたが，2014年度以降は，「中小企業・小規模事業者海外展開戦略支援事業」として予算措置がなされている。この予算は，海外展開を目指す中小企業・小規模事業者に対し，事業計画の策定から海外の**展示会**への出展等を通じた販路開拓，現地進出，進出後の課題や事業再編の対応までを一貫して戦略的に支援をするものである。

　一方，「JAPANブランドの育成を支援する予算」は，2004年に創設されたもので，中小企業の新たな海外販路の開拓につなげるため，複数の中小企業が連携し，自らのもつ素材や技術の強みを踏まえた戦略の策定支援を行うとともに，それに基づいて行う商品の開発や海外の展示会への出展等の取組みに対する支援を実施している。なお，2014年度以降は「**ふるさと名物応援事業**」の一事業となっている。

2　情報収集段階

　日本貿易振興機構（以下，ジェトロ），中小企業基盤整備機構（以下，中小機構）などの各機関が様々な施策を行っている。手引書である「中小企業海外展開支援施策集」には，127の施策が，「Step1　知る・調べる（情報収集段階）」「Step2　計画する・準備する（計画・準備段階）」「Step3　海外に進出する（海外展開段階）」の3つの段階別に紹介されている。

　まず「情報収集段階」では，海外展開に関するセミナーの開催や各種の情報提供がメインとなっている。ジェトロは，国別の最新ビジネス動向や企業のニーズに応じたテーマに関するセミナーや講演会を全国で定期的に開催している。また，世界約70カ国・地域のビジネス情報を集めたデータベースから輸出・輸入や海外進出に必要な情報をウェブページで提供し，特定国・地域の情報・統計を検索し，データを比較表示することも可能となっている。

　中小機構は，中小企業海外展開セミナーを開催して，事例を交えながら，海

資料XIII-1　中小企業海外展開支援策

	施策概要	支援機関	支援施策	施策内容
計画準備段階	専門家への相談	ジェトロ	貿易投資相談	実務面の疑問点や貿易投資制度に関する質問にアドバイザーが回答（無料）
		中小機構	国際化支援アドバイス	相談企業が国際化で抱える課題について，アドバイスを実施（無料）
	事業化調査・計画	ジェトロ	海外ミニ調査サービス	取引先候補の外国企業検索，小売価格，制度情報，統計資料などのビジネス情報収集
		中小機構	海外ビジネス戦略推進支援事業	F／S（事業可能性調査）支援や外国語ウェブサイト作成支援
		JICA	中小企業等の製品・技術等とODA（政府海外援助）のマッチング	①基礎調査：途上国の課題解決に貢献する中小企業の海外事業に必要な基礎情報収集・事業計画策定のための調査　②案件化調査製品：技術などを途上国の開発へ活用する可能性を検討するための調査　③普及・実証事業：製品・技術などに関する途上国の開発への現地適合性を高めるための実証活動を通じて，その普及方法を検討する事業
	製品開発・試験販売	中小企業庁	ふるさと名物応援事業	地域や中小企業・小規模事業者の活性化を図るため，各地域にある地域資源を活用した「ふるさと名物」のブランド化の支援
	知的財産	ジェトロ	中小企業商標先行登録調査・相談	中国，香港，韓国，タイ，アメリカ，フランス，ドイツの商標先行登録状況を調査，報告書を作成し，法的観点を含めたアドバイス（無料）
		INPIT	海外知的財産プロデューサー	知的財産リスクやその具体的対策，知的財産の管理・活用に関して，専門家がアドバイス・支援（無料）
海外展開段階	国内からの海外販路の開拓	ジェトロ	海外バイヤー招聘・個別商談会	海外における各分野の有力なバイヤーや有識者を招聘し，海外市場開拓を目指す日本企業とのマッチングのための個別商談会を開催（参加・通訳：無料）
		中小機構	国際展示会（国内開催）出展支援	商談資料・HPの翻訳や窓口相談を活用した事前準備支援，専門家及び通訳等による出展時の支援，出展後の商談フォロー
	海外における直接販路の開拓	ジェトロ	海外見本市・展示会出展支援	ジェトロ主催・参加の海外見本市・展示会のジャパン・パビリオンへの出展をサポート
		中小機構	海外展示会出展サポート	海外展示会（主にジャパン・パビリオン）出展企業に対する出展準備から出展後の成約までのアドバイス
	海外進出時（後）支援	ジェトロ中小機構など	新輸出大国コンソーシアム	政府系機関，地域の金融機関や商工会議所など国内各地域の企業支援機関が幅広く参加する新輸出大国コンソーシアムが，ワンストップで海外展開への総合的な支援を行う。ジェトロが，コンソーシアムの事務局として取りまとめ機能を担っている。
	リスクヘッジ	日本商工会議所	中小企業海外PL保険	製造・販売した製品（部品含む）が原因となった事故で，法律上の賠償責任を負った場合に被る損害に対する保険
		日本貿易保険	中小企業・農林水産業輸出代金保険	カントリーリスク（為替制限，戦争，支払国に起因する外貨送金遅延など）や信用リスク（取引先の倒産，貨物代金の不払い）に対する保険
	資金調達	商工中金	海外展開支援（オーバーシーズ21）	海外現地法人の事業の開始・拡大に必要な資金の融資，輸出・輸入にかかる貿易決済
		信用保証協会	海外投資関係保証制度	金融機関から海外直接投資事業資金の融資を受ける際に，信用保証協会が債務保証することで資金調達を支援
	グローバル人材	HIDA	研修・専門家派遣事業（技術協力活用型・新興国市場開拓事業）	現地拠点における経営・販売・開発・設計・製造等に携わる幹部人材に対する日本での受入研修及び現地への専門家派遣
		中小機構	海外展開事業管理者研修	アジア展開におけるキーパーソンとなる人材を養成するために，貿易実務，国際契約，海外顧客へのセールストーク等の基本を学ぶとともに，直接投資事業の進め方などの知識習得を目指す研修の実施

出所：「中小企業海外展開支援施策集」などに基づき著者作成（すでに終了した施策についても参考までに紹介している）。

外の最新市場動向や海外展開に有益な情報などを提供している。また，中小企業ワールドビジネスサポートでは，海外展開に積極的な中小企業と海外展開をサポートする企業・団体との出会いの場をWebとイベントで提供している。

3 計画・準備段階

「計画・準備段階」においては，**資料XIII-1**にあるように，海外展開の専門家への相談，事業化に向けた調査・計画，海外展開に向けた製品開発や試験販売，**知的財産**といった内容についての支援がある。

4 海外展開段階

資料XIII-1をみてわかるように，「海外展開段階」については，国内からの海外販路の開拓，海外における直接販路の開拓，海外進出時および進出後の支援，リスクヘッジ，資金調達，グローバル人材の育成・確保，という要望に向けた豊富な支援が用意されている。

（遠原智文）

▷知的財産
⇨ XIV-4 「中小企業の研究開発」

163

中小企業のイノベーション／経営革新

❶ イノベーション

　「イノベーション」という用語を見聞きした際に，「技術革新」と訳されていることが今でも少なくない。これは，「もはや戦後ではない」のフレーズで有名な1956年の『経済白書』において，イノベーションが技術革新と訳されたことの名残である。しかしながら，イノベーションの概念は，技術のみに留まるものではない。実際，イノベーションを最初に理論化した**シュンペーター**は，イノベーションを生産諸要素の非連続的な新結合と広い意味で捉えている。すなわち，イノベーションとは，私たちが利用することのできるいろいろな物や力を結合することである生産（活動）において，生産物や生産方法の変更（新結合）が旧結合と関係で非連続的であるものが相当するのである。

　シュンペーターは，イノベーションには，以下の5つのパターンがあると指摘している。第一は，新しい財貨（消費者の間でまだ知られていない財貨，あるいは新しい品質の財貨）の生産である。第二は，新しい生産方法（当該産業分野において実際上未知な生産方法）の導入である。なお，これは必ずしも科学的に新しい発見に基づく必要はなく，また商品の商業的取扱いに関する新しい方法も含まれる。第三は，新しい販路（当該国の当該産業部門が従来参加していなかった市場）の開拓である。ただし，この市場が既存のものであるかどうかは問わない。第四は，原料あるいは半製品の新しい供給源の獲得である。この場合も，既存のものであるかどうかは問わない。第五は，新しい組織の実現（独占的地位の形成あるいは独占の打破）である。

❷ イノベーションの担い手

　企業はその規模によって，大企業と中小企業に分かれる。では，イノベーションの担い手となるのは，どちらの企業なのであろうか。この点について，シュンペーターは異なる見解をもっている。その初期の著作では，新興企業の企業家が担い手であると強調されている。そして，新興企業すなわち**ベンチャー**企業は，（少なくともその初期は）中小規模である。よって，イノベーションを主導した新興企業が，従来の製品やサービスなどにおける大企業の優位性を破壊し，経済の主役と躍り出てくるという新陳代謝を経済発展の原動力を考えたのである。しかしながら，後の著作で彼は，独占的な地位を占めている大企業

▷**シュンペーター**
(Schumpeter, J. A.)
オーストリア出身の経済学者で，計量経済学会の創立者の一人であり，その会長やアメリカ経済学会会長も務めた。資本主義経済の原動力は企業家によるイノベーションであるという独自の理論を提唱した。

▷**ベンチャー**
⇨ XV-1 「ベンチャー企業とは」

こそが，イノベーションの担い手であると，その主張を変えてしまった。なぜなら，独占的な大企業のもつ豊富な経営資源がなければ，将来性が明確でなく，多大なリスクを伴うような技術開発には，耐えることができないと考えたからである。この2つの仮説は，それぞれ「シュンペーター・マークⅠ」「シュンペーター・マークⅡ」と呼ばれている。どちらの仮説がより妥当であるかについては，主に産業組織論の分野で検証が重ねられた。しかしながら，企業の規模や市場の集中度（独占の程度）とイノベーションの関係については，決定的な結論はでていない。

③ 経営革新

　中小企業基本法の改正（1999年）において，中小企業はイノベーションの担い手と位置づけられた。すなわち，中小企業は，リスクに挑戦して自ら事業を起こしたり，新事業を展開したりする企業家精神の発揮の場とされている。よって，新基本法の基本的施策の1つが「経営の革新の促進」であるが，経営革新の定義とシュンペーターのイノベーションの概念との間には，共通している部分が多い。このことは，同法12条において経営革新が，「中小企業者の経営の革新を促進するため，新商品又は新役務を開発するための技術に関する研究開発の促進，商品の生産又は販売を著しく効率化するための設備の導入の促進，商品の開発，生産，輸送及び販売を統一的に管理する新たな経営管理方法の導入の促進その他の必要な施策」と定義されていることからわかる。

　経営革新の促進のための法律としては，1999年に**中小企業経営革新支援法**が制定された。その後，2005年に**中小企業新事業活動促進法**への統合を経て，現在の中小企業等経営強化法（2016年）に引き継がれている。同法による経営革新の支援策には，政府系金融機関による低利融資制度や信用保証の特例などがある。これを利用するには，新事業活動を行うことにより，相当程度の経営の向上を図られることを示した「経営革新計画（**ビジネスプラン**）」の承認を受ける必要がある。ここでいう新事業活動とは，「新商品の開発又は生産」「新役務の開発又は提供」「商品の新たな生産又は販売の方式の導入」「役務の新たな提供の方式の導入その他の新たな事業活動」を指している。これもシュンペーターのイノベーションの概念と類似する部分が多い。

　経営革新計画の承認件数は，1999年度から2018年度までの累計で7万8150件，過去5年の平均で4500件を超えている。そして，「平成20年度経営革新の評価・実態調査」（中小企業庁）では，経営革新計画承認企業は一般の中小企業と比較すると，付加価値額や1人あたり付加価値額そして経常利益の伸び率だけでなく，黒字の割合も非常に高くなっている。つまり，経営革新（イノベーション）に積極的に取り組む企業は，成長性と収益性の双方で卓越している。

（遠原智文）

▷**中小企業基本法**
⇨ Ⅲ-4 「中小企業基本法」
▷**中小企業経営革新支援法**
同法では，経営力向上計画が追加されている。まず経営力向上計画を申請するために，経営力向上計画の作成において，各企業は事業所管大臣が策定した，事業分野ごとに経営力向上の方法等を示したものである事業分野別指針を参照した上で，自社の生産性を向上させるために必要な商品・サービスの見直し，人材育成，財務管理などに関する取組みを記載した経営力向上計画を作成して，提出する。そして，経営力向上計画が認定されると，固定資産税の軽減措置や各種の金融支援を受けることが可能となる。
▷**中小企業新事業活動促進法**
中小企業の新たな事業活動の促進に関する法律。中小企業経営革新支援法，中小企業の創造的事業活動の促進に関する臨時措置法，新事業創出促進法の3法律を整理統合し，異分野の中小企業がお互いの「強み」を持ち寄り連携して行う新事業活動（「新連携」）の支援がキーワードとなっている。
▷**ビジネスプラン**
⇨ XV-6 「ベンチャー企業の経営」

2 イノベーションのタイプと中小企業(1)：中小企業の強み

1 製品イノベーションと工程イノベーション

　アバナシー（W. J. Abenathy）とアッターバック（J. M. Utterback）は，イノベーションを「製品（プロダクト）イノベーション」と「工程（プロセス）イノベーション」に分類している。製品イノベーションとは，製品自体と製品を構成する要素技術に関するイノベーションのことである。一方，工程イノベーションとは，製品を生産するための生産工程とそれを支える要素技術のイノベーションのことである。そして，アメリカの自動車産業の歴史から，彼らは産業の発展段階とその2つのイノベーションの組み合わせ（発生頻度）に，ある一定のパターン（**資料XIV-1**）があることを明らかにしている。なお，このモデルは，提唱者の名前から「A=Uモデル」と呼ばれている。

　産業が立ち上がったばかりの「流動期」は，製品がそもそもどのようなものであるかという製品コンセプトが固まっていない。よって，競争企業の間で技術的に異なる製品が市場に出される。このため，顧客の方も手探りの状態で製品を評価する。この状況では，製品イノベーションの発生率が高くなる一方で，工程イノベーションはかなり低い発生率となる。試行錯誤の結果として，製品コンセプトが企業側でも顧客側でも深まると，市場における標準的な製品デザイン（ドミナント・デザイン）が確立され，「移行期」に入る。すると，製品イノベーションの発生率が低下し，工程イノベーションの発生率が急増する。そして，生産性の向上のために生産システムが確立されていく「固定期」に達すると，製品イノベーションも工程イノベーションもその発生率が低下する。

 資料XIV-1　A=Uモデル

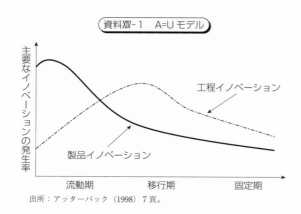

出所：アッターバック（1998）7頁。

2 ラディカル・イノベーションとインクリメンタル・イノベーション

　イノベーションを分類する基準として，多くの研究者が挙げるのは，「連続（新規）性」の程度（レベル）である。上述の製品イノベーションと工程イノベーションの組み合わせ（発生頻度）は，1度登場したイノベーションが，その後のイノベーションとの間でつながりをもちながら，少しずつ上書きをしていくように進展する技術進歩についての議論であ

る。すなわち，１つの「Ｓ字曲線」の中身について焦点をあてている。このような連続的な・累積的なイノベーションは，インクリメンタル・イノベーションと呼ばれる。とはいえ，イノベーションは，連続性が高いものばかりではなく，非連続（画期）的なものも存在する。そういったイノベーションは，既存の製品と比較すると，急進的で革新的なイノベーションである。以上のようなイノベーションは，ラディカル・イノベーションと呼ばれる。この種のイノベーションは，新技術が登場することによって，それまでのＳ字曲線とは非連続的な新しいＳ字曲線が始まることを意味している（**資料XIV-2**）。

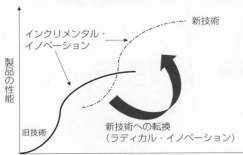

資料XIV-2　Ｓ字曲線とラディカル・イノベーション

出所：近能義範・高井文子『コア・テキスト イノベーション・マネジメント』新世社，2010年，75頁。

③ 中小企業によるイノベーションの特徴

　中小企業のイノベーションは，工程イノベーションが多い。実際，**オスロ・マニュアル**に準拠した，民間企業のイノベーションに関する統計調査「全国イノベーション調査（第４回）」によると，中小企業では，製品イノベーションよりも，工程イノベーションの割合が多くなっていると同時に，製品イノベーションの割合が減少している。大企業では，割合がほぼ同じであるとともに，双方のイノベーションとも割合が増加しているのとは対照的である。

　また中小企業のイノベーションの多くは，インクリメンタル・イノベーションである。具体的には，継続的に研究開発活動を実施するというよりも，日常生活でひらめいたアイデアの商品化や現場での創意工夫による生産工程の改善および経営資源の有効な活用方法の創造といったイノベーションである（『中小企業白書』2009年版）。このようなイノベーションであるので，**ニッチ市場**であればあるほど，中小企業がその担い手となる傾向が強くなる。

　中小企業のイノベーションの牽引力は，経営者の強いリーダーシップである。中小企業においては，チャレンジ精神にあふれる経営者が，先頭に立って，現場での創意工夫などに取り組むことで，ちょっとしたアイデアを商品化し，素早い意思決定でもって，ニッチ市場を開拓している。よって，中小企業は，大企業に比べ経営組織がコンパクトであるので，経営者と社員および部門間の一体感・連帯感が強いと同時に，オーナーである経営者が迅速かつ大胆に意思決定することが可能となるため，個別のニーズにきめ細かく柔軟に対応することが求められる分野でのイノベーションで強みをもっている。　　　　（遠原智文）

▷Ｓ字曲線
ある製品（製法）の改善（改良）には，投入した費用を横軸に，その投資から得られる成果を縦軸にとると，当初は遅々たる進みであるが，やがて加速し，最後には停滞するというパターンが存在する。これを経時的に描くと，アルファベットの「Ｓ」に似ているため，こう呼ばれる。

▷オスロ・マニュアル
OECD（経済開発機構）とEurostat（欧州委員会統計局）が作成するイノベーションに関するデータ収集の国際基準である。これに準拠した統計調査が，およそ100の国や地域で実施されている。

▷ニッチ（niche）市場
隙間（すきま）市場とも呼ばれ，その名前通り，大企業がターゲットとしないような小規模な市場で，独自のニーズをもった市場であることが多い。

推薦図書
ジェームズ・M. アッターバック／大津正和・小川進監訳『イノベーション・ダイナミクス：事例から学ぶ技術戦略』有斐閣，1998年。

3 イノベーションのタイプと中小企業(2)：製品アーキテクチャ

1 製品（工程）アーキテクチャ

　製品（工程）アーキテクチャとは，「どのようにして製品を構成部品や工程に分解し，そこに製品機能を配分し，それによって必要となる部品・工程の**インターフェイス**をいかに設計・調整するか」に関する基本的な設計思想のことである（藤本，2003）。

　分類軸は，①「部品設計の相互依存度」と②「複数企業間の連携」である。①に基づくと，製品アーキテクチャは，モジュラー（組み合わせ）型とインテグラル（すりあわせ）型に分けられる。モジュラー型は，機能と部品との関係が1対1で対応しており，各部品の機能の独立性が高い。例えば，パソコンは，CPUは演算処理，データの一時保存はメモリ，表示はディスプレイというように，それぞれ独立した部品が単独の機能を果たす。よって，**デザイン・ルール**を順守さえすれば，各部品の製品開発の自由度は高くなる。

　一方，インテグラル型は，機能と部品との関係が複雑に絡み合っている。よって，デザイン・ルールが事前に決まっておらず，全体の最適を考えて各部品間の調整をしながら造り込むことが必要となる。典型的な製品は自動車で，乗り心地を向上させようとした場合，タイヤ，サスペンション，エンジン，ボディ，といった多数の部品にまたがって調整する必要がでてくる。

　②の視点では，製品アーキテクチャは，オープン型とクローズド型に分かれる。オープン型は，基本的にモジュラー型の製品アーキテクチャであって，なおかつインターフェイスが企業を超えて，業界レベルで標準化している。よって，デジタル家電のような製品は，企業を超えた寄せ集め設計が可能であり，異なる企業の部品を集めて組み合わせるだけで，機能性の高い製品を作り出すことができる。他方，クローズド型は，インターフェイスが基本的に一社内で閉じている。例えば，自動車の場合，各部品の詳細設計などはサプライヤーに任せたりするが，インターフェイス設計や機能設計などの基本設計は社内で完結している。

2 組織能力

　企業の競争力は，表（表層）の競争力と裏（深層）の競争力に分けることができる。表（表層）の競争力とは，特定の製品に関して，顧客が直接観察・評

▷**インターフェイス**
情報やエネルギーを交換する「継ぎ方」の部分。

▷**デザイン・ルール**
製品システムにおける各部品の機能分担と，部品同士のインターフェイスに関する設計ルール。

価できる指標であり，価格，知覚された製品内容，納期などである。ここでの競争の結果として，企業は最終的に収益を得る。しかしながら，表（表層）の競争力の指標は，顧客からはみえない指標である裏（深層）の競争力に支えられている。例えば，価格競争力が生産性（低コスト）に支えられている関係である。そして，裏（深層）の競争力は，企業の組織能力と直接結びついている。

組織能力とは，ある企業がもつ経営資源・知識・組織ルーティンなどの体系のことを指し，①企業独自のものであり，②他社が簡単にまねできないものであり，③長期にわたって構築する必要がある。なお，このレベルでの競争は，能力構築競争と呼ばれる（藤本，2003）。

アメリカ企業と日本企業で得意とする競争力で異なる傾向がある。すなわち，アメリカ企業は表（表層）の競争力で，日本企業は裏（深層）の競争力でそれぞれ強みをもっているといわれている。特に，戦後の日本の製造業は，多能的な作業者や技術者が，現場・企業内・企業間で，ツーカーの関係，阿吽（あうん）の呼吸で，緊密な連携調整を行うという面で高い組織能力を誇ってきた。これはインテグラル型・クローズド型の製品アーキテクチャと相性が良い。よって，自動車といった製品で，日本企業が高い国際競争力を保持することとなった。

③　モジュール化・オープン化と中小企業

自動車といった日本の機械工業の特徴の1つは，**下請取引**または**系列取引**と呼ばれる長期安定的な関係である。そして，この関係も，多くの製品が**モジュール化**するにつれて，**オープン化**が進み，大きく変化していくのではないかと指摘されている。

とはいえ，特定の取引先との間での緊密なコミュニケーションが必要とされるような製品において，この関係はまだまだ健在といえる。例えば，『中小企業白書』（2011）によると，系列組織のメリットについて，「人的交流等を通じて，相手企業の情報が入手しやすい」「相手先の有する技術や技能，設備を理解しやすい」という点を大企業の方が中小企業よりも重視している。このことからも，**インテグラル型・クローズド型の製品アーキテクチャ**における日本企業の強みは，依然として縁の下から中小企業によって支えられていることがわかる。その結果として，大企業による系列組織の中小企業への評価は，依然として高くなっている。4割以上の大企業が「自社の生産体制を支える不可欠な存在」としている。また「自社の製品やサービスを提供する際の補完的な存在」も2割，「自社製品，サービスのキーコンテンツを提供する不可欠な存在」も1割強となっており，系列組織の中小企業の存在感は大きい。（遠原智文）

▷下請取引・系列取引
⇒VIII-3「下請をめぐる議論(2)」

▷モジュール化
ある製品のアーキテクチャが，相対的にインテグラル型なものから相対的にモジュラー型がものへと移行していくことを指す。なお，「モジュラー化」と同じ意味で使われることが少なくない。

▷オープン化
ある製品のアーキテクチャが，相対的にクローズド型なものから相対的にオープン型がものへと移行していくことを指す。オープン化が進むと，汎用部品の使用比率が高まり，製品の差別化が困難となる。このため，消費者はどの製品を選んでも大差がない状態となるため，企業は販売価格を下げ続けるしかなくなる。結果として，企業は収益が確保できなくなる状況（コモディティ化）に陥ることとなる。

▷インテグラル型・クローズド型の製品アーキテクチャ
⇒XIII-3「中小企業の輸出」

（推薦図書）
藤本隆宏『能力構築競争：日本の自動車産業はなぜ強いのか』中央公論新社，2003年。

中小企業の研究開発

 研究開発

　イノベーションを実現するために重要な取組みの1つは，研究開発である。「民間企業の研究活動に関する調査」によると，「研究開発」とは，「事物・機能・現象等について新しい知識を得るために，又は，既存の知識の新しい活用の道を開くために行われる創造的な努力及び探求」を指す。これには，学術的な研究のみならず製品開発，既存製品の改良および生産・製造工程に関する開発や改良に関する活動も含まれる。なお，社内で研究開発と呼ばれていても，営業や管理を目的としたものは含まれない。

　研究開発は，3つのタイプに分かれる。1つは「基礎研究」で，「特別な応用，用途を直接に考慮することなく，仮説や理論を形成するため若しくは現象や観察可能な事実に関して新しい知識を得るために行われる理論的又は実験的研究」を指す。もう1つは，「応用研究」で，基礎研究によって発見された知識等を利用して，特定の目標を定めて実用化の可能性を確かめる研究，およびすでに実用化されている方法に関して，新たな応用方法を探索する研究」を指す。最後は，「開発研究」で，基礎研究，応用研究，および実際の経験から得た知識の利用であり，新しい材料，装置，製品，システム，工程等の導入または既存のこれらのものの改良をねらいとしている。

② 知的財産権

　研究開発の成果である知的創造物は，知的財産と呼ばれ，特許権に代表される知的財産権によって，一定期間の独占権が付与される。知的財産基本法（平成14年法律第122号）は，「知的財産」および「知的財産権」を以下のように定義している。「知的財産」とは，「発明，考案，植物の新品種，意匠，著作物その他の人間の創造的活動により生み出されるもの（発見又は解明がされた自然の法則又は現象であって，産業上の利用可能性があるものを含む。），商標，商号その他事業活動に用いられる商品又は役務を表示するもの及び営業秘密その他の事業活動に有用な技術上又は営業上の情報（第2条）」を指している。また「知的財産権」とは，「特許権，実用新案権，育成者権，意匠権，著作権，商標権その他の知的財産に関して法令により定められた権利又は法律上保護される利益に係る権利（第3条）」である。

▷民間企業の研究活動に関する調査

文部科学省が科学技術政策の立案・推進のために行う民間企業の研究開発活動の動向に関する統計調査。なお，非営利団体・公的機関や大学なども含めた，研究開発活動の実態に関する統計調査としては，総務省統計局が実施する「科学技術研究調査」がある。

▷知的財産権

知的財産権は，その目的によって，創作活動を促進する「①知的創造物についての権利」と使用者の信用を維持するための「②営業上の標識についての権利」に分かれる（**資料XIV-3**）。このうち，①の特許権，実用新案権，意匠権と②の商標権は，産業財産権と呼ばれ，特許庁が所管している。

資料XIV-3　知的財産権の種類

①知的創造物についての権利（創作意欲の促進）		②営業上の標識についての権利（信用の維持）	
特許権（特許法）	保護対象：発明 保護期間：出願から20年（一部25年）	商標権（商標法）	保護対象：商品・サービスのマーク 保護期間：登録から10年（更新あり）
実用新案権 （実用新案法）	保護対象：物品の形状等の考案 保護期間：出願から10年	商号（商法）	保護対象：商号
意匠権（意匠法）	保護対象：物品のデザイン 保護期間：登録から20年	商品等表示 （不正競争防止法）	保護対象：周知・著名な商標の不正利用など
著作権（著作権法）	保護対象：文学，学術，美術，音楽，プログラム 保護期間：死後50年（法人・映画：公表後70年）	地理的表示（GI） （特定農林水産物の名称の保護に関する法律）	保護対象：品質，社会的評価その他の確立した特性が産地と結びついている産品の名称
回路配置利用権 （半導体集積回路の回路配置に関する法律）	保護対象：半導体集積回路の回路配置の利用 保護期間：登録から10年	地理的表示（GI） （酒税の保護及び酒類業組合等に関する法律）	
育成者権（種苗法）	保護対象：植物の新種 保護期間：登録から25年（樹木：30年）		
営業秘密 （不正競争防止法）	保護対象：ノウハウや顧客リストの盗用など		

出所：特許庁HPに基づいて著者作成

③ 中小企業における研究開発と知的財産

　「全国イノベーション調査（第4回）」をみると，イノベーション活動実施企業における研究開発実施企業の割合は，大規模企業（従業員250人以上）では7割弱に達している一方で，中規模企業（従業員50人以上，249人以下）では半数であり，小規模企業（従業員10人以上，49人以下）では約4割にとどまっている。また，社内での研究開発に限って，その実施頻度でみると，大規模企業においては，継続的に実施している企業だけで半数となっており，一時的に実施を含めると，6割を優に超えている。他方，中規模企業では，継続的な実施企業と一時的な実施企業が，それぞれ4分の1となっている。そして，小規模企業に至っては，継続的な実施企業は2割にも達しておらず，一時的な実施企業でも4分の1に過ぎない。つまり，中小企業は研究開発活動以外でイノベーションに取り組んでいる場合が多いといえる。

　第10回産業構造審議知的財産分科会の配布資料（「知財分野における地域・中小企業支援の取組について」）によれば，2015年の特許出願に中小企業が占める割合は，約14％でアメリカの半分程度にすぎない。また海外への特許出願率も約16％であり，大企業の半分となっている。しかし，特許を保有している中小企業の売上高営業利益率（4.2％）は，保有していない中小企業（2.6％）や大企業の平均（3.2％）と比べても，高くなっている。よって，知的財産を活用する余地が中小企業には大きいといえる。なお，大企業が保有する知的財産を開放し，それを利用して中小企業が新しい製品や事業を創造するという**オープン・イノベーション**ともいえる動きも注目されている。

（遠原智文）

▷**オープン・イノベーション**
チェスブロウ（H. W. Chesbrough）によって提唱されたイノベーションを促進するための新しい概念で，企業内部（自社）のアイデア・技術と外部（他社）のアイデア・技術とを有機的に結合させて価値を創造することを指す。⇨XV-3「ベンチャー企業のタイプと実態」を見よ。

推薦図書

ヘンリー・チェスブロウ／大前恵一朗訳『OPEN INNOVATION：ハーバード流イノベーション戦略のすべて』産業能率大学出版部，2004年。

ベンチャー企業とは

1　ベンチャー企業の定義

　日本において「ベンチャービジネス（Venture Business）」という用語が使われ始めたのは1970年代初頭である。ベンチャービジネスは，「Small Business（小企業）」と「Venture Capital（ベンチャー・キャピタル）」を合成した和製英語であり，いまだ英語的概念にまで至っていない。清成・中村・平尾『ベンチャー・ビジネス：頭脳を売る小さな大企業』（日本経済新聞社，1971年）によって，ベンチャービジネスという概念が日本で普及した。その著書ではベンチャービジネスを「研究開発集約的，又はデザイン開発集約的な能力発揮型の創造的新規開業企業」と定義している。

　著者らは「二重構造論」を批判し，当時認識されていた問題型中小企業とは異質の新しいタイプの中小企業像としてベンチャービジネス概念を提示したのである。したがって，ベンチャービジネス概念は，積極的な中小企業観に基づく貢献型中小企業としての認識を示したものといえる。中小企業の存立形態は従属型と独立型に区分されるが，ベンチャー企業は後者の企業層から検出されたものといえよう。その後，清成忠男が再定義した「知識集約型の革新的中小企業」であるベンチャービジネス概念は，工業化時代と大企業体制の批判への対抗軸として存在意義を高めていった。

2　中堅企業とベンチャー企業

　独立型の中小企業という形態は，ベンチャービジネスよりも10年ほど先に「中堅企業」として中村秀一郎により提示された。二重構造論に対抗して中堅企業論では，「企業成長によって脱中小企業化しつつも，いまだ大企業まで至らない独立企業」として提示されたのである。実際に，下請企業⇒OEM⇒自社製品の開発・販売⇒脱下請といった段階を経て成長する中堅企業が高度成長期に見受けられた。かつて小宮山琢二『日本中小工業の研究』（中央公論社，1941年）が問屋制⇒新問屋制⇒下請制といった従属型中小工業の発展段階を示したが，中堅企業論はこれを援用してさらに中小工業の従属形態から独立形態への発展段階を捉えたものといえる。このような存立形態の独立性を強調する点において，中堅企業とベンチャービジネスの概念形成の出発点には共通性があり，いずれも積極的な中小企業観に依拠する。

▷1　アメリカでは，「スモール・ビジネス」と総称され，急成長する新興企業という意味を含め「スタートアップス（startups）」と呼ばれる。また，技術を重視する研究開発型のハイテク・ベンチャーは，「ニュー・テクノロジー・ベースド・ファーム（NTBF: new technology-based firm）」と呼ばれることが多い。
▷二重構造論
⇨Ⅱ-2「戦後の高度成長と中小企業（1950，60年代）」
▷中堅企業
中村秀一郎『中堅企業論』（東洋経済新報社，1964年）によれば，中堅企業には，①資本的にはもとより企業経営の根本方針の決定権をもつという意味での独立会社，②証券市場を通じての社会的な資本調達が可能となる規模に達した企業，③個人・同族会社としての性格を強くあわせもつという点で大企業とは区別される，④中小企業とは異なる市場条件を確保し，独自技術・設計考案による生産を行い，それぞれの部門で高い生産集中度・市場占有率を保有している，といった特徴がある。⇨Ⅱ-2「戦後の高度成長と中小企業（1950，60年代）」を見よ。

ただし，両者に違いもみられる。中堅企業が工業に限定されるのに対して，ベンチャービジネスは業種・業態のいかんを問わない。ベンチャービジネスの範囲には，典型的な研究開発型の製造業（ハイテク・ベンチャー）のみならず，サービス産業における革新的企業（ニュービジネス）も包含している。そこには，都市の外部経済性を活かして新しいビジネスを展開する都市型企業も含まれる。この両者の違いは時代背景に起因する。中堅企業論は，高度経済成長期における社会的分業の深化の過程で，中小企業から大企業に向かっての上昇と規模拡大を目指す志向を概念化したものといえる。一方，清成らのベンチャービジネス論では，1970年代からの産業構造の転換過程で，ドラッカーのいう**「断絶の時代」**のもとでの大企業体制の限界を問題意識においていた。ベンチャービジネス概念は，企業の成長性に注目するものの大企業志向がないため，企業規模の量的基準を問わないものとなっている。

③ 新規開業企業とベンチャー企業，中小企業とベンチャー企業

かつて清成らは，新規開業企業との違いについて，「小企業として出発するが，独自の存在理由をもち，経営者自身が高度な専門能力と才能ある創造的な人々を引きつけるに足る魅力ある事業を組織する起業家精神をもっており，高収益企業であり，かつ，この中から急成長する企業」としてベンチャー企業像を示した。

この見方を踏襲し，近年，松田修一『ベンチャー企業』（日本経済新聞社，1998年）では，「成長意欲の強い起業家に率いられたリスクを恐れない若い企業で，製品や商品の独創性，事業の独立性，社会性，さらに国際性をもった，何らかの新規性のある企業」としてベンチャー企業を定義している。さらに，松田は，ベンチャー企業を一般的な中小企業（本書で対象とする中小企業とは異なる）と区別し，その違いを明示した。

以上から，ベンチャー企業とは，起業家（アントレプレナー）の起業家精神に基づく起業活動（アントレプレナーシップ），革新性・新規性・創造性の溢れる**イノベーション**を実現して急成長する中小企業の一つの形態として捉えられる。留意すべきは，新規開業企業の全てがイノベーティブなベンチャー企業というわけではない点である。新規開業企業には，ローリスク型のマイクロビジネスや地域密着型のコミュニティビジネスなど，多様な起業パターンがある。

（長山宗広）

▷**断絶の時代**
ドラッカーは，「ポスト工業化社会，ポスト資本主義社会，知識集約化の時代」という未来を予言した。

▷**イノベーション**
プロダクト・イノベーションの特徴は，「製品ライフサイクルの導入期，新製品開発・新市場開拓，創造性，ラディカル（急進的）」といった点が挙げられ，一方，プロセス・イノベーションは，「成長期以降，QCD（品質・コスト・納期）の改善，生産性向上，インクリメンタル（漸進的）」といった点が挙げられる。典型的な研究開発型のハイテク・ベンチャーの場合，イノベーションの中でも，「プロダクト・イノベーション」を実現することに存在意義がある。⇨第XIV章「中小企業のイノベーションを知る」を参照。

（推薦図書）
清成忠男・中村秀一郎・平尾光司『ベンチャー・ビジネス』日本経済新聞社，1971年。
清成忠男『中小企業読本』東洋経済新報社，1997年。
松田修一『ベンチャー企業〈第4版〉』日本経済新聞出版社，2014年。

ベンチャー・ブーム

▷日本列島改造論
高度成長期の後期（1963～72年），「国土の均衡ある発展」の理念のもと，新全国総合開発計画（69年）に基づく大規模開発が進められた。過疎・過密問題が一層深刻化する中，田中角栄の「日本列島改造論」構想（72年）が打ち出され，高速交通インフラの整備が進められた。また，工業再配置促進法（72年）や工場立地法（73年）によって，東京など大都市圏から地方への工場分散が後押しされた。東京など大都市圏には中枢管理機能（頭脳），地方には分工場など生産機能（手足）がそれぞれ配置され，企業内地域間分業が進んだ。全国の交通ネットワーク化も同時に進められ，日本のフルセット型産業構造が完成していった。⇨ⅩⅡ-4「地域開発と中小企業(1)」
▷ベンチャー・キャピタル（VC）
VCは，ベンチャー企業に対して投資によって資金を提供していく企業の総称である。VCの主な収益源は，投資先企業の株式等を資本市場その他で売却することによって得られるキャピタルゲイン（売買差益）である。⇨第Ⅵ章「中小企業金融の実態を知る」，ⅩⅤ-7「ベンチャー企業への支援」

① ベンチャー・ブームとは

1970年代以降，学術面だけではなく実態面として，ベンチャービジネスが注目を集めたブームが3回あった。過去3回のベンチャー・ブームは，産業構造の変化や社会情勢と相まって起こった。ブームの期間の捉え方にはいくつか見解があるが，ここでは，松田（1998）と金井・角田（2002）を主に参照する。

第一のブーム（第一次ベンチャー・ブーム）は，1970～73年である。第二のブーム（第二次ベンチャー・ブーム）は，1982～86年である。第三のブーム（第三次ベンチャー・ブーム）は，1995～2001年である。第三のブームは現在まで続くという見解もある。他方で，**アベノミクス**の成長戦略により官民ファンドが多数設立して新興市場が回復したことから，2013年以降，第四のブーム（第四次ベンチャー・ブーム）に突入しているとの見方もある。

② 第一次ベンチャー・ブーム

第一次ベンチャー・ブームが起こった1970年の日本は，高度成長期の後期にあたる。当時は，1955年からの高度成長期の前期を牽引してきた鉄・石油など素材型重化学工業からの産業構造の転換が進められていた。「**日本列島改造論**」を契機に高速交通インフラの整備が進められ，地方の内陸部へのアクセスが良くなり，臨海部の素材型産業依存から脱却する条件が整った。こうして，自動車や電機を中心とする加工組立型産業が新しいリーディング産業として台頭するようになった。この新産業の担い手として，大企業では担うことができないニッチ分野での研究開発型のベンチャー企業が多く輩出された。この時期に設立されたベンチャーとして，ファナックやローランドなどが挙げられる。

また，東京オリンピック（64年）と大阪万博（70年）を経た当時の日本では欧米のライフスタイルが都市部で浸透し，それに伴って外食・流通・サービス分野でのニュービジネスが数多く生まれた。この時期に設立されたサービス産業のベンチャー企業として，セブンイレブン・ジャパンやモスフードサービスなどが挙げられる。

また，第一次ベンチャー・ブームといえば，リスクマネーを供給する**ベンチャー・キャピタル**（以下，「VC」という）の設立ラッシュも特徴的な現象といえる。1972年に京都財界が日本初のVCである京都エンタープライズデベロップ

メント（KED）を設立し，さらに73年には野村證券系の日本合同ファイナンス（現ジャフコ）が相次いで設立されている。第一次ベンチャー・ブームは，1973年末の第一次オイルショックを契機とする不況期の到来によって，多くのベンチャー企業が倒産し，それとともに消滅した。

③ 第二次ベンチャー・ブーム

第二次ベンチャー・ブームが起きた1982年頃の日本では，2度のオイルショックの経験を踏まえ，省エネルギーや生産効率化ニーズに応える技術革新が進み，**ME化**・知識集約化・創造技術立国の時代を迎えていた。この流れから，エレクトロニクス，新素材，バイオテクノロジーなどの高度先端技術を中心としたハイテク・ベンチャー企業が多数設立された。

また，VCによる日本初の**投資事業組合**方式の導入（82年）や，店頭株式市場の公開基準の緩和（83年）を機にして，証券系・銀行系・外資系の多数のVCが次々に設立された。このため，第二次ベンチャー・ブームは，「ベンチャーキャピタル・ブーム」とも呼ばれている。

しかしながら，1985年**プラザ合意**後の急激な円高から不況期に入り，VCの競争による過大なリスクマネー供給も相まって，86年頃から有力ベンチャー企業の倒産が多発し，第二次ベンチャー・ブームが終焉した。

④ 第三次ベンチャー・ブーム

第三次ベンチャー・ブームが起きた1995年頃の日本は，バブル経済が崩壊して長期の平成不況に突入しているところであった。従来の欧米**キャッチアップ経済モデル**では，産業の空洞化と国内雇用の問題そして日本経済の閉塞感を打破することができないとの認識が広がった。新産業を創出して経済にダイナミズムをもたらす担い手として，ベンチャービジネスへの期待が高まった。そこで，産・学・官（国と地方自治体）が一体となり，多様なベンチャー支援策が打ち出された。

詳しくは本章第7節で後述するが，「中小企業創造活動促進法」（95年），「ベンチャー財団」「ベンチャープラザ」（96年），「エンジェル税制」「有限責任投資事業組合法」（97年），「大学等技術移転促進法」「新事業創出促進法」（98年），「改正中小企業基本法」「中小企業経営革新支援法」（99年）といったベンチャー支援・創業支援が矢継ぎ早に展開された。しかしながら，新規開業率の低迷は続き，ベンチャー叢生による新産業創出にも至らなかったため，第三次ベンチャー・ブームは，「ベンチャー支援・ブーム」と揶揄された。2001年，いわゆる「ネットバブル」が崩壊し，第三次ブームも終息に向かっていった。

（長山宗広）

▷ME化
⇨ VII-2 「中小企業における情報化の進展(2)」
▷投資事業組合
⇨ XV-7 「ベンチャー企業への支援」
▷プラザ合意
1985年に，G5（アメリカ・イギリス・西ドイツ・フランス・日本）が為替市場の協調介入によりドル高是正の合意をしたこと。
▷キャッチアップ経済モデル
戦後の日本の経済発展は，欧米先進国を目標に「追いつき，追いこせ」でキャッチアップに努めてきた。近代化政策・産業政策を進め，特定産業・特定大企業における大量生産体制を確立した。生産技術・生産効率を高めるプロセス・イノベーションを重視し，そこでの価格競争力をもって輸出振興を図り巨額の貿易黒字を稼ぎ出す加工貿易の成功モデルを構築した。1985年のプラザ合意後，このキャッチアップ経済モデルは限界を迎え，既存産業も成熟化し，時代の転換期に直面した。この時期から，日本はフロントランナーとして，プロダクト・イノベーションを重視すべきといった認識が広がっていった。⇨ II-2 「戦後の高度成長と中小企業（1950，60年代）」

推薦図書

松田修一『ベンチャー企業』日本経済新聞社，1998年。
金井一頼・角田隆太郎編『ベンチャー企業経営論』有斐閣，2002年。

ベンチャー企業のタイプと実態

ベンチャー企業の類型化

　中小企業が異質多元的な存在であるとともに，中小企業の1つの形態であるベンチャー企業もまた多様な分野で輩出されている。ベンチャー企業の類型化としては，第一に業種形態による分類として，「製造業型」「非製造業型」に区分できる。第二に技術レベルによる分類として，「テクノロジー（技術シーズ）型」「アイデア（顧客ニーズ）型」に区分できる。第三に付加価値創造による分類として，「先端技術（ハイテク）型」「雇用創出型」「自活・ソーシャル型」に区分できる（松田，1998）。

　ここでいう「先端技術型」とは，独創的かつ世界的な製品・サービスを開発する高シェア・高収益のハイリスクなグローバル・ベンチャー企業を指す。「雇用創出型」とは，小売やサービスなどの既存分野において，ビジネスのスピードと経営システムの革新性を武器に事業を拡大し，多くの雇用を生み出すベンチャー企業を指す。「自活・ソーシャル型」とは，**社会的企業家（ソーシャル・アントレプレナー）**が社会的課題に対応した新規事業を起こすケースを指す。

　さらには，ベンチャー企業が輩出される母体組織の違いから，「社内ベンチャー」「企業発ベンチャー」「大学発ベンチャー」に区分できる。

② 社内ベンチャー

　社内ベンチャーとは，新規事業の創出を目的として，それに必要な経営資源を活用する権限を社内の起業家的人材に付与し，企業が社内に独立な事業体を設けたものを指す。1990年代初頭のバブル経済崩壊後，大企業が社内ベンチャー制度を導入する動きが活発化した。社内ベンチャー制度は，①社員に対する新規事業創出の学習機会づくり，②有能な社員のモチベーション向上と社外流出の防止，③革新的な社風の醸成による社内の組織活性化，といった意義をもつものとして期待された。しかしながら，当時の日本の大企業では，安定的な既存事業への依存が大きく，社内ベンチャーの担い手となる「**企業内起業家（イントラプルナー）**」が不足する状況に陥り，この動きは終息していった。

③ 企業発ベンチャー

　企業発ベンチャーとは，勤務先企業など既存の母体企業から従業員がリスク

▷社会的企業家（ソーシャル・アントレプレナー）
⇨XV-4「アントレプレナーシップ」

▷企業内起業家（イントラプルナー）
⇨XV-4「アントレプレナーシップ」

▷カーブアウト
親元企業の経営陣が経営戦略として事業の一部を切り出し，第三者の評価や投資等を含む外部の経営資源も積極的に利用する新技術事業化の一手法である。

▷オープン・イノベーション
オープン・イノベーションとは，「企業内部と外部のアイデアを有機的に結合させ，価値を創造すること」（チェスブロウ，2004）である。この理論は，従来のクローズド・イノベーションによる研究開発マネジメントに対置する概念であり，チャンドラーの提唱した伝統的な垂直統合モデルのアンチテーゼとして理解する

をとって自発的に飛び出して創業するベンチャー企業を指す。企業発ベンチャーは，「子会社型」「スピンアウト型」「スピンオフ型」の3類型に分けられる。

「子会社型」ベンチャーは，かつての社内ベンチャー制度を推し進めた結果として輩出される場合が多い。親元の母体企業から資金面・人材面などの創業支援を受けるが，母体企業から経営を管理されるといった特徴がある。なお，母体企業（の経営陣）の戦略・計画により事業が外部に切り出される**カーブアウト**の場合，企業内起業家（イントラプルナー）の主体的関与がないので，ここには含まれない。

「スピンアウト型」は，創業後，母体企業との関係がなくなり，何ら支援を受けられないケースである。1990年代にみられた研究開発型の技術系ベンチャーの多くはこのケースであった。創業期の資金調達など課題が多い。ただ，母体企業からの管理がなく自由であることから，プロダクト・イノベーションを実現しやすい面がある。

「スピンオフ型」は，子会社型でもなく，スピンアウト型でもない両者の中間に位置する。近年，先進的な大企業は**オープン・イノベーション**戦略を進め，**コーポレート・ベンチャリング**の一環として，ベンチャー企業とのWIN―WIN関係の構築を試みている。2000年代以降，「スピンオフ型」ベンチャーの創出条件が整い，このタイプの創業が増えている（長山，2012）。

④ 大学発ベンチャー

大学発ベンチャーとは，大学の人材や技術等をもとに起業すること，すなわち，大学からの起業である。大学とは，国立，公立，私立の大学のほか，高等専門学校，政府系研究施設を含める。人材とは，大学教員・研究員だけではなく，職員や学生を含む。技術等とは，大学および大学教員の特許による技術移転だけではなく，特許以外の研究成果の活用も含む。2001年，政府は「大学発ベンチャー1000社構想（平沼プラン）」を掲げた。これを機に大学発ベンチャーの設立数は増えていき，今では2000社を超している。

近年，大学発ベンチャーの役割や期待はますます高まっている。その理由としては，① ICTやバイオなどの技術革新の進展に伴い，科学―技術―市場の関係が緊密化し，大学の研究成果が製品化に直接結びつきやすい環境になってきたこと，②従来のような大学の特許を企業にライセンシングして製品化する産学連携モデルよりも，大学発ベンチャーを設立して基礎的研究と製品開発のフェーズを行き来する方が事業化までのスピードが速いこと，③大学発ベンチャーは大学の近隣で新設されることが多いので地域振興につながりやすい，といった点が挙げられる（近藤，2002）。ただし，大学教員が自ら起業する場合は，経営管理能力を補完する経営チームを組成しなければ，研究成果の早期事業化となりにくいので留意すべきである。

（長山宗広）

ことができる。オープン・イノベーションの類型としては，大企業が外部企業・顧客・サプライヤー・大学・研究機関等から知識を外部調達して自社の知識基盤を拡張する「アウトサイドイン型」と，大企業による知的財産の販売や社内アイデアの外部移転・社内プロジェクトの外部化などを通じて利益を得る「インサイドアウト型」に分けられる。「スピンオフ型」ベンチャーの創出は，後者の戦略の1つと捉えられる。
⇨ XIV-3 「イノベーションのタイプと中小企業(2)」

▷**コーポレート・ベンチャリング**
社外資源を活用するものとして，①ベンチャー企業との連携・共同開発，②コーポレート・ベンチャーキャピタル（CVC）によるベンチャー投資，③ベンチャー企業の買収・M&Aなどがある。一方，社内資源を活用するものとして，④社内ベンチャーの育成，⑤スピンオフ・ベンチャーの育成，⑥カーブアウトの推進，などに整理できる。

（推薦図書）

松田修一『ベンチャー企業』日本経済新聞社，1998年。

近藤正幸『大学発ベンチャーの育成戦略』中央経済社，2002年。

長山宗広『日本的スピンオフ・ベンチャー創出論：新しい産業集積と実践コミュニティを事例とする実証研究』同友館，2012年。

H・チェスブロウ／大前恵一朗訳『OPEN INNOVATION』産業能率大学出版部，2004年。

4　アントレプレナーシップ

1　アントレプレナーシップとは

　ベンチャー企業の創造について，それをアントレプレナーシップと換言できる。アントレプレナーシップは起（企）業家精神と翻訳されることが多い。ただ，本章では，先行研究（ティモンズ，1997；バイグレイブ他，2009など）を踏まえて，アントレプレナーシップを起業活動ないしは新規事業創造と捉える。

　アントレプレナーシップとは，「実際に何もないところから価値を創造する過程」であり，「起業機会をつくりだし適切にとらえ，資源の有無の如何にかかわらずこれを追及する創造的プロセス」である。このプロセスの構成要件としては，「創業者（先導起業家と経営チーム）」「起業機会の認識」「必要資源」の3つが挙げられる。これら3つのギャップの解消，構成要件の適合性がアントレプレナーシップ（起業活動ないしは新規事業創造）の決め手になるといわれる。

2　日本の起業活動の実態

　アントレプレナーシップの水準が国の経済成長に結びつくとされる。ある国のアントレプレナーシップの水準は，「資金の利用可能性」「政府による創業支援」「研究開発成果の移転」「物的・人的インフラ」「一般的な教育」「起業活動のための教育や訓練」「社会的・文化的規範」「国内市場の開放度」といった要素が全て結合して決まる。

　「GEM調査」によれば，日本の起業活動指数は，調査対象国の中で常に低い位置にある。バブル崩壊後の1990年代以降，日本の経済成長率は長らく低迷しているが，これは先進国の中でも日本のアントレプレナーシップの水準が際立って低いことに1つの要因があるものと捉えられる。実際，日本の新規開業率（事業所・企業ベース）をみると，70年代までは6％前後と比較的高かったが，80年代に下降しはじめ，90年代以降は4％前後と低迷している。さらにいえば，91年調査からは廃業率が開業率を上回る逆転現象が生じている。そこで政府は，日本経済のダイナミズムを取り戻すために各種の創業支援・ベンチャー支援策を講じてきた。しかしながら新規開業率は上昇することのないまま，政府はKPI（政策目標）として，「アメリカ・イギリス並みの開業率10％台を目指す」ことを「日本再興戦略（2013年閣議決定）」で掲げた。この目標は「未来投資戦略（2017年閣議決定）」でも継続しているが，実現可能性は低い。

▷ GEM調査
グローバル・アントレプレナーシップ・モニター（GEM）調査では，①起業の準備を始めている人，②創業後42カ月未満の企業を経営している人，の合計が18〜64歳人口100人あたり何人いるかをEEA（Early-Stage Entrepreneurial Activity）と定義し，各国の起業活動の活発さを測定し，毎年公表している。

▷ 1　中小企業庁編『2002年版中小企業白書』によると，事業者対雇用者収入比率は，1980年代以降に1を割り込み，2000年には0.6となっている。

▷ 日本的経営システム
日本的経営システムの特徴として「閉鎖性」という本質的なデメリットを抱えている。会社のこと以外に関心をもたない「会社人間」や，経営と労働が一体化した「会社共同体」を作り出す。その結果，「自律的な個人」の自由とアイデンティティに価値を認めなくなる。アントレプレナーシップにはネガティブに働くシステムといえる。

▷ 2　岡室（2006）によれ

3 起業活動の障害，日本の制度的課題

そもそも起業活動とは，いくつもの障害があり困難を伴うものである。日本におけるベンチャー創業の三大障害は，資金面（資金調達），人材・組織面（人材確保），販売面（取引先の開拓）といわれる。なかでも，創業時における資金調達は，常に阻害要因のトップに挙げられている。それゆえに，90年代以降，国のこれまでのベンチャー向け支援政策では，融資・信用保証，直接金融，税制，各種助成金など，金融面の支援に重点が置かれてきた。しかしながら，「ベンチャー支援・ブーム」と揶揄されたように，日本の起業活動は決して活発といえる状態にまで達していない。

日本の新規開業率の低下要因としては，「自営業者の年収がサラリーマンの年収よりも低く，高いリスクに見合ったリターンが見込めない」との指摘がある。80年代以降は地代家賃や製造設備など開業コストが高額化し，特に製造業における新規開業の困難性が目立った。また何よりも，日本の場合，「**日本的経営システム**」にみられる大企業の長期的雇用制度とそれに伴う知識労働市場の流動性の低さが，ベンチャー創業にとっての本質的問題と捉えられる。間接金融主体の日本の金融制度もまた，リスクの高いベンチャー創業には不向きであるというのは周知の事実であろう。

4 起業活動の促進要因

先行研究（ストーリー，2004など）によれば，次のような条件に当てはまる市場・産業では新規参入が促進されるという。「市場の成長性が高く，新規参入後に期待される利益が高い」「市場の細分化が進んだ産業（産業内の集中度が低く，大企業による独占・寡占市場でない）」「必要資本量が小さい産業」「技術基盤の経過年数が少ない産業」「免許・届け出の規制緩和など制度変更のある産業」などである。ここから，既存の製造業の新規開業率の低さについて理解できる。なお，地域別にみた場合，人口規模・密度の高い都市部において新規開業率が高い傾向がみられる。

5 新しい起業活動のうねり

近年，製造業の起業活動が活発に転じている。アンダーソン（2012）が唱えた「**メイカーズ革命**」のとおり，低コストで少量の生産が可能な条件が整いつつあり，個人の製造業者（メイカー）が誕生する時代を迎えている。メイカーの多くは，創業準備期の起業家予備軍である。政府の「働き方改革」の後押しもあって，就業規則の職務専念義務を緩和し，従業員に「兼業・副業」を認める企業も出てきた。これを機に，メイカーとして起業学習の経験を積む人が増えていけば，日本の起業活動も少しは改善するかもしれない。　（長山宗広）

ば，「人口構成（25〜44歳の割合の高さ）」「人口規模・密度（都市部）」「失業率の上昇」「富の水準」「高い教育水準」などの立地条件において，新規開業がプラスに働くとされる。特に，製造業に関しては，中小企業の多い工業集積地においてプラスの傾向がみられる。（岡室博之「開業率の地域別格差は何によって決まるのか」橘木俊詔・安田武彦編『企業の一生の経済学』ナカニシヤ出版，2006年）

▷**メイカーズ革命**

これまで，製造業といえば，工場・装置と専門技術という生産手段や流通インフラをもつ大企業に主導権があった。しかし，近年は，3Dプリンターなどデジタルツールの登場により，小ロット生産が低コストで可能となり，個人が誰でも容易に「ものづくり」ができる時代になった。また，個人がインターネットを使って，自身が製作した「もの」を世界のニッチ市場に販売できる環境も整ってきた。

（推薦図書）

J・A・ティモンズ／千本倖生・金井信次訳『ベンチャー創造の理論と戦略』ダイヤモンド社，1997年。

W・バイグレイブ，A・ザカラキス／高橋徳行・田代泰久・鈴木正明訳『アントレプレナーシップ』日経BP社，2009年。

D・J・ストーリー／忽那憲治・安田武彦・高橋徳行訳『アントレプレナーシップ入門』有斐閣，2004年。

C・アンダーソン／関美和訳『MAKERS』NHK出版，2012年。

5 アントレプレナー

▷アントレプレナー教育
日本では，1990年代以降，
大学・大学院の講義として
導入されてきた。教育内容
としては，経営学をベース
に，イノベーション，マー
ケティング，人的資源，財
務会計，法務，知的財産な
ど体系的に理論を学ぶ内容。
それと併せて，ケーススタ
ディやビジネスプラン（事
業計画書）作成の演習など
実践的に学習する。近年，
小・中学校，高校において
も，実地調査・職場訪問や
商品販売活動など体験学習
として取り組まれてきた。
「アクティブ・ラーニング
（能動的学習）」という方法
で，アントレプレナーシッ
プ教育を実践的に進める機
運が高まっている。
▷企業内（社内）起業家
企業内起業家（イントラプ
ルナー）とは，社内ベンチ
ャーを創造する担い手。
⇨ XV-3 「ベンチャー企業
のタイプと実態」
▷ソーシャル・アントレプ
レナー
広く社会の課題解決を志向
する社会的企業の創業者，
社会を変革するイノベータ
ー。⇨ XII-8 「震災復興と
地域市民としての中小企業
の役割」
▷国際的アントレプレナー
BGC（Born Global Com-
panies）を創造する担い手。
BGCとは，「創業時から複

1 アントレプレナーとは

　アントレプレナーとは，アントレプレナーシップ（起業活動ないしは新規事業創造）を実践する人であり，ベンチャー企業を牽引する担い手である。アントレプレナーを日本語に訳すと，「起業家」ないしは「企業家」となる。新しい事業を起こす人を「起業家」とすれば，それに加えて，既存組織の中でイノベーションを実現する人を「企業家」と捉えることができる。したがって，ベンチャー企業を新規開業した創業者は「起業家」といえ，ベンチャー企業の成長ステージにおいてイノベーションを実現する経営者は「企業家」と呼ぶことができる。ベンチャー企業の成長に伴って，「起業家」から「企業家」に成長していく。

　本節では，ベンチャー企業の創業者について着目していくので，以下，アントレプレナーを「起業家」と捉えて説明をしていく。なお，松田（1997）では，起業家について，「高いロマンに，リスクを感じながらも，果敢に挑戦し，自己実現を図るために，独立性，独創性，異質性，さらに革新性を重視し，長期的な緊張感に耐えうる成長意欲の高い創業者」と定義されている。

2 アントレプレナーの特性

　ティモンズ（1997）などの先行研究によれば，アントレプレナーの性格は「攻撃型，即断即決型」であり，「守勢型，熟慮慎重型」の性格には不向きであるという。その個人特性については，「自信家，自己統制，創造的革新」という言葉で説明される。また，アントレプレナーに必要な精神と行動としては，「コミットメント（全身的献身）と強固な決意」「起業機会への執念」「リスク・曖昧性・不確実性に対する許容」「創造性・適応力」「一流たらんとする欲求」などが条件に挙げられる。そして，その能力特性は，「先見力，判断力，情報収集力，統率力，強運」であるとした。アントレプレナーに多くみられる個人的背景としては，「父親が事業を行っている」「小零細企業に勤めていた（製造業の場合）」「外からの移民者・移住者である」ことなどが挙げられている。

　ただ，こうしたアントレプレナーの特性を重要視する特異説に対して，生まれもった性格や特性にかかわらず，アントレプレナーの育成は，実践的な学習により可能といった別の見解もある。ここに，「**アントレプレナー教育**」の可

能性を知ることができる。

3 日本のアントレプレナーの実像

日本のアントレプレナーの圧倒的多数は，長期の勤務経験を有しており，その勤務経験を通じて，創業動機を形成し，創業に必要な実践的能力・知識・技術・ノウハウや人脈を獲得している（前掲，金井・角田，2002）。日本のアントレプレナーの人物像としては，「最終学歴は大学卒が多い（大学院修了は少ない）」「正社員での斯業経験があり平均経験年数も10年以上と長い」「前の会社の離職事由は自らの意思であり会社都合・定年は少ない」「前職の職種は営業が多い（製造業では研究職・技術職も多い）」「開業時の年齢は40歳代以上の中高年が多い」といった調査結果が総じてよく見受けられる。また，「斯業経験のある起業家ほど開業後の収益性が高い」といった結果も共通している。

なお，前職を辞めて独立開業を決意させる原因や契機としては，「新規プロジェクト・新製品開発などへの思い入れ」「組織と個人意思との齟齬（不本意な配置転換や出向，上司や組織の管理に対する不満など）」「海外勤務など異質な経験による自己変革」などが挙げられる。

4 アントレプレナーのタイプ

日本のアントレプレナーのタイプは，斯業経験をもつ「スピンオフ起業家」が圧倒的に多いといえる。ただ，この他にも，起業スタートの仕方やバックグラウンドによるアントレプレナーのタイプ分けとして，「**企業内（社内）起業家**」「学生起業家」「女性起業家」「シニア起業家」などが挙げられる。

また，近年は，社会的企業やコミュニティ・ビジネスを創業する「**ソーシャル・アントレプレナー**」や，ボーン・グローバル・カンパニー（BGC）を創業する「**国際的アントレプレナー**」というタイプが目立つようになってきた。さらには，「**シリアル・アントレプレナー**」という連続的に再度起業にチャレンジする新しいタイプも出てきた。

5 アントレプレナーの出発点

アントレプレナーとしての最初のステップは，新しい魅力的な事業機会を見つけることにある。まず，アントレプレナー自身がもっている夢や志，危機感といった内部に目を向ける。次に，経済・社会など外部の環境の変化に注目する。外部のチャンスと内部の強みが重なるところに事業機会を見出しやすい。

（長山宗広）

資料XV-1 事業機会の認識

出所：高橋（2005）より筆者作成。

数の国で資源を利用して製品を販売することにより相当な競争優位性を発揮しようとする企業」を指す。ウプサラ・モデルでいわれる段階的・漸進的な国際化プロセスを蛙跳びして，創業後2～3年で早期の国際化を実現するベンチャー企業といえる。BGCの創業者である国際的アントレプレナーは，「国境を越えた革新的行動，積極的行動，そしてリスクを恐れない行動の組み合わせであり，組織内で価値の創造を目指す」点に特徴がある。⇨XIII-2「国際化のプロセスと中小企業」

▷**シリアル・アントレプレナー**

「連続起業家」と訳すことができる。最初に起業したベンチャー企業を成長させ，IPO（新規株式公開⇨XV-6）かM&A（合併・買収⇨XV-6）により出口を迎え，そこで取得した資金を元手に再び起業に挑戦する人，がその典型例である。

推薦図書

高橋徳行『起業学の基礎：アントレプレナーシップとは何か』勁草書房，2005年。
松田修一『起業論』日本経済新聞社，1997年。

6 ベンチャー企業の経営

 ベンチャー企業の成長ステージ別の経営

　ベンチャー企業が創業し成長する過程には様々な困難が伴う。成長ステージの各段階では，乗り越えるべき経営課題がそれぞれ異なっている。起業家／企業家は，成長ステージ別の課題に応じて，自己変革し経営スタイルを変革していく必要がある。そうすることで企業を「ゴーイングコンサーン（継続企業）」として持続的に発展できる。

　ただ，現実には，「1000の誕生のうち３つ」しかベンチャー企業は生き残れないといわれる。例えば，ハイテク型のベンチャー企業の場合，「魔の川（devil river）」と呼ばれる研究と開発の間の障壁，「死の谷（death valley）」と呼ばれる開発と事業化の間の障壁，「ダーウィンの海（Darwin's ocean）」と呼ばれる事業化と産業化の間の壁が各ステージに立ちはだかる。

　また，ベンチャー企業にかかわらず企業は，**「プロダクト・ライフサイクル」**と呼ばれる製品・サービスの寿命の問題に対応していかなければならない。時間の経過で環境は変化するので，一時代に市場で受け入れられた製品・サービスはいずれ陳腐化する。近年，市場の変化のスピードが速くなっており，製品・サービスの寿命は短くなってきている。安定期のない不確実な今の時代，変化に即応して変革するベンチャー企業の経営スタイルには学ぶべき点が多い。

② スタートアップ期の経営

　ベンチャー企業の成長過程は，「スタートアップ期」「急成長期」「安定成長期」の３段階がある。まず，ベンチャー企業の創業者は，ゼロから事業を立ち上げ基礎を固めるまで，「スタートアップ期」と呼ばれるステージに５年間ほど身を置く。スタートアップ期のベンチャー企業は，先行投資による赤字経営の中，信用ゼロのため資金調達も容易にいかない。複数の創業者で起業した経営チームでは，方針の違いから内部分裂することもままある。このステージは最もリスクが高く，倒産確率が高い。

　リスクを少しでも最小化するため**「ビジネスプラン」**を立てるとよい。市場－競争の観点から事業コンセプトを明確にするとともに，製品・サービスの開発と収益を上げる仕組み（ビジネス・モデル）を構築し，それを実現するために不足する資金や人材など経営資源を適正に調達する。ビジネスプランは，投資

家や金融機関などから資金を調達する手段として，また，経営チームなど組織メンバーの意思決定の拠り所として成長を先導する手段になる。

③ 急成長期の経営

急成長期とは，スタートアップ期を乗り越えて，社会的認知度が高まり，市場の拡大またはシェアアップによって，企業規模が急速に拡大する期間である。売上高・利益や従業員数といった規模の急拡大とともに，**ステークホルダー**（利害関係者）も増えていく。市場には多くの競合他社が参入し，類似製品や類似事業も次々と出てくる。この時期は，製品の差別化を図り競争力を高め，創造した事業をスピーディに展開することが肝要である。成長のスピードにしたがって，必要資源と既存資源との間に大きなギャップが出てくる時期でもある。

経営チームには，経営実態を正確に把握・管理するマネジメント能力がより一層求められる。例えば，創業メンバーにはいなかった財務管理のプロフェッショナルを採用するなど，必要な経営資源を補充する。そして，急増する運転資金や設備資金の必要性に適切に対応していく。コア能力の蓄積のため，社外のアウトソーシングを積極的に活用する。

従業員の数が増えて経営チームとの距離も遠くなるので，社内のコミュニケーションを緊密にするための制度を導入する。いずれにしても，スタートアップ期のような創業メンバー内のインフォーマルな運営から脱皮し，人事労務・財務会計・生産・営業など全ての分野で経営管理システム・制度を構築することが求められる。

④ 安定成長期の経営

事業の成熟化とともにベンチャー企業のサイクルも安定期に入る。ベンチャー企業の社会的認知が浸透し，**新規株式公開**（IPO）を果たし，収益力が最も安定する経営基盤確立期といえる。株式上場した企業は，「自分たちの会社（Our Company）」から，第三者の株式を意識した「あなたたちの会社（Your Company）」への脱皮を図る必要がある。IPO を境にして，社外取締役の採用，監査役会の導入などガバナンス機能の強化が求められる。

プロダクト・ライフサイクルの短い不確実な時代にあっては，成功したベンチャー企業といえども安定した成長は約束されたものではない。常に，新規参入者や代替品の脅威にさらされる。そのため，既存事業のブランドを構築する一方，第二・第三の新規事業を創出する。さらなる飛躍のため，自前主義に陥らず，大手企業との連携や**M&A**（企業買収）を積極的に仕掛け，オープン・イノベーション戦略を実施することが求められる。 　　　　　　　　（長山宗広）

営管理システム・内部統制の強化，⑤創業者利潤の確保，などである。一方，デメリットとしては，①株主に対する受託責任・社会的責任の増加，②株主代表訴訟など各種法的リスクの増大，③監査費用や IR（投資家向け広報）費用などコストの増大などが挙げられる。IPO を境にして，ベンチャー企業特有の自由さやチャレンジ精神がそがれて保守的体質に陥り，画期的なイノベーションを創出できなくなるケースも散見される。⇨Ⅵ-4「新しい中小企業金融・地域金融の潮流」，XV-7「ベンチャー企業への支援」

▷ **M&A**

企業の合併・買収のことである。企業を買うという取得する側からみた用語。近年，大手企業がオープン・イノベーション戦略の一環として，将来性の高いベンチャー企業の技術等を M&A を通じて取得するケースが散見される。国外の企業が国内の企業を買収することや，逆に，国内の企業が国外の企業を買収するといった，国境を越えたクロスボーダー M&A というタイプもある。例えば，中国企業が日本のベンチャー企業を M&A して技術等を取得するといったケースである。⇨Ⅵ-4「新しい中小企業金融・地域金融の潮流」，XV-7「ベンチャー企業への支援」

推薦図書

忽那憲治・長谷川博和・高橋徳行・五十嵐伸吾・山田仁一郎『アントレプレナーシップ入門』有斐閣，2013年。

7　ベンチャー企業への支援

① ベンチャー支援政策

　日本でベンチャー支援が本格的に展開されたのは，第三次ベンチャー・ブーム（1995年〜）からである。ベンチャー企業主導により経済成長を遂げたアメリカ（特に**シリコンバレー・モデル**）をお手本にして，経済産業省など国が矢継ぎ早に支援施策を展開していった。シリコンバレーには，ベンチャー企業の簇生・成長・集積といった現象がみられた。そこには，ベンチャー創造を促す支援インフラがあった。その構成要素は，ベンチャー創造を容易にする専門家集団，すなわち，ベンチャー・キャピタル（VC）・法律家・会計士・人材供給会社・コンサルティング会社などである。ここから，日本でも政策的にベンチャー創造のインフラを整備する動きが出てきたのである。

② ベンチャー・キャピタル（VC）

　VCとは，ベンチャー企業に対して専門的に投資活動を行う資金供給企業の総称である。VCの事業内容は，ベンチャー企業に対してリスクファイナンスを投資し，投資後の様々な経営支援を通じてベンチャー企業を育成し，企業価値を高めてから資本市場その他で投資先の株式等を売却し，キャピタルゲイン（株式等の売却代金と投資資金との差額，売買差益）を得るものである。一般的に，VCは**投資事業組合**（ファンド）を組成し，このファンドを通してベンチャー企業へ投資する仕組みとなっている。

　アメリカのVCは，ベンチャー企業の創業後の早い時期（アーリー・ステージ）に**ハンズオン投資**し，IPO（新規株式公開）のタイミングで投資先企業の株式等を売却することで，巨額のキャピタルゲインを得るハイリスク・ハイリターン型の事業モデルをとる。それを可能にするアメリカのVCにとっては，ベンチャー企業に対する事業性・将来性等をみて投資判断できる専門家（ベンチャー・キャピタリスト）の存在が大きい。

　一方で，日本のVCは，すでに成長を遂げたベンチャー企業に対してIPO直前の遅い時期（レーター・ステージ）に投資する傾向があった。こうした日本のVCの状況では，ローリスク・ローリターン型の銀行（間接金融）とあまり相違ないものとなる。日本では，スタートアップ期のベンチャー企業に対する資金調達手段がない状態にあった。そこに公的な政策が介入する意義があった。

▷**シリコンバレー・モデル**
サクセニアンは，半導体・コンピュータなどハイテク産業で同一条件にある，アメリカ西海岸のシリコンバレーと，東海岸のボストン郊外ルート128を取り上げ，地域優位性の比較研究を行った。その結果，前者を「地域ネットワーク型産業システム」，後者を「独立企業型産業システム」と命名し，「シリコンバレーでは，様々な関連技術を持つIT専門企業同士が，激しく競争しながら同時に協力もする。それは，非公式な社会的ネットワークやオープンな労働市場にもとづく協力・学習行動であり，実験的な試みやイノベーションが促され，ハイテク市場や技術の変化に素早く対応できる」と分析している（サクセニアン，1995）。

⇨ⅩⅡ-3「地域における企業集積(2)」

▷**投資事業組合**
VCが組成した投資事業組合は，①投資家から資金の出資を受け，②投資先企業（ベンチャー企業）の株式等に投資し，③投資先企業の株式上場などのキャピタルゲインで資金を回収し，④回収資金を投資家に配分するファンド（組合資金）を運用する組合，のことを指す。VCは，自ら投資事業組合に投資してもしなく

第三次ベンチャー・ブーム以降，国や自治体は，政府出資や政府保証等を通して民間 VC のリスクを低減する支援施策を講じており，近年は官民ファンドの設立も増やしている。

③ ビジネス・エンジェル

　ビジネス・エンジェルは，個人投資家の一形態である。具体的にいえば，十分な経営資源をもたない起業家やベンチャー企業経営者に対するメンター（支援者）として，アーリーステージでの小口投資に重点を置き，ハンズオン的な投資を行う「インフォーマル・インベスター」を指す。VC と比較した場合のエンジェルの特徴は，小口投資，投資決定までのスピード感にある。そのため，ベンチャー企業の資金調達環境において，エンジェルは VC 投資を補完する役割を担っている。アメリカでは，VC 投資よりもエンジェルが投資した件数・金額の方が多いといわれている。日本でも，「エンジェル税制」（1997年）などを導入し，ビジネス・エンジェルの担い手を増やす制度を整備している。

④ インキュベーション，インキュベーター

　インキュベーションとは，もともとは，鳥の卵を孵化させるという意味である。ビジネス・インキュベーションは，事業の「卵」を孵化（事業化）させるという意味になる。すなわち，創業しようとする者（シード期）や創業間もないベンチャー企業（スタートアップ期）に対する広義の創業支援活動といえる。具体的には，創業に関する基礎知識の学習支援，相談・経営コンサルティング，技術の提供，ビジネスマッチングによる販路開拓支援，投資家・専門的機関や幹部人材等の紹介，創業の場所・設備の提供といった支援活動全般を指す。

　インキュベーターは，インキュベーションのうちの一部機能を担う。創業支援対象者にオフィススペースを安価で提供する。インキュベーターの設置者は，国や自治体関連の公的機関が多い。アメリカでは，大学が TLO（技術移転機関）を通じて技術（特許）を供与し，ビジネススクールで起業家予備軍を育成し，インキュベーターを運営して創業の場所と設備の提供を行っている。このため，大学を拠点にインキュベーション機能が整い，大学発ベンチャーの叢生・成長・集積が起こり，地域イノベーション・エコシステムが形成されるという。日本においても，2000年前後から，地域プラットフォーム（新事業創出促進法）や産業クラスター形成を支援し，ベンチャーの集積による地域の新産業創出を目指している。現状，いくつかの地域において成果がみられるものの，シリコンバレー・モデルを再現する「クローニング政策」は，総じて奏功しているといいがたい。

（長山宗広）

ても，ファンドの投資・運用・管理など全ての業務を担当して無限責任を負う（その対価として VC は管理報酬・成功報酬を得る）。

▷ハンズオン投資

ハンズオン投資は，アメリカの VC によくみられる投資形態である。その特徴は，VC が投資先のベンチャー企業の大口株主となり，経営面に積極的に関与する点にある。VC から投資先企業（ベンチャー企業）に役員を派遣することも多い。このため，オーナー意識の高い日本の創業経営者からは，VC のハンズオン投資に否定的な態度をとる場合もある。

推薦図書

A・サクセニアン／大前研一訳『現代の二都物語』講談社，1995年。
W・D・バイグレイブ，J・A・ティモンズ／日本合同ファイナンス訳『ベンチャーキャピタルの実態と戦略』東洋経済新報社，1995年。

1　中小企業の研究方法

1　中小企業をみる視点

　中小企業には様々な諸相があり，企業家の数だけ魅力と可能性がある。そして，その全体像を捉えることの難しさも指摘されてきた。中小企業研究は**学際研究**または多専門研究（multidisciplinary studies）に属する分野である。学際研究は分野横断的に新しいインパクトを生みだすこともできるが，「ごちゃ混ぜ」と評する声もある。

　中小企業の魅力を捉えるには，学際研究の方法を意識しつつ，同時に「大企業を小さくした存在ではない」中小企業オリジナルの研究視点を確立する必要がある。ここでは，今後の中小企業理解に必要な方法（論）をみていきたい。

2　中小企業研究の認識論

　社会科学の方法は**存在論，認識論，人間論，方法論**から構成され，その4つの包括的な枠組みを「パラダイム（paradigms）」と呼ぶ。ここでは，社会的世界の中で中小企業をいかに認識するかに関わる認識論の次元についてみていきたい。

　中小企業概念（small business concept）をいかにデザインするか。次の3点がポイントとなる。第一に，学際性である。マクロ・ミクロの動向などの経済学のみならず，マネジメントや経営戦略などの経営学，中小企業経営者のネットワーク分析などの社会学も重要な視点となる。第二に，「個（多様性）」と「全体」のバランスである。中小企業の戦略やジェンダー，マイノリティといった1つのトピックの断片のみで把握することは不十分であるが，イデオロギーや「問題性（積極性）をもつ存在である」といった「大きな物語（grand theory）」のみで語ることも視点の「硬直化」につながりかねない。第三に，中小企業との「関わり方」の確立である。中小企業という対象はグローバル・普遍的な経営現象として探究する方法もある一方，国・地域固有の政策などの課題解決ともリンクする。つまり，グローバルな研究潮流としての実証科学の国際標準化が進んだとしても，国・地域の政策科学など規範科学として何らかの価値に関与することも必要となる。実証科学，規範科学それぞれの方法を相対化しながら，中小企業と向き合う方法を確立する必要がある。そのために，次項で検討するアプローチの方法（方法論）を深く理解する必要がある。

▷ **学際研究（interdisciplinary studies）**
学際研究は「疑問に答え，課題を解決し，単一の専門分野で適切に扱うには広範すぎるもしくは複雑すぎるテーマを扱うプロセスである。より包括的な理解の構築のために知見を統合するという目標をもち，学際研究は専門分野を利用する」と定義される。（Repko, 2012）

▷ **存在論，認識論，人間論，方法論**
私たちが生きる社会的世界とはどういうものか（存在論），その社会的世界をどうみるか（認識論），その社会的世界における人間をどうみるか（人間論），社会的世界と人間をどのように知るか（方法論）のことである。

③ 中小企業研究の方法

定量的方法は「統計データの分析やサーベイ調査の結果をもとにした社会調査のように，数値データを中心にして分析を進め，その結果については，主にグラフや数値表あるいは数式などで表現する調査法」である。定量的方法は過程ではなく変数間の因果関係の測定の分析に重点を置き，そのために（より）客観性の高い数値を用いてリアリティに接近する。

一方，定性的方法は「主にインフォーマル・インタビューや**参与観察**あるいは文書資料や歴史資料の検討などを通して，文字テクストや文章が中心となっているデータを集め，その結果の報告に際しては，数値による記述や統計的な分析というよりは，日常言語に近い言葉による記述と分析を中心とする調査法」である[1]。定性的方法はモノや質，プロセスあるいは意味を重視し，研究者と対象者の密接な関係，コンテクスト（背景，文脈）からどのように社会経験がつくられ，意味づけられるかに重点を置き，リアリティを構築する。

この2つのアプローチは主として用いられる分野が異なることから対立するものとして表現されることが多く，また定量的方法のマジョリティとしての優位性や実証科学の国際標準化が指摘されることが多い[2]。しかし，本来どちらかに絶対的な優劣があるわけではなく，基本的には中小企業を捉えるための認識論やリサーチ・クエスチョン（研究的疑問，研究課題）に合致した方法を採用することが重要である。

④ 中小企業の「個と全体」のデザイン

「群盲象を評す」というインド発祥の寓話がある。これは数人の盲人が象の一部だけを触って感想を語り合うというもので，「物事や人物の一部，ないしは一面だけを理解して，全て理解したと錯覚してしまう」ことを意味する。Gartner はこの寓話を引きながら，アントレプレナーシップ研究における「個」の研究に対する「全体」としての「多様性（diversity）を説明する理論」のないこと，研究全体として「調和のとれた全体（congruous whole）」を構成していないことを指摘する[3]。中小企業研究には学際研究としての特徴や方法（論）の豊富さのみならず，中小企業の異質多元性といった対象の多様性がある。結果として，「学際的に」研究成果をバランスよく体系化することは難しい。

より深い中小企業理解のためには，実証科学の多彩なアプローチの中で中小企業を精緻に描きつつ（＝木をみる），その現実の価値を評価・デザインする方法（＝森をみる）が求められる。中小企業の「個と全体」を捉えるための方法論的基礎が必要である[4]。その上で，「（中小）企業家はどうすべきか？（"what should entrepreneurs do?"）」といった実践的な問いとともにその体系化を進めることが重要である。

(平野哲也)

▷**参与観察**
「調べようとする対象である社会や集団の中に入り込み，出来事が起こるまさにその現場に身をおき，自分の目で見，耳で聞き，手で触れ，肌で感じ，舌で味わった生の体験」に基礎をおく調査法を指す（佐藤郁哉『フィールドワーク：書を持って街に出よう［増訂版］』新曜社，2006年）。

▷ 1 佐藤，2006。
▷ 2 ⇨ XVI-3 「中小企業の研究ジャーナル」

▷ 3 Gartner, W. B., "Is There an Elephant in Entrepreneurship？ Blind Assumptions in Theory Development," *Entrepreneurship Theory and Practice*, 25, 2001, pp. 27-39.
▷ 4 平野哲也「中小企業研究の方法的立場：中小企業概念の系譜とデザインの方法」日本中小企業学会編『新時代の中小企業経営：Globalization と Localization のもとで』（日本中小企業学会論集37）同友館，2018年，208-221頁。

（推薦図書）
Repko, Allen F., *Interdisciplinary Research : Process and Theory*, Sage, 2012.

中小企業関連の学会

▷1 Japan Academy of Small Business Studies

▷日本学術会議
1949年1月に設置された，内閣総理大臣の所轄のもとで，政府から独立して職務を行う「特別の機関」である。その職務とは，1つは，科学に関する重要事項を審議し，その実現を図ること，もう1つは，科学に関する研究の連絡を図り，その能率を向上させること，である。日本における全分野の科学者を内外に代表する機関となっている。

▷2 International Council for Small Business
▷3 National Council for Small Business Management Development

▷アントレプレナー
⇨ XV-5 「アントレプレナー」

▷4 Asia Council for Small Business

① 日本中小企業学会

日本中小企業学会（JASBS）[1] は，日本ならびに世界各国の中小企業に関する研究を行うことを目的に，1980年10月11日に設立された，日本の中小企業研究を代表する学術研究団体である（**資料XVI-1**）。初代会長は，山中篤太郎であった。会員資格は，「中小企業の研究に携わる個人」と規定されており，中小企業にかかる様々な学術的分野の研究者が加盟しており，**日本学術会議**の公式登録学術団体となっている。

年に1度，9月か10月に，日本各地の大学において全国大会が開催される。その全国大会の成果として，学会の公式年報『日本中小企業学会論集』が発行されている。

② 国際中小企業協議会

国際中小企業協議会（ICSB）[2] は，国際規模では最も大きく歴史のある中小企業の協議会である（1955年設立）。日本ではこのCouncilを学会と称することがある。

この協議会のもともとの名前は，中小企業経営の発展のための国家協議会（NCSBMD）[3] であり，フォード基金の譲渡から始まった。その後，協議会が国際コミュニティに加盟することを決めた際に，名称を変更した。その後10年ほどの間で，ICSBのメンバーが倍になり，協議会はこの期間にグローバル化するビジネスにおいて，重要な役割を果たすようになっていった。

協議会のWebsiteによれば，この協議会が設立された背景には，成功したり利益を出す中小企業にとって啓蒙された中小企業経営が必要であること，成功する中小企業は国家経済にとって重要であること，企業家精神が経済システムのダイナミクスと発展を刺激するためには必要であること，に対する確信があった。現在，ICSBは中小企業に関する多様なテーマを包括しており，政府，学者，実業家などによる国際規模での知識を通じて，中小企業や**アントレプレナー**の発展に対して新しい情報が提供されている。現在，ICSBでは，学術雑誌として，*Journal of Small Business Management* を刊行している。

③ アジア中小企業学会（ACSB）

アジア中小企業学会（ACSB）[4] は，ICSBのアジア・太平洋地域の1つの支部

である。ACSB のメンバーには，現在のところ，韓国，中国，台湾，シンガポール，マレーシアなどが加盟している。日本は正式なメンバーではないが，ISCB 日本委員会を立ち上げ，支部昇格に向けた準備を進めているところである。また，2018年9月には ACSB が初めて東京で開催された。

資料ⅩⅥ-1　日本中小企業学会設立総会

❹　国際中小企業会議（ISBC）

　国際中小企業会議（ISBC）[5]は，当時名古屋大学教授であった滝澤菊太郎が，日米両国の中小企業庁，中小企業関連団体・機関，中小企業研究者などの協力・支援の下に，アメリカ中小企業庁支局長の David K. Nakagawa 氏とともに企画したものである。1974年11月に，日米両国共催という形で，第1回会議がホノルルで開催された。第1回会議の名称は，「汎太平洋中小企業会議（Pan-Pasific Small Business Congress）」であった。第2回会議以降，参加国は世界各国に拡大し，名称を「国際中小企業会議（ISSB）[6]」と改めた。第3回会議は，アメリカ独立200周年記念行事との兼ね合いでワシントンで開催されたが，第4回会議以降は開催地を世界各国に移した。第10回会議から，ISBC と改められた。2012年に第37回会議が南アフリカで開催された。　　　　　　（関　智宏）

▷5　International Small Business Congress

▷6　International Symposium on Small Business

資料ⅩⅥ-2　「日本中小企業学会論集」一覧

巻	書籍タイトル	発行年月	巻	書籍タイトル	発行年月
1	国際化と地域中小企業	1982・9	20	中小企業政策の「大転換」	2001・5
2	技術と中小企業	1983・6	21	21世紀の地域社会活性化と中小企業	2002・5
3	中小企業問題	1984・6	22	中小企業存立基盤の再検討	2003・6
4	下請・流通系列化と中小企業	1985・3	23	アジア新時代の中小企業	2004・6
5	先進国の中小企業	1986・4	24	中小企業と知的財産	2005・6
6	高度情報化と中小企業	1987・4	25	新連携時代の中小企業	2006・7
7	産業構造調整と中小企業	1988・4	26	中小企業のライフサイクル	2007・8
8	中小企業の経営戦略	1989・4	27	中小企業研究の今日的課題	2008・8
9	世界の中の日本中小企業	1990・4	28	中小企業と地域再生	2009・8
10	地域経済と中小企業	1991・4	29	中小企業政策の再検討	2010・9
11	企業間関係と中小企業	1992・4	30	世代交代期の中小企業経営	2011・9
12	中小企業政策の展望と課題	1993・4	31	中小企業のイノベーション	2012・8
13	新しいアジア経済圏と中小企業	1994・4	32	日本産業の再構築と中小企業	2013・8
14	経済システムの転換と中小企業	1995・4	33	アジア大の分業構造と中小企業	2014・7
15	「起業」新時代と中小企業	1996・4	34	多様化する社会と中小企業の果たす役割	2015・7
16	インターネット時代と中小企業	1997・4	35	地域社会に果たす中小企業の役割	2016・7
17	大転換する市場と中小企業	1998・4	36	「地方創生」と中小企業	2017・7
18	中小企業21世紀への展望	1999・4	37	新時代の中小企業経営	2018・7
19	新中小企業像の構築	2000・4	38	中小企業と人材	2019・7

中小企業の研究ジャーナル

① 進む国際標準化と国際ジャーナル

　グローバル化は現在の企業活動のみならず，社会科学の現場でも進行している。つまり，現在の経営学などにおける実証科学の国際標準化の動きである[1]。より具体的には，定量的方法を中心とした実証科学の制度的拡大とそれを扱う国際ジャーナルの普及を指す。グローバルなステージで経営現象を語る場合，主観や特定の価値ではなく，共通の理論，リサーチ・クエスチョン，広く使われる言語や誰もが納得する透明性のある実証方法を採用するなどの方法が必要となる。もちろん，全ての研究方法がフラット化するわけではないが，もはやそれらの研究動向を無視することはできない。そして，「世界の」研究者はトップの国際ジャーナルに論文を掲載することを目標として研究活動を行っている。トップの国際ジャーナルはその**インパクトファクター**によって知ることができる。インパクトファクターは現在，トムソン・ロイター（Thomson Reuters：アメリカの国際的大手情報企業）の引用文献データベースである Web of Science に収録されるデータを元に算出され，その数値は Journal Citation Reports のデータベースで検索することができる。

② 国際的な中小企業研究の潮流：実証主義とヨーロッパ学派

　国際標準化とその制度化が進む研究環境においては実証科学の，より具体的には**定量的方法**の普及が顕著である。戦略経営論の領域をみてみると，方法としてケース・スタディに基づく研究は全体の 6 ％であること[2]など，定量的方法がマジョリティであることがわかる。もちろん，**定性的方法**の科学的意義は大きい。例えば，*Academy of Management Journal* や *Administrative Science Quarterly* といった主要マネジメントジャーナルにおいて，定性的方法を採用する研究が最優秀論文賞を数多く受賞している。近年では，その論文数も増加しており[3]，新しい概念構築や仮説生成は実証研究と同等に重要である。

　中小企業研究においてはどうか。中小企業研究についても実証科学の傾向が指摘されている[4]。また，その方法としても関連する分野であるアントレプレナーシップ研究では定性的方法は2007年の9.2％から2012年の18.7％まで増加したものの[5]，依然として実証科学の優位をみることができる。世界の中小企業研究者の多くが定量的方法をベースとした方法を採用して，中小企業の経営，パ

▷1　入山章栄『ビジネススクールでは学べない世界最先端の経営学』日経BP社，2015年。

▷**インパクトファクター**
特定の期間において，ある雑誌に掲載された論文が平均的にどれくらい頻繁に引用されているかを示す尺度で，雑誌の影響（インパクト）を表す指標の１つである。具体的には，引用された数÷論文数で求めることができる。

▷**定量的方法**
⇨XVI-1「中小企業の研究方法」

▷2　Gibbert, M., Ruigrok, W. and Wicki, B., "What Passes as a Rigorous Case Study?" *Strategic Management Journal*, 29, 2008, pp. 1465-1474.

▷**定性的方法**
⇨XVI-1「中小企業の研究方法」

▷3　Bluhm, D. J., Harman, W., Lee, T. W. and Mitchell, T. R., "Qualitative Research in Management: A Decade of Progress," *Journal of Management Studies*, 48, 2011, pp. 1866-1891.

▷4　Grant, P. and Perren, L., "Small Business and Entrepreneurial Research: Meta-Theories, Paradigms and Prejudices," *International Small*

フォーマンスに関する法則性の解明を行っている。

一方で, ヨーロッパでは**ヨーロッパ学派**と呼ばれる, アメリカを中心とした実証科学の伝統とは異なる研究視点もある。ヨーロッパ学派は, 一般法則を探究するドミナント・アプローチである実証科学と違い, アントレプレナーシップは特定のコンテクスト（文脈）から発生することとして捉え, その生きた経験や実践を中心に研究を行うといった特徴がある。[46]

③ 中小企業関連主要国際ジャーナル：その基本情報と特徴

中小企業研究における国際ジャーナルをみていきたい。中小企業研究の分野では, 1960年代から1980年代にかけて主要なジャーナルが生まれ, 2000年代に入って *Strategic Entrepreneurship Journal* が創刊されるに至っている。中小企業研究においては, 巻末資料3に挙げた8ジャーナルを中小企業関連主要国際ジャーナルとすることが多い。以下, 中小企業関連主要国際ジャーナルとその2022年時点のインパクトファクターを含む特徴をまとめる。中小企業研究の領域は Journal Citation Reports では, 経済学（economics）, ビジネス（business）, マネジメント（management）, 開発学（development studies）に分類される。なお, 関連する分野としてアントレプレナーシップ研究やファミリー・ビジネス研究とあわせて研究され, 位置づけられることが多い。

④ 中小企業の「面白い」研究

ここでは, 研究の大きな方向性の1つとして「面白い（interesting）」研究とは何かをみていきたい。デイビス（Davis, M. S.）は「それは面白い！」といえる研究の12のカテゴリーを説明し, 面白い研究は「オーディエンスの『それは当たり前だ』と思っている前提を否定する（くつがえす）」ものであるとする。[47] つまり, 自明であると考えられている常識や通説に対して, 数値やケース・スタディをもって新たな発見や解釈を行うことである。例えば, 中小企業は経営者と従業員の「顔がみえる組織」であるといわれているが本当だろうか。中小企業は地域との関わりが深い存在だといわれているが本当にそうであろうか。中小企業と研究者の関係において前提とされる常識を疑う視点から中小企業研究における面白い研究が生まれる可能性が高い。また, より方法（論）の視点に立てば, 例えば売上や利益など定量的データが中小企業経営者にもたらす影響を参与観察など定性的方法によって明らかにすることや職人や技術, 企業理念など定性的な現象の知られざる役割を大量データなど定量的方法で解き明かすなど, 両者をクロスオーバーさせることでその研究成果を「豊か」にすることができる。

（平野哲也）

Business Journal, 20(2), 2002, pp. 185-211.

▷ 5 Hlady-Rispal, Martine and Estèle Jouison-Laffitte, "Qualitative Research Methods and Epistemological Frameworks: A Review of Publication Trends in Entrepreneurship," *Journal of Small Business Management*, 52(4), 2014, pp. 594-614.

▷ ヨーロッパ学派（European School of Entrepreneurship）
ヨーロッパ学派の特徴として, ①主流とは異なり, 例えば「機会」などのアイデアの歴史（思想史）の探究, ②哲学や人文科学などアントレプレナーシップ領域外の視点を積極的に取り入れること, ③ジェンダーなど, しばしば「当たり前のもの」として認識され, 議論されないトピックの価値を探究するといった点が指摘されている。

▷ 6 Hjorth, D., Jones, C. and Gartner, W. B., "Introduction for 'Recreating/Recontextualising Entrepreneurship'," *Scandinavian Journal of Management*, 24, 2008, pp. 81-84.

▷ 7 Davis, M. S., "That's Interesting! Towards a Phenomenology of Sociology and a Sociology of Phenomenology," *Philosophy of the Social Sciences*, 1(2), 1971, pp. 309-344.

資　料　編

資料 1　『中小企業白書』（1972年版）における中小企業のイメージ

資料 2　産業別規模別企業数（民営，非 1 次産業，2009年，2012年，2014年，2016年）

資料 3　中小企業関連主要国際ジャーナル

資料 4　中小企業憲章

資料 5　中小企業基本法（1963年）

資料 6　中小企業基本法（1999年）

資料 7　中小企業基本法（2013年）

資料 8　小規模企業振興基本法

資料 9　中小企業庁設置法

『中小企業白書』（1972年版）における中小企業のイメージ

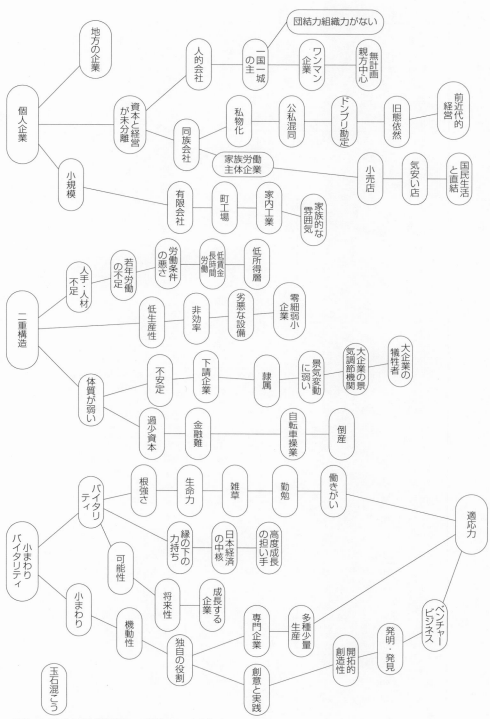

資料：中小企業庁「中小企業イメージ調査」1971年12月。
出所：『中小企業白書』1972年版，259頁。

産業別規模別企業数（民営，非1次産業，2009年，2012年，2014年，2016年）

(1)企業数（会社数＋個人事業者数)

産業		年	中小企業		うち小規模企業		大企業		合計	
			企業数	構成比(%)	企業数	構成比(%)	企業数	構成比(%)	企業数	構成比(%)
鉱業，採石業，砂利採取業		2009	2,059	99.8	1,844	89.4	4	0.2	2,063	100.0
		2012	1,676	99.9	1,489	88.7	2	0.1	1,678	100.0
		2014	1,454	99.7	1,284	88.1	4	0.3	1,458	100.0
		2016	1,310	99.7	1,138	86.6	4	0.3	1,314	100.0
建設業		2009	519,259	99.9	499,167	96.1	280	0.1	519,539	100.0
		2012	467,119	99.9	448,293	95.9	291	0.1	467,410	100.0
		2014	455,269	99.9	435,110	95.5	284	0.1	455,553	100.0
		2016	430,727	99.9	410,820	95.3	272	0.1	430,999	100.0
製造業		2009	446,499	99.5	394,281	87.9	2,036	0.5	448,535	100.0
		2012	429,468	99.5	373,766	86.6	2,044	0.5	431,512	100.0
		2014	413,339	99.5	358,769	86.4	1,957	0.5	415,296	100.0
		2016	380,517	99.5	327,617	85.7	1,961	0.5	382,478	100.0
電気・ガス・熱供給・水道業		2009	786	96.7	528	64.9	27	3.3	813	100.0
		2012	657	96.1	410	59.9	27	3.9	684	100.0
		2014	1,000	97.2	708	68.8	29	2.8	1,029	100.0
		2016	975	96.9	699	69.5	31	3.1	1,006	100.0
情報通信業		2009	49,503	97.6	34,526	68.1	1,222	2.4	50,725	100.0
		2012	44,332	98.9	29,558	65.9	508	1.1	44,840	100.0
		2014	45,254	98.8	29,993	65.5	533	1.2	45,787	100.0
		2016	42,454	98.7	27,782	64.6	552	1.3	43,006	100.0
運輸業，郵便業		2009	81,373	99.7	62,361	76.4	251	0.3	81,624	100.0
		2012	74,316	99.7	55,287	74.2	245	0.3	74,561	100.0
		2014	73,136	99.7	53,255	72.6	251	0.3	73,387	100.0
		2016	67,220	99.7	48,326	71.6	236	0.3	67,456	100.0
卸売業，小売業	卸売業・小売業計	2009	1,047,079	99.6	869,196	82.7	4,224	0.4	1,051,303	100.0
		2012	919,671	99.6	751,845	81.4	3,917	0.4	923,588	100.0
		2014	896,102	99.5	712,939	79.2	4,182	0.5	900,284	100.0
		2016	831,058	99.5	659,141	78.9	4,076	0.5	835,134	100.0
	卸売業	2009	241,917	99.3	175,592	72.1	1,693	0.7	243,610	100.0
		2012	225,599	99.3	163,713	72.1	1,508	0.7	227,107	100.0
		2014	227,908	99.3	162,533	70.8	1,575	0.7	229,483	100.0
		2016	207,986	99.3	146,481	69.9	1,544	0.7	209,530	100.0
	小売業	2009	805,162	99.7	693,604	85.9	2,531	0.3	807,693	100.0
		2012	694,072	99.7	588,132	84.4	2,409	0.3	696,481	100.0
		2014	668,194	99.6	550,406	82.1	2,607	0.4	670,801	100.0
		2016	623,072	99.6	512,660	81.9	2,532	0.4	625,604	100.0

	2009	34,672	99.3	33,546	96.0	258	0.7	34,930	100.0
金融業，保険業	2012	30,184	99.2	29,187	95.9	253	0.8	30,437	100.0
	2014	29,959	99.1	28,821	95.4	259	0.9	30,218	100.0
	2016	27,338	99.0	26,180	94.8	271	1.0	27,609	100.0
	2009	352,548	99.9	345,065	97.8	303	0.1	352,851	100.0
不動産業，物品賃貸業	2012	325,803	99.9	318,962	97.8	276	0.1	326,079	100.0
	2014	319,221	99.9	311,568	97.5	296	0.1	319,517	100.0
	2016	299,961	99.9	292,610	97.4	322	0.1	300,283	100.0
	2009	203,060	99.7	174,375	85.6	582	0.3	203,642	100.0
学術研究，専門・技術サービス業	2012	185,730	99.7	159,400	85.6	550	0.3	186,280	100.0
	2014	188,455	99.7	160,861	85.1	622	0.3	189,077	100.0
	2016	181,763	99.6	154,892	84.9	683	0.4	182,446	100.0
	2009	604,050	99.8	524,811	86.7	936	0.2	604,986	100.0
宿泊業，飲食サービス業	2012	543,543	99.9	475,183	87.3	718	0.1	544,261	100.0
	2014	544,281	99.9	464,989	85.3	759	0.1	545,040	100.0
	2016	509,698	99.9	435,199	85.3	736	0.1	510,434	100.0
	2009	404,764	99.9	373,089	92.1	543	0.1	405,307	100.0
生活関連サービス業，娯楽業	2012	383,059	99.9	357,806	93.3	512	0.1	383,571	100.0
	2014	382,304	99.9	353,250	92.3	542	0.1	382,846	100.0
	2016	363,009	99.8	337,843	92.9	572	0.2	363,581	100.0
	2009	110,895	99.9	100,213	90.3	124	0.1	111,019	100.0
教育，学習支援業	2012	103,867	99.9	92,619	89.1	121	0.1	103,988	100.0
	2014	107,479	99.9	94,409	87.7	129	0.1	107,608	100.0
	2016	101,663	99.9	88,993	87.4	136	0.1	101,799	100.0
	2009	194,822	99.9	143,584	73.6	243	0.1	195,065	100.0
医療，福祉	2012	195,088	99.9	140,484	71.9	232	0.1	195,320	100.0
	2014	210,326	99.9	146,427	69.5	258	0.1	210,584	100.0
	2016	207,043	99.9	143,291	69.1	275	0.1	207,318	100.0
	2009	3,617	99.9	3,604	99.6	2	0.1	3,619	100.0
複合サービス事業	2012	3,476	100.0	3,461	99.5	1	0.0	3,477	100.0
	2014	3,492	100.0	3,478	99.6	1	0.0	3,493	100.0
	2016	3,375	100.0	3,360	99.5	1	0.0	3,376	100.0
	2009	146,278	99.4	105,171	71.5	891	0.6	147,169	100.0
サービス業（他に分類されないもの）	2012	144,945	99.4	105,064	72.0	899	0.6	145,844	100.0
	2014	138,157	99.3	96,393	69.3	1,004	0.7	139,161	100.0
	2016	130,065	99.2	90,499	69.0	1,029	0.8	131,094	100.0
	2009	4,201,264	99.7	3,665,361	87.0	11,926	0.3	4,213,190	100.0
非1次産業計	2012	3,852,934	99.7	3,342,814	86.5	10,596	0.3	3,863,530	100.0
	2014	3,809,228	99.7	3,252,254	85.1	11,110	0.3	3,820,338	100.0
	2016	3,578,176	99.7	3,048,390	84.9	11,157	0.3	3,589,333	100.0

（注）　日本標準産業分類の20の大分類のうち，「農業，林業」と「漁業」を「非1次産業」と1つにし，「公務」と「分類不能の産業」を除く17の大分類が採用されている。

出所：中小企業庁HP「産業別規模別企業数」（平成30年12月13日更新）。

中小企業関連主要国際ジャーナル

	基本情報	特　徴
Journal of Small Business Management	創刊：1963年〜 出版社：Taylor & Francis 刊行：年6回 IF：6.2	スモール・ビジネス・マネジメントとアントレプレナーシップを専門とする。International Council for Small Business（ICSB）の学会誌である。
Entrepreneurship Theory and Practice	創刊：1976年〜 出版社：Sage 刊行：年6回 IF：10.5	15/154（Business）（2022年）と，アントレプレナーシップの分野ではもっとも上位である。
International Small Business Journal	創刊：1982年〜 出版社：Sage 刊行：年8回（2012年〜） IF：7.1	スモール・ビジネスとアントレプレナーシップを専門とする。エディターは Robert Blackburn や Claire Leitch ほか，ヨーロッパの研究者を中心に構成されている。
Journal of Business Venturing	創刊：1985年〜 出版社：Elsevier 刊行：年6回 IF：8.7	30/154（Business）（2022年）と上位で，アントレプレナーシップの分野では *Entrepreneurship Theory and Practice* とともに2大誌である。
Family Business Review	創刊：1988年〜 出版社：Sage 刊行：クォータリー（年4回） IF：8.8	ファミリー・ビジネスを専門とする。近年，インパクトファクターの上昇からビジネス・スクールのランキング（Association of Business Schools〔UK〕など）でも上位にランクインする。
Entrepreneurship and Regional Development	創刊：1989年〜 出版社：Taylor & Francis 刊行：年10回 IF：5.6	アントレプレナーシップと地域開発（regional development）を専門とする。この分野では定性的方法を用いた研究の割合が高いとする研究結果もある。
Small Business Economics	創刊：1989年〜 出版社：Springer 刊行：年8回 IF：6.4	アントレプレナーシップを専門とする。Zoltan J. Acs と David B. Audretsch がエディターをつとめる。「エコノミクス」とあるように，産業組織論など「中小企業の経済学」を柱とする。
Strategic Entrepreneurship Journal	創刊：2007年〜 出版社：Wiley 刊行：クォータリー（年4回） IF：6.3	アントレプレナーシップと戦略経営を専門とする。Strategic Management Society（SMS）の学会誌の1つで，経営戦略論で有名な Jay B. Barney や Clayton M. Christensen の論文も収録される。

（注）　出版社，刊行，インパクトファクター（IF）は2022年のもの。
出所：平野哲也作成。

中小企業憲章

$$\left(\begin{array}{c}\text{平成22年6月18日}\\\text{閣 議 決 定}\end{array}\right)$$

　中小企業は，経済を牽引する力であり，社会の主役である。常に時代の先駆けとして積極果敢に挑戦を続け，多くの難局に遭っても，これを乗り越えてきた。戦後復興期には，生活必需品への旺盛な内需を捉えるとともに，輸出で新市場を開拓した。オイルショック時には，省エネを進め，国全体の石油依存度低下にも寄与した。急激な円高に翻弄されても，産地で連携して新分野に挑み，バブル崩壊後もインターネットの活用などで活路を見出した。

　我が国は，現在，世界的な不況，環境・エネルギー制約，少子高齢化などによる停滞に直面している。中小企業がその力と才能を発揮することが，疲弊する地方経済を活気づけ，同時にアジアなどの新興国の成長をも取り込み日本の新しい未来を切り拓く上で不可欠である。

　政府が中核となり，国の総力を挙げて，中小企業の持つ個性や可能性を存分に伸ばし，自立する中小企業を励まし，困っている中小企業を支え，そして，どんな問題も中小企業の立場で考えていく。これにより，中小企業が光り輝き，もって，安定的で活力ある経済と豊かな国民生活が実現されるよう，ここに中小企業憲章を定める。

1．基本理念

　中小企業は，経済やくらしを支え，牽引する。創意工夫を凝らし，技術を磨き，雇用の大部分を支え，くらしに潤いを与える。意思決定の素早さや行動力，個性豊かな得意分野や多種多様な可能性を持つ。経営者は，企業家精神に溢れ，自らの才覚で事業を営みながら，家族のみならず従業員を守る責任を果たす。中小企業は，経営者と従業員が一体感を発揮し，一人ひとりの努力が目に見える形で成果に結びつき易い場である。

　中小企業は，社会の主役として地域社会と住民生活に貢献し，伝統技能や文化の継承に重要な機能を果たす。小規模企業の多くは家族経営形態を採り，地域社会の安定をもたらす。このように中小企業は，国家の財産ともいうべき存在である。一方で，中小企業の多くは，資金や人材などに制約があるため，外からの変化に弱く，不公平な取引を強いられるなど数多くの困難に晒されてきた。この中で，大企業に重きを置く風潮や価値観が形成されてきた。しかし，金融分野に端を発する国際的な市場経済の混乱は，却って大企業の弱さを露わにし，世界的にもこれまで以上に中小企業への期待が高まっている。国内では，少子高齢化，経済社会の停滞などにより，将来への不安が増している。不安解消の鍵となる医療，福祉，情報通信技術，地球温暖化問題を始めとする環境・エネルギーなどは，市場の成長が期待できる分野でもある。中小企業の力がこれらの分野で発揮され，豊かな経済，安心できる社会，そして人々の活力をもたらし，日本が世界に先駆けて未来を切り拓くモデルを示す。

　難局の克服への展開が求められるこのような時代にこそ，これまで以上に意欲を持って努力と創意工夫を重ねることに高い価値を置かなければならない。中小企業は，その大いなる担い手である。

2．基本原則

　中小企業政策に取り組むに当たっては，基本理念を踏まえ，以下の原則に依る。

一　経済活力の源泉である中小企業が，その力を思う存分に発揮できるよう支援する

　資金，人材，海外展開力などの経営資源の確保を支援し，中小企業の持てる力の発揮を促す。その際，経営資源の確保が特に困難であることの多い小規模企業に配意する。中小企業組合，業種間連携などの取組を支援し，力の発揮を増幅する。

二　起業を増やす

　起業は，人々が潜在力と意欲を，組織の枠にとらわれず発揮することを可能にし，雇用を増やす。起業促進

策を抜本的に充実し，日本経済を一段と活性化する。

三　創意工夫で，新しい市場を切り拓く中小企業の挑戦を促す

　　中小企業の持つ多様な力を発揮し，創意工夫で経営革新を行うなど多くの分野で自由に挑戦できるよう，制約の少ない市場を整える。また，中小企業の海外への事業展開を促し，支える政策を充実する。

四　公正な市場環境を整える

　　力の大きい企業との間で実質的に対等な取引や競争ができず，中小企業の自立性が損なわれることのないよう，市場を公正に保つ努力を不断に払う。

五　セーフティネットを整備し，中小企業の安心を確保する

　　中小企業は，経済や社会の変化の影響を受け易いので，金融や共済制度などの面で，セーフティネットを整える。また，再生の途をより利用し易いものとし，再挑戦を容易にする。

　　これらの原則に依り，政策を実施するに当たっては，

・中小企業が誇りを持って自立することや，地域への貢献を始め社会的課題に取り組むことを高く評価する

・家族経営の持つ意義への意識を強め，また，事業承継を円滑化する

・中小企業の声を聴き，どんな問題も中小企業の立場で考え，政策評価につなげる

・地域経済団体，取引先企業，民間金融機関，教育・研究機関や産業支援人材などの更なる理解と協力を促す

・地方自治体との連携を一層強める

・政府一体となって取り組むこととする。

3．行動指針

　　政府は，以下の柱に沿って具体的な取組を進める。

一　中小企業の立場から経営支援を充実・徹底する

　　中小企業の技術力向上のため，ものづくり分野を始めとする技術開発，教育・研究機関，他企業などとの共同研究を支援するとともに，競争力の鍵となる企業集積の維持・発展を図る。また，業種間での連携・共同化や知的財産の活用を進め，中小企業の事業能力を強める。経営支援の効果を高めるため，支援人材を育成・増強し，地域経済団体との連携による支援体制を充実する。

二　人材の育成・確保を支援する

　　中小企業の要諦は人材にある。働く人々が積極的に自己研鑽に取り組めるよう能力開発の機会を確保する。魅力ある中小企業への就業や起業を促し，人材が大企業信仰にとらわれないよう，各学校段階を通じて健全な勤労観や職業観を形成する教育を充実する。また，女性，高齢者や障害者を含め働く人々にとって質の高い職場環境を目指す。

三　起業・新事業展開のしやすい環境を整える

　　資金調達を始めとする起業・新分野進出時の障壁を取り除く。また，医療，介護，一次産業関連分野や情報通信技術関連分野など今後の日本を支える成長分野において，中小企業が積極的な事業を展開できるよう制度改革に取り組む。国際的に開かれた先進的な起業環境を目指す。

四　海外展開を支援する

　　中小企業が海外市場の開拓に取り組めるよう，官民が連携した取組を強める。また，支援人材を活用しつつ，海外の市場動向，見本市関連などの情報の提供，販路拡大活動の支援，知的財産権トラブルの解決などの支援を行う。中小企業の国際人材の育成や外国人材の活用のための支援をも進め，中小企業の真の国際化につなげる。

五　公正な市場環境を整える

　　中小企業の正当な利益を守る法令を厳格に執行し，大企業による代金の支払遅延・減額を防止するとともに，中小企業に不合理な負担を招く過剰な品質の要求などの行為を駆逐する。また，国及び地方自治体が中小企業からの調達に配慮し，受注機会の確保や増大に努める。

六　中小企業向けの金融を円滑化する

　　不況，災害などから中小企業を守り，また，経営革新や技術開発などを促すための政策金融や，起業，転業，新事業展開などのための資金供給を充実する。金融供与に当たっては，中小企業の知的資産を始め事業力や経営者の資質を重視し，不動産担保や保証人への依存を減らす。そのためにも，中小企業の実態に則した会計制度を整え，経営状況の明確化，経営者自身による事業の説明能力の向上，資金調達力の強化を促す。

七　地域及び社会に貢献できるよう体制を整備する

　　中小企業が，商店街や地域経済団体と連携して行うものも含め，高齢化・過疎化，環境問題など地域や社会が抱える課題を解決しようとする活動を広く支援する。祭りや，まちおこしなど地域のつながりを強める活動への中小企業の参加を支援する。また，熟練技能や伝統技能の継承を後押しする。

八　中小企業への影響を考慮し政策を総合的に進め，政策評価に中小企業の声を生かす

　　関係省庁の連携は，起業・転業・新事業展開への支援策の有効性を高める。中小企業庁を始め，関係省庁が，これまで以上に一体性を強めて，産業，雇用，社会保障，教育，金融，財政，税制など総合的に中小企業政策を進める。その際，地域経済団体の協力を得つつ，全国の中小企業の声を広く聴き，政策効果の検証に反映する。

（結び）

　　世界経済は，成長の中心を欧米からアジアなどの新興国に移し，また，情報や金融が短時間のうちに動くという構造的な変化を激しくしている。一方で，我が国では少子高齢化が進む中，これからは，一人ひとりが，力を伸ばし発揮することが，かつてなく重要性を高め，国の死命を制することになる。したがって，起業，挑戦意欲，創意工夫の積み重ねが一層活発となるような社会への変革なくしては，この国の将来は危うい。変革の担い手としての中小企業への大いなる期待，そして，中小企業が果敢に挑戦できるような経済社会の実現に向けての決意を政府として宣言する。

中小企業基本法（1963年）

（昭和38年法律第154号
最終改正：昭和58年法律第80号）

　わが国の中小企業は，鉱工業生産の拡大，商品の流通の円滑化，海外市場の開拓，雇用の機会の増大等国民経済のあらゆる領域にわたりその発展に寄与するとともに，国民生活の安定に貢献してきた。われらは，このような中小企業の経済的社会的使命が自由かつ公正な競争の原理を基調とする経済社会において，国民経済の成長発展と国民生活の安定向上にとつて，今後も変わることなくその重要性を保持していくものと確信する。

　しかるに，近時，企業間に存在する生産性，企業所得，労働賃金等の著しい格差は，中小企業の経営の安定とその従事者の生活水準の向上にとつて大きな制約となりつつある。他方，貿易の自由化，技術革新の進展，生活様式の変化等による需給構造の変化と経済の著しい成長に伴う労働力の供給の不足は，中小企業の経済的社会的存立基盤を大きく変化させようとしている。

　このような事態に対処して，特に小規模企業従事者の生活水準が向上するよう適切な配慮を加えつつ，中小企業の経済的社会的制約による不利を是正するとともに，中小企業者の創意工夫を尊重し，その自主的な努力を助長して，中小企業の成長発展を図ることは，中小企業の使命にこたえるゆえんのものであるとともに，産業構造を高度化し，産業の国際競争力を強化して国民経済の均衡ある成長発展を達成しようとするわれら国民に課された責務である。

　ここに，中小企業の進むべき新たなみちを明らかにし，中小企業に関する政策の目標を示すため，この法律を制定する。

第1章　総則

（政策の目標）

第1条　国の中小企業に関する政策の目標は，中小企業が国民経済において果たすべき重要な使命にかんがみて，国民経済の成長発展に即応し，中小企業の経済的社会的制約による不利を是正するとともに，中小企業者の自主的な努力を助長し，企業間における生産性等の諸格差が是正されるように中小企業の生産性及び取引条件が向上することを目途として，中小企業の成長発展を図り，あわせて中小企業の従事者の経済的社会的地位の向上に資することにあるものとする。

（中小企業者の範囲）

第2条　この法律に基づいて講ずる国の施策の対象とする中小企業者は，おおむね次の各号に掲げるものとし，その範囲は，これらの施策が前条の目標を達成するため効率的に実施されるように施策ごとに定めるものとする。

　一　資本の額又は出資の総額が1億円以下の会社並びに常時使用する従業員の数が300人以下の会社及び個人であつて，工業，鉱業，運送業その他の業種（次号に掲げる業種を除く。）に属する事業を主たる事業として営むもの

　二　資本の額又は出資の総額が1千万円以下の会社並びに常時使用する従業員の数が50人以下の会社及び個人であつて，小売業又はサービス業に属する事業を主たる事業として営むもの並びに資本の額又は出資の総額が3千万円以下の会社並びに常時使用する従業員の数が100人以下の会社及び個人であつて，卸売業に属する事業を主たる事業として営むもの

（国の施策）

第3条　国は，第1条の目標を達成するため，次の各号に掲げる事項につき，その政策全般にわたり，必要な施策を総合的に講じなければならない。

　一　近代化設備の導入等中小企業の設備の近代化を図ること。

　二　技術の研究開発の推進，技術者及び技能者の養成等によつて中小企業の技術の向上を図ること。

　三　近代的経営管理方法の導入，経営管理者の能力の向上等によつて中小企業の経営管理の合理化を図ること。

　四　中小企業の企業規模の適正化，事業の共同化，工場，店舗等の集団化，事業の転換及び小売商業における経営形態の近代化（以下「中小企業構造の高度化」と総称する。）を図ること。

　五　中小企業の取引条件に関する不利を補正するように過度の競争の防止及び下請取引の適正化を図ること。

　六　中小企業が生産する物品の輸出の振興その他中小企業の供給する物品，役務等に対する需要の増進を図ること。

　七　中小企業者以外の者の事業活動の調整等によつて中小企業の事業活動の機会の適正な確保を図ること。

　八　中小企業における労働関係の適正化及び従業員の福祉の向上を図るとともに，中小企業に必要な労働力の確保を図ること。

（地方公共団体の施策）

第4条　地方公共団体は，国の施策に準じて施策を講ずるように努めなければならない。

（法制上の措置等）

第5条　政府は，第3条の施策を実施するため必要な法制上及び財政上の措置を講じなければならない。

（中小企業者の努力等）

第6条　中小企業者は，経済的社会的諸事情の変化に即応してその事業の成長発展を図るため，生産性及び取引条件の向上に努めなければならない。

2　中小企業者以外の者であつて，その事業に関し中小企業と関係があるものは，第3条又は第4条の施策の実施について協力するようにしなければならない。

（調査）

第7条　政府は，中小企業政策審議会の意見をきいて，定期的に，中小企業の実態を明らかにするため必要な調査を行ない，その結果を公表しなければならない。

（年次報告等）

第8条　政府は，毎年，国会に，中小企業の動向及び政府が中小企業に関して講じた施策に関する報告を提出しなければならない。

2　政府は，毎年，中小企業政策審議会の意見をきいて，前項の報告に係る中小企業の動向を考慮して講じようとする施策を明らかにした文書を作成し，これを国会に提出しなければならない。

第2章　中小企業構造の高度化等

（設備の近代化）

第9条　国は，中小企業の設備の近代化を図るため，中小企業者が近代化設備の設置その他資本装備の増大，設備の配列の合理化等をすることができるように必要な施策を講ずるものとする。

（技術の向上）

第10条　国は，中小企業の技術の向上を図るため，試験研究機構の整備，技術の研究開発の推進，技術指導，技術者研修及び技能者養成の事業の充実等必要な施策を講ずるものとする。

（経営管理の合理化）

第11条　国は，中小企業の経営管理の合理化を図るため，経営の診断及び指導並びに経営管理者の研修の事業の充実，経営の診断及び指導のための機構の整備等必要な施策を講ずるものとする。

（企業規模の適正化）

第12条　国は，中小企業の企業規模の適正化を図るため，中小企業者が企業の合併，共同出資による企業の設立等を円滑に行なうことができるようにする等必要な施策を講ずるものとする。

2　国は，前3条の施策を講ずるにあたつては，中小企業の企業規模の適正化につき必要な考慮を払うものとする。

3　政府は，特に中小企業の企業規模の適正化を必要とする業種について，適正な生産の規模その他の適正な企業の規模を定め，これを公表しなければならない。

（事業の共同化のための組織の整備等）

第13条　国は，第9条から前条までの施策の重要な一環として，事業の共同化又は相互扶助のための組織の整備，工場，店舗等の集団化その他事業の共同化の助成等中小企業者が協同してその設備の近代化，経営管理の合理化，企業規模の適正化等を効率的に実施することができるようにするため必要な施策を講ずるものとする。

（商業及びサービス業）

第14条　国は，中小商業について，流通機構の合理化に即応することができるように，第9条又は第11条から前条までの施策を講ずるほか，小売商業における経営形態の近代化のため必要な施策を講ずるものとする。

2　国は，中小商業又は中小サービス業について第9条若しくは第11条から前条まで又は前項の施策を講ずるにあたつては，地域的条件につき必要な考慮を払うものとする。

（事業の転換）

第15条　国は，中小企業者が需給構造等の変化に即応して行なう事業の転換を円滑にするため必要な施策を講ずるものとする。

2　国は，前項の施策を講ずるにあたつては，中小企業の従事者の就職を容易にすることができるように必要な考慮を払うものとする。

（労働に関する施策）

第16条　国は，中小企業における労働関係の適正化及び従業員の福祉の向上を図るため必要な施策を講ずるとともに，中小企業に必要な労働力の確保を図るため，職業訓練及び職業紹介の事業の充実等必要な施策を講ずるものとする。

第3章　事業活動の不利の補正

（過度の競争の防止）

第17条　国は，中小企業の取引条件の向上及び経営の安定に資するため，中小企業者が自主的に事業活動を調整して過度の競争を防止することができるようにその組織を整備する等必要な施策を講ずるものとする。

（下請取引の適正化）

第18条　国は，下請取引の適正化を図るため，下請代金の支払遅延の防止等必要な施策を講ずるとともに，下請関係を近代化して，下請関係にある中小企業者が自主的にその事業を運営し，かつ，その能力を最も有効に発揮することができるようにするため必要な施策を講ずるものとする。

（事業活動の機会の適正な確保）

第19条　国は，中小企業者以外の者の事業活動による中小企業者の利益の不当な侵害を防止し，中小企業の事業活動の機会の適正な確保を図るため，紛争処理のための機構の整備等必要な施策を講ずるものとする。

（国等からの受注機会の確保）

第20条　国は，中小企業が供給する物品，役務等に対する需要の増進に資するため，国等の物品，役務等の調達に関し，中小企業者の受注の機会の増大を図る等必要な施策を講ずるものとする。

（輸出の振興）

第21条　国は，中小企業が生産する物品の輸出の振興を図るため，中小企業が生産する輸出に係る物品の競争力を強化するとともに，輸出取引の秩序の確立，海外市場の開拓等必要な施策を講ずるものとする。

（輸入品との関係の調整）

第22条　国は，主として中小企業が生産する物品につき，輸入に係る物品に対する競争力を強化するため必要な施策を講ずるほか，物品の輸入によつてこれと競争関係にある物品を生産する中小企業に重大な損害を与え又は与えるおそれがある場合において，緊急に必要があるときは，関税率の調整，輸入の制限等必要な施策を講ずるものとする。

第4章　小規模企業

第23条　国は，小規模企業者（おおむね常時使用する従業員の数が20人（商業又はサービス業に属する事業を主たる事業として営む者については，5人）以下の事業者をいう。）に対して第3条の施策を講ずるにあたつては，これらの施策が円滑に実施されるように小規模企業の経営の改善発達に努めるとともに，その従事者が他の企業の従事者と均衡する生活を営むことを期することができるように金融，税制その他の事項につき必要な考慮を払うものとする。

第5章　金融，税制等

（資金の融通の適正円滑化）

第24条　国は，中小企業に対する資金の確保を図るため，政府関係金融機関の機能の強化，信用補完事業の充実，民間金融機関からの中小企業に対する適正な融資の指導等必要な施策を講ずるものとする。

（企業資本の充実）

第25条　国は，中小企業の企業資本の充実を図り，事業経営の合理化に資するため，中小企業に対する投資の円滑化のための機関の整備，租税負担の適正化等必要な施策を講ずるものとする。

第6章　行政機関及び中小企業団体

（中小企業行政に関する組織の整備等）

第26条　国及び地方公共団体は，第3条又は第4条の施策を講ずるにつき，相協力するとともに，行政組織の整備及び行政運営の改善に努めるものとする。

（中小企業団体の整備）

第27条　国は，中小企業者が協力してその事業の成長発展と地位の向上を図ることができるように，中小企業者の組織化の推進その他中小企業に関する団体の整備につき必要な施策を講ずるものとする。

第7章　中小企業政策審議会

（設置）

第28条　通商産業省に，中小企業政策審議会（以下「審議会」という。）を置く。

（権限）

第29条　審議会は，この法律の規定によりその権限に属させられた事項を処理するほか，内閣総理大臣，通商産業大臣又は関係各大臣の諮問に応じ，この法律の施行に関する重要事項を調査審議する。

2　審議会は，前項に規定する事項に関し内閣総理大臣，通商産業大臣又は関係各大臣に意見を述べることができる。

（組織）

第30条　審議会は，委員20人以内で組織する。

2　委員は，前条第1項に規定する事項に関し学識経験のある者のうちから，通商産業大臣の申出により，内閣総理大臣が任命する。

3　委員は，非常勤とする。

4　第2項に定めるもののほか，審議会の職員で政令で定めるものは，通商産業大臣の申出により，内閣総理大臣が任命する。

（資料の提出等の要求）

第31条　審議会は，その所掌事務を遂行するため必要があると認めるときは，関係行政機関の長に対し，資料の提出，意見の開陳，説明その他必要な協力を求めることができる。

（委任規定）

第32条　この法律に定めるもののほか，審議会の組織及び運営に関し必要な事項は，政令で定める。

附　則　抄

中小企業基本法 (1999年)

（昭和38年法律第154号
最終改正：平成11年法律第200号）

第1章　総則

（目的）

第1条　この法律は，中小企業に関する施策について，その基本理念，基本方針その他の基本となる事項を定めるとともに，国及び地方公共団体の責務等を明らかにすることにより，中小企業に関する施策を総合的に推進し，もつて国民経済の健全な発展及び国民生活の向上を図ることを目的とする。

（中小企業者の範囲及び用語の定義）

第2条　この法律に基づいて講ずる国の施策の対象とする中小企業者は，おおむね次の各号に掲げるものとし，その範囲は，これらの施策が次条の基本理念の実現を図るため効率的に実施されるように施策ごとに定めるものとする。

一　資本の額又は出資の総額が3億円以下の会社並びに常時使用する従業員の数が300人以下の会社及び個人であつて，製造業，建設業，運輸業その他の業種（次号から第四号までに掲げる業種を除く。）に属する事業を主たる事業として営むもの

二　資本の額又は出資の総額が1億円以下の会社並びに常時使用する従業員の数が100人以下の会社及び個人であつて，卸売業に属する事業を主たる事業として営むもの

三　資本の額又は出資の総額が5千万円以下の会社並びに常時使用する従業員の数が100人以下の会社及び個人であつて，サービス業に属する事業を主たる事業として営むもの

四　資本の額又は出資の総額が5千万円以下の会社並びに常時使用する従業員の数が50人以下の会社及び個人であつて，小売業に属する事業を主たる事業として営むもの

2　この法律において「経営の革新」とは，新商品の開発又は生産，新役務の開発又は提供，商品の新たな生産又は販売の方式の導入，役務の新たな提供の方式の導入，新たな経営管理方法の導入その他の新たな事業活動を行うことにより，その経営の相当程度の向上を図ることをいう。

3　この法律において「創造的な事業活動」とは，経営の革新又は創業の対象となる事業活動のうち，著しい新規性を有する技術又は著しく創造的な経営管理方法を活用したものをいう。

4　この法律において「経営資源」とは，設備，技術，個人の有する知識及び技術その他の事業活動に活用される資源をいう。

5　この法律において「小規模企業者」とは，おおむね常時使用する従業員が20人（商業又はサービス業に属する事業を主たる事業として営む者については，5人）以下の事業者をいう。

（基本理念）

第3条　中小企業については，多様な事業の分野において特色ある事業活動を行い，多様な就業の機会を提供し，個人がその能力を発揮しつつ事業を行う機会を提供することにより我が国の経済の基盤を形成しているものであり，特に，多数の中小企業者が創意工夫を生かして経営の向上を図るための事業活動を行うことを通じて，新たな産業を創出し，就業の機会を増大させ，市場における競争を促進し，地域における経済の活性化を促進する等我が国経済の活力の維持及び強化に果たすべき重要な使命を有するものであることにかんがみ，独立した中小企業者の自主的な努力が助長されることを旨とし，その経営の革新及び創業が促進され，その経営基盤が強化され，並びに経済的社会的環境の変化への適応が円滑化されることにより，その多様で活力ある成長発展が図られなければならない。

（国の責務）

第4条　国は，前条の基本理念（以下単に「基本理念」という。）にのつとり，中小企業に関する施策を総合的に策定し，及び実施する責務を有する。

（基本方針）

第5条　政府は，次に掲げる基本方針に基づき，中小企業に関する施策を講ずるものとする。

一　中小企業者の経営の革新及び創業の促進並びに創造的な事業活動の促進を図ること。

二　中小企業の経営資源の確保の円滑化を図ること，中小企業に関する取引の適正化を図ること等により，中小企業の経営基盤の強化を図ること。

三　経済的社会的環境の変化に即応し，中小企業の経営の安定を図ること，事業の転換の円滑化を図ること等により，その変化への適応の円滑化を図ること。

四　中小企業に対する資金の供給の円滑化及び中小企業の自己資本の充実を図ること。

（地方公共団体の責務）

第6条　地方公共団体は，基本理念にのつとり，中小企業に関し，国との適切な役割分担を踏まえて，その地方公共団体の区域の自然的経済的社会的諸条件に応じた施策を策定し，及び実施する責務を有する。

（中小企業者の努力等）

第7条　中小企業者は，経済的社会的環境の変化に即応してその事業の成長発展を図るため，自主的にその経営及び取引条件の向上を図るよう努めなければならない。

2　中小企業者の事業の共同化のための組織その他の中小企業に関する団体は，その事業活動を行うに当たつては，中小企業者とともに，基本理念の実現に主体的に取り組むよう努めるものとする。

3　中小企業者以外の者であつて，その事業に関し中小企業と関係があるものは，国及び地方公共団体が行う中小企業に関する施策の実施について協力するようにしなければならない。

（小規模企業への配慮）

第8条　国は，小規模企業者に対して中小企業に関する施策を講ずるに当たつては，経営資源の確保が特に困難であることが多い小規模企業者の事情を踏まえ，小規模企業の経営の発達及び改善に努めるとともに，金融，税制その他の事情について，小規模企業の経営の状況に応じ，必要な考慮を払うものとする。

（税制上の措置等）

第9条　政府は，中小企業に関する施策を実施するため必要な法制上，財政上及び金融上の措置を講じなければならな

い。

（調査）

第10条 政府は，中小企業政策審議会の意見を聴いて，定期的に，中小企業の実態を明らかにするため必要な調査を行い，その結果を公表しなければならない。

（年次報告等）

第11条 政府は，毎年，国会に，中小企業の動向及び政府が中小企業に関して講じた施策に関する報告を提出しなければならない。

2 政府は，毎年，中小企業政策審議会の意見を聴いて，前項の報告に係る中小企業の動向を考慮して講じようとする施策を明らかにした文書を作成し，これを国会に提出しなければならない。

第2章 基本的施策

第1節 中小企業の経営の革新及び創業の促進

（経営の革新の促進）

第12条 国は，中小企業者の経営の革新を促進するため，新商品又は新役務を開発するための技術に関する研究開発の促進，商品の生産又は販売を著しく効率化するための設備の導入の促進，商品の開発，生産，輸送及び販売を統一的に管理する新たな経営管理方法の導入の促進その他の必要な施策を講ずるものとする。

（創業の促進）

第13条 国は，中小企業の創業を促進するため，創業に関する情報の提供及び研修の充実，創業に必要な資金の円滑な供給その他の必要な施策を講ずるとともに，創業の意義及び必要性に対する国民の関心及び理解の増進に努めるものとする。

（創造的な事業活動の促進）

第14条 国は，中小企業の創造的な事業活動を促進するため，商品の生産若しくは販売又は役務の提供に係る著しい新規性を有する技術に関する研究開発の促進，創造的な事業活動に必要な人材の確保及び資金の株式又は社債その他の手段により調達を円滑にするための制度の整備その他の必要な施策を講ずるものとする。

第2節 中小企業の経営基盤の強化

（経営資源の確保）

第15条 国は，経営方法の改善，技術の向上その他の中小企業の経営基盤の強化に必要な経営資源の確保に資するため，次に掲げる施策その他の必要な施策を講ずるものとする。

　一 中小企業の施設又は設備の導入を図るため，中小企業者の事業に用に供する施設又は設備の設置又は整備を促進すること。

　二 中小企業の技術の向上を図るため，中小企業者が行う技術に関する研究開発を促進し，国が行う技術に関する研究開発に中小企業者を積極的に参加させ，国，独立行政法人又は都道府県の試験研究機関及び大学と中小企業との連携を推進し，並びに技術者研修及び技術者養成の事業を充実すること。

　三 中小企業の事業活動に有用な知識の向上を図るため，経営管理者に対し研修の事業を充実するとともに，新たな事業の分野の開拓に寄与する情報その他の情報の提供を促進すること。

2 前項に定めるもののほか，国は，中小企業者の必要に応じ，情報の提供，助言その他の方法により，中小企業者が経営資源を確保することを支援する制度の整備を行うものとする。

（交流又は連携及び共同化の推進）

第16条 国は，中小企業者が相互にその経営資源を補完することに資するため，中小企業者の交流又は連携の推進，中小企業者の事業の共同化のための組織の整備，中小企業者が共同して行う事業の助成その他の必要な施策を講ずるものとする。

（産業の集積の活性化）

第17条 国は，自然的経済的社会条件からみて一体である地域において，同種の事業又はこれと関連性が高い事業を相当数の中小企業者が有機的に連携しつつ行っている産業の集積の活性化を図るために必要な施策を講ずるものとする。

（商業の集積の活性化）

第18条 国は，相当数の中小小売商業者又は中小サービス業者が事業を行う商店街その他の商業の集積の活性化を図るため，顧客その他の地域住民の利便の推進を図るための施設の整備，共同店舗の整備その他の必要な施策を講ずるものとする。

（労働に関する施策）

第19条 国は，中小企業における労働関係の適正化及び従業員の福祉の向上を図るため必要な施策を講ずるとともに，中小企業に必要な労働力の確保を図るため，職業能力の開発及び職業紹介の事業の充実その他の必要な施策を講ずるものとする。

（取引の適正化）

第20条 国は，中小企業に関する取引の適正化を図るため，下請代金の支払遅延の防止，取引条件の明確化の促進その他の必要な施策を講ずるものとする。

（国等からの受注機会の増大）

第21条 国は，中小企業が供給する物品，役務等に対する需要の増進に資するために，国等の物品，役務等の調達に関し，中小企業者の受注の機会の増大その他の必要な施策を講ずるものとする。

第3節 経済的社会的環境の変化への適応の円滑化

第22条 国は，貿易構造，原材料の供給事業その他の経済的社会的環境の著しい変化による影響を受け，現に同一の地域又は同一の業種に属する相当数の中小企業者の事業活動に著しい支障が生じ，又は生ずるおそれがある場合には，中小企業の経営の安定を図り，及び事業の転換を円滑にするための施策その他の必要な施策を講ずるものとする。

2 国は，中小企業者以外の者の事業活動による中小企業者の利益の不当な侵害を防止し，中小企業者の利益の不当な侵害を防止し，中小企業の経営の安定を図るための制度の整備その他の必要な施策を講ずるものとする。

3 国は，取引先企業の倒産の影響を受けて中小企業が倒産する等の事態の発生を防止するため，中小企業に関して実施する共済制度の整備その他の必要な施策を講ずるものとする。

4 国は，中小企業者の事業の再建又は廃止の円滑化を図るため，事業の再生のための制度の整備，小規模企業に関して実施する共済制度の整備その他の必要な施策を講ずるものとする。

5 国は，第1項及び前項の施策を講ずるに当たつては，中小企業の従事者の就職を容易にすることができるように必要な考慮を払うものとする。

第4節 資金の供給の円滑化及び自己資本の充実

（資金の供給の円滑化）

第23条 国は，中小企業に対する資金の供給の円滑化を図るため，政府関係金融機関の機能の強化，信用補完事業の充実，民間金融機関からの中小企業に対する適正な融資の指導その他の必要な施策を講ずるものとする。

（自己資本の充実）

第24条　国は，中小企業の自己資本の充実を図り，その経営
　基盤の強化に資するため，中小企業に対する投資の円滑化
　のための制度の整備，租税負担の適正化その他の必要な施
　策を講ずるものとする。

第3章　中小企業に関する行政組織

第25条　国及び地方公共団体は，中小企業に関する施策を講
　ずるにつき，相互に協力するとともに，行政組織の整備及
　び行政運営の効率化に努めるものとする。

（設置）

第26条　通商産業省に，中小企業政策審議会（以下「審議
　会」という。）を置く。

（権限）

第27条　審議会は，この法律の規定によりその権限に属され
　た事項を処理するほか，内閣総理大臣，通商産業大臣又は
　関係各大臣の諮問に応じ，この法律の施行に関する重要事
　項を調査審議する。

2　審議会は，前項に規定する事項に関し内閣総理大臣，通
　商産業大臣又は関係各大臣に意見を述べることができる。

（組織）

第28条　審議会は，30人以内で組織する。

2　委員は，前条第1項に規定する事項に関し学識経験のあ
　る者のうちから，通商産業大臣の申出により，内閣総理大
　臣が任命する。

3　委員は，非常勤とする。

4　第2項に定めるもののほか，審議会の職員で制令で定め
　るものは，通商産業大臣の申出により，内閣総理大臣が任
　命する。

（資料の提出等の要求）

第29条　審議会は，その所掌事務を遂行するため必要がある
　と認めるときは，関係行政機関の長に対し，資料の提出，
　意見の開陳，説明その他必要な協力を求めることができる。

（委任規定）

第30条　この法律に定めるもののほか，審議会の組織及び運
　営に関し必要な事項は，政令で定める。

　附　則　抄

中小企業基本法（2013年）

（昭和38年法律第154号
最終改正：平成28年法律第58号）

第1章　総則

（目的）

第1条　この法律は，中小企業に関する施策について，その基本理念，基本方針その他の基本となる事項を定めるとともに，国及び地方公共団体の責務等を明らかにすることにより，中小企業に関する施策を総合的に推進し，もつて国民経済の健全な発展及び国民生活の向上を図ることを目的とする。

（中小企業者の範囲及び用語の定義）

第2条　この法律に基づいて講ずる国の施策の対象とする中小企業者は，おおむね次の各号に掲げるものとし，その範囲は，これらの施策が次条の基本理念の実現を図るため効率的に実施されるように施策ごとに定めるものとする。

一　資本金の額又は出資の総額が3億円以下の会社並びに常時使用する従業員の数が300人以下の会社及び個人であつて，製造業，建設業，運輸業その他の業種（次号から第四号までに掲げる業種を除く。）に属する事業を主たる事業として営むもの

二　資本金の額又は出資の総額が1億円以下の会社並びに常時使用する従業員の数が100人以下の会社及び個人であつて，卸売業に属する事業を主たる事業として営むもの

三　資本金の額又は出資の総額が5千万円以下の会社並びに常時使用する従業員の数が100人以下の会社及び個人であつて，サービス業に属する事業を主たる事業として営むもの

四　資本金の額又は出資の総額が5千万円以下の会社並びに常時使用する従業員の数が50人以下の会社及び個人であつて，小売業に属する事業を主たる事業として営むもの

2　この法律において「経営の革新」とは，新商品の開発又は生産，新役務の開発又は提供，商品の新たな生産又は販売の方式の導入，役務の新たな提供の方式の導入，新たな経営管理方法の導入その他の新たな事業活動を行うことにより，その経営の相当程度の向上を図ることをいう。

3　この法律において「創造的な事業活動」とは，経営の革新又は創業の対象となる事業活動のうち，著しい新規性を有する技術又は著しく創造的な経営管理方法を活用したものをいう。

4　この法律において「経営資源」とは，設備，技術，個人の有する知識及び技能その他の事業活動に活用される資源をいう。

5　この法律において「小規模企業者」とは，おおむね常時使用する従業員の数が20人（商業又はサービス業に属する事業を主たる事業として営む者については，5人）以下の事業者をいう。

（基本理念）

第3条　中小企業については，多様な事業の分野において特色ある事業活動を行い，多様な就業の機会を提供し，個人がその能力を発揮しつつ事業を行う機会を提供することにより我が国の経済の基盤を形成しているものであり，特に，多数の中小企業者が創意工夫を生かして経営の向上を図るための事業活動を行うことを通じて，新たな産業を創出し，就業の機会を増大させ，市場における競争を促進し，地域における経済の活性化を促進する等我が国経済の活力の維持及び強化に果たすべき重要な使命を有するものであることにかんがみ，独立した中小企業者の自主的な努力が助長されることを旨とし，その経営の革新及び創業が促進され，その経営基盤が強化され，並びに経済的社会的環境の変化への適応が円滑化されることにより，その多様で活力ある成長発展が図られなければならない。

2　中小企業の多様で活力ある成長発展に当たつては，小規模企業が，地域の特色を生かした事業活動を行い，就業の機会を提供するなどして地域における経済の安定並びに地域住民の生活の向上及び交流の促進に寄与するとともに，創造的な事業活動を行い，新たな産業を創出するなどして将来における我が国の経済及び社会の発展に寄与するという重要な意義を有するものであることに鑑み，独立した小規模企業者の自主的な努力が助長されることを旨としてこれらの事業活動に資する事業環境が整備されることにより，小規模企業の活力が最大限に発揮されなければならない。

（国の責務）

第4条　国は，前条の基本理念（以下単に「基本理念」という。）にのつとり，中小企業に関する施策を総合的に策定し，及び実施する責務を有する。

（基本方針）

第5条　政府は，次に掲げる基本方針に基づき，中小企業に関する施策を講ずるものとする。

一　中小企業者の経営の革新及び創業の促進並びに創造的な事業活動の促進を図ること。

二　中小企業の経営資源の確保の円滑化を図ること，中小企業に関する取引の適正化を図ること等により，中小企業の経営基盤の強化を図ること。

三　経済的社会的環境の変化に即応し，中小企業の経営の安定を図ること，事業の転換の円滑化を図ること等により，その変化への適応の円滑化を図ること。

四　中小企業に対する資金の供給の円滑化及び中小企業の自己資本の充実を図ること。

（地方公共団体の責務）

第6条　地方公共団体は，基本理念にのつとり，中小企業に関し，国との適切な役割分担を踏まえて，その地方公共団体の区域の自然的経済的社会的諸条件に応じた施策を策定し，及び実施する責務を有する。

（中小企業者の努力等）

第7条　中小企業者は，経済的社会的環境の変化に即応してその事業の成長発展を図るため，自主的にその経営及び取引条件の向上を図るよう努めなければならない。

2　中小企業者の事業の共同化のための組織その他の中小企業に関する団体は，その事業活動を行うに当たつては，中小企業者とともに，基本理念の実現に主体的に取り組むよう努めるものとする。

3　中小企業者以外の者であつて，その事業に関し中小企業と関係があるものは，国及び地方公共団体が行う中小企業

に関する施策の実施について協力するようにしなければならない。

（小規模企業に対する中小企業施策の方針）

第8条 国は，次に掲げる方針に従い，小規模企業者に対して中小企業に関する施策を講ずるものとする。

一 小規模企業が地域における経済の安定並びに地域住民の生活の向上及び交流の促進に寄与するという重要な意義を有することを踏まえ，適切かつ十分な経営資源の確保を通じて地域における小規模企業の持続的な事業活動を可能とするとともに，地域の多様な主体との連携の推進によつて地域における多様な需要に応じた事業活動の活性化を図ること。

二 小規模企業が将来における我が国の経済及び社会の発展に寄与するという重要な意義を有することを踏まえ，小規模企業がその成長発展を図るに当たり，その状況に応じ，着実な成長発展を実現するための適切な支援を受けられるよう必要な環境の整備を図ること。

三 経営資源の確保が特に困難であることが多い小規模企業者の事情を踏まえ，小規模企業の経営の発達及び改善に努めるとともに，金融，税制，情報の提供その他の事項について，小規模企業の経営の状況に応じ，必要な考慮を払うこと。

（法制上の措置等）

第9条 政府は，中小企業に関する施策を実施するため必要な法制上，財政上及び金融上の措置を講じなければならない。

（調査）

第10条 政府は，中小企業政策審議会の意見を聴いて，定期的に，中小企業の実態を明らかにするため必要な調査を行い，その結果を公表しなければならない。

（年次報告等）

第11条 政府は，毎年，国会に，中小企業の動向及び政府が中小企業に関して講じた施策に関する報告を提出しなければならない。

2 政府は，毎年，中小企業政策審議会の意見を聴いて，前項の報告に係る中小企業の動向を考慮して講じようとする施策を明らかにした文書を作成し，これを国会に提出しなければならない。

第2章 基本的施策

第1節 中小企業の経営の革新及び創業の促進

（経営の革新の促進）

第12条 国は，中小企業者の経営の革新を促進するため，新商品又は新役務を開発するための技術に関する研究開発の促進，商品の生産又は販売を著しく効率化するための設備の導入の促進，商品の開発，生産，輸送及び販売を統一的に管理する新たな経営管理方法の導入の促進その他の必要な施策を講ずるものとする。

（創業の促進）

第13条 国は，中小企業の創業，特に女性や青年による中小企業の創業を促進するため，創業に関する情報の提供及び研修の充実，創業に必要な資金の円滑な供給その他の必要な施策を講ずるとともに，創業の意義及び必要性に対する国民の関心及び理解の増進に努めるものとする。

（創造的な事業活動の促進）

第14条 国は，中小企業の創造的な事業活動を促進するため，商品の生産若しくは販売又は役務の提供に係る著しい新規性を有する技術に関する研究開発の促進，創造的な事業活動に必要な人材の確保及び資金の株式又は社債その他の手段による調達を円滑にするための制度の整備その他の必要な施策を講ずるものとする。

第2節 中小企業の経営基盤の強化

（経営資源の確保）

第15条 国は，経営方法の改善，技術の向上その他の中小企業の経営基盤の強化に必要な経営資源の確保に資するため，次に掲げる施策その他の必要な施策を講ずるものとする。

一 中小企業の施設又は設備の導入を図るため，中小企業者の事業の用に供する施設又は設備の設置又は整備を促進すること。

二 中小企業の技術の向上を図るため，中小企業者が行う技術に関する研究開発を促進し，国が行う技術に関する研究開発に中小企業者を積極的に参加させ，国，独立行政法人，地方公共団体又は地方独立行政法人の試験研究機関及び大学と中小企業との連携を推進し，並びに技術者研修及び技能者養成の事業を充実すること。

三 中小企業の事業活動に有用な知識の向上を図るため，経営管理者に対し研修の事業を充実するとともに，新たな事業の分野の開拓に寄与する情報その他の情報の提供を促進すること。

2 前項に定めるもののほか，国は，中小企業者の必要に応じ，情報の提供，助言その他の方法により，中小企業者が経営資源を確保することを支援する制度の整備を行うものとする。

（海外における事業展開の促進）

第16条 国は，中小企業者がその事業基盤を国内に維持しつつ行う海外における事業の展開を促進するため，海外における事業の展開に関する情報の提供及び研修の充実，海外における事業の展開に必要な資金の円滑な供給その他の必要な施策を講ずるとともに，中小企業者が供給する魅力ある商品又は役務に対する海外における関心及び理解の増進に努めるものとする。

（情報通信技術の活用の推進）

第17条 国は，中小企業の情報通信技術の活用の推進を図るため，情報通信技術の活用に関する情報の提供の充実，情報通信技術の活用に必要な資金の円滑な供給その他の必要な施策を講ずるものとする。

（交流又は連携及び共同化の推進）

第18条 国は，中小企業者が相互にその経営資源を補完することに資するため，中小企業者の交流又は連携の推進，中小企業者の事業の共同化のための組織の整備，中小企業者が共同して行う事業の助成その他の必要な施策を講ずるものとする。

（産業の集積の活性化）

第19条 国は，自然的経済的社会的条件からみて一体である地域において，同種の事業又はこれと関連性が高い事業を相当数の中小企業者が有機的に連携しつつ行つている産業の集積の活性化を図るために必要な施策を講ずるものとする。

（商業の集積の活性化）

第20条 国は，相当数の中小小売商業者又は中小サービス業者が事業を行う商店街その他の商業の集積の活性化を図るため，顧客その他の地域住民の利便の増進を図るための施設の整備，共同店舗の整備その他の必要な施策を講ずるものとする。

（労働に関する施策）

第21条 国は，中小企業における労働関係の適正化及び従業員の福祉の向上を図るため必要な施策を講ずるとともに，中小企業に必要な労働力の確保を図るため，職業能力の開発及び職業紹介の事業の充実その他の必要な施策を講ずるものとする。

（取引の適正化）

第22条 国は，中小企業に関する取引の適正化を図るため，

下請代金の支払遅延の防止，取引条件の明確化の促進その他の必要な施策を講ずるものとする。

（国等からの受注機会の増大）

第23条　国は，中小企業が供給する物品，役務等に対する需要の増進に資するため，国等の物品，役務等の調達に関し，中小企業者の受注の機会の増大その他の必要な施策を講ずるものとする。

第3節　経済的社会的環境の変化への適応の円滑化

第24条　国は，貿易構造，原材料の供給事情その他の経済的社会的環境の著しい変化による影響を受け，現に同一の地域又は同一の業種に属する相当数の中小企業者の事業活動に著しい支障が生じ，又は生ずるおそれがある場合には，中小企業の経営の安定を図り，及び事業の転換を円滑にするための施策その他の必要な施策を講ずるものとする。

2　国は，中小企業者以外の者の事業活動による中小企業者の利益の不当な侵害を防止し，中小企業の経営の安定を図るための制度の整備その他の必要な施策を講ずるものとする。

3　国は，取引先企業の倒産の影響を受けて中小企業が倒産する等の事態の発生を防止するため，中小企業に関して実施する共済制度の整備その他の必要な施策を講ずるものとする。

4　国は，中小企業者の事業の再建，承継又は廃止の円滑化を図るため，事業の再生のための制度の整備，事業の承継のための制度の整備，小規模企業に関して実施する共済制度の整備その他の必要な施策を講ずるものとする。

5　国は，第1項及び前項の施策を講ずるに当たつては，中小企業の従事者の就職を容易にすることができるように必要な考慮を払うものとする。

第4節　資金の供給の円滑化及び自己資本の充実

（資金の供給の円滑化）

第25条　国は，中小企業に対する資金の供給の円滑化を図るため，政府関係金融機関の機能の強化，信用補完事業の充実，民間金融機関からの中小企業に対する適正な融資の指導その他の必要な施策を講ずるものとする。

（自己資本の充実）

第26条　国は，中小企業の自己資本の充実を図り，その経営基盤の強化に資するため，中小企業に対する投資の円滑化のための制度の整備，租税負担の適正化その他の必要な施策を講ずるものとする。

第3章　中小企業に関する行政組織

第27条　国及び地方公共団体は，中小企業に関する施策を講ずるにつき，相互に協力するとともに，行政組織の整備及び行政運営の効率化に努めるものとする。

第4章　中小企業政策審議会

（設置）

第28条　経済産業省に，中小企業政策審議会（以下「審議

会」という。）を置く。

（所掌事務）

第29条　審議会は，この法律の規定によりその権限に属させられた事項を処理するほか，経済産業大臣又は関係各大臣の諮問に応じ，この法律の施行に関する重要事項を調査審議する。

2　審議会は，前項に規定する事項に関し経済産業大臣又は関係各大臣に意見を述べることができる。

3　審議会は，前2項に規定するもののほか，中小企業等協同組合法（昭和24年法律第181号），中小企業支援法（昭和38年法律第147号），小規模企業共済法（昭和40年法律第102号），下請中小企業振興法（昭和45年法律第145号），中小小売商業振興法（昭和48年法律第101号），中小企業の事業活動の機会の確保のための大企業者の事業活動の調整に関する法律（昭和52年法律第74号），中小企業における労働力の確保及び良好な雇用の機会の創出のための雇用管理の改善の促進に関する法律（平成3年法律第57号），商工会及び商工会議所による小規模事業者の支援に関する法律（平成5年法律第51号），中小企業等経営強化法（平成11年法律第18号），流通業務の総合化及び効率化の促進に関する法律（平成17年法律第85号），中小企業のものづくり基盤技術の高度化に関する法律（平成18年法律第33号），中小企業による地域産業資源を活用した事業活動の促進に関する法律（平成19年法律第39号），中小企業者と農林漁業者との連携による事業活動の促進に関する法律（平成20年法律第38号），商店街の活性化のための地域住民の需要に応じた事業活動の促進に関する法律（平成21年法律第80号），産業競争力強化法（平成25年法律第98号）及び小規模企業振興基本法（平成26年法律第94号）の規定によりその権限に属させられた事項を処理する。

（組織）

第30条　審議会は，委員30人以内で組織する。

2　委員は，前条第1項に規定する事項に関し学識経験のある者のうちから，経済産業大臣が任命する。

3　委員は，非常勤とする。

4　第2項に定めるもののほか，審議会の職員で政令で定めるものは，経済産業大臣が任命する。

（資料の提出等の要求）

第31条　審議会は，その所掌事務を遂行するため必要があると認めるときは，関係行政機関の長に対し，資料の提出，意見の開陳，説明その他必要な協力を求めることができる。

（委任規定）

第32条　この法律に定めるもののほか，審議会の組織及び運営に関し必要な事項は，政令で定める。

附　則　抄

小規模企業振興基本法

（平成26年法律第94号）

第1章　総則

（目的）

第1条　この法律は，中小企業基本法（昭和38年法律第154号）の基本理念にのっとり，小規模企業の振興について，その基本原則，基本方針その他の基本となる事項を定めるとともに，国及び地方公共団体の責務等を明らかにすることにより，小規模企業の振興に関する施策を総合的かつ計画的に推進し，もって国民経済の健全な発展及び国民生活の向上を図ることを目的とする。

（定義）

第2条　この法律において「小規模企業者」とは，中小企業基本法第2条第5項に規定する小規模企業者をいう。

2　この法律において「小企業者」とは，おおむね常時使用する従業員の数が5人以下の事業者をいう。

（基本原則）

第3条　小規模企業の振興は，人口構造の変化，国際化及び情報化の進展等の経済社会情勢の変化に伴い，国内の需要が多様化し，若しくは減少し，雇用や就業の形態が多様化し，又は地域の産業構造が変化する中で，顧客との信頼関係に基づく国内外の需要の開拓，創業等を通じた個人の能力の発揮又は自立的で個性豊かな地域社会の形成において小規模企業の活力が最大限に発揮されることの必要性が増大していることに鑑み，個人事業者をはじめ自己の知識及び技能を活用して多様な事業を創出する小企業者が多数を占める我が国の小規模企業について，多様な主体との連携及び協働を推進することによりその事業の持続的な発展が図られることを旨として，行われなければならない。

第4条　小規模企業の振興に当たっては，小企業者がその経営資源を有効に活用し，その活力の向上が図られ，その円滑かつ着実な事業の運営が確保されるよう考慮されなければならない。

（国の責務）

第5条　国は，前2条の小規模企業の振興についての基本原則（以下「基本原則」という。）にのっとり，小規模企業の振興に関する施策を総合的に策定し，及び実施する責務を有する。

2　国の関係行政機関は，小規模企業の振興及びこれに関連する施策の円滑かつ確実な実施が促進されるよう，相互に連携を図りながら協力しなければならない。

3　国は，小規模企業に関する情報の提供等を通じて，基本原則に関する国民の理解を深めるよう努めなければならない。

（基本方針）

第6条　政府は，次に掲げる基本方針に基づき，小規模企業の振興に関する施策を講ずるものとする。

一　国内外の多様な需要に応じた商品の販売又は役務の提供の促進及び新たな事業の展開の促進を図ること。

二　小規模企業の経営資源の有効な活用並びに小規模企業に必要な人材の育成及び確保を図ること。

三　地域経済の活性化並びに地域住民の生活の向上及び交流の促進に資する小規模企業の事業活動の推進を図ること。

四　小規模企業への適切な支援を実施するための支援体制の整備その他必要な措置を図ること。

（地方公共団体の責務）

第7条　地方公共団体は，基本原則にのっとり，小規模企業の振興に関し，国との適切な役割分担を踏まえて，その地方公共団体の区域の自然的経済的社会的諸条件に応じた施策を策定し，及び実施する責務を有する。

2　地方公共団体は，小規模企業が地域経済の活性化並びに地域住民の生活の向上及び交流の促進に資する事業活動を通じ自立的で個性豊かな地域社会の形成に貢献していることについて，地域住民の理解を深めるよう努めなければならない。

（小規模企業者の努力等）

第8条　小規模企業者は，経済社会情勢の変化に即応してその事業の持続的な発展を図るため，自主的にその円滑かつ着実な事業の運営を図るよう努めるとともに，相互に連携を図りながら協力することにより，自ら小規模企業の振興に取り組むよう努めるものとする。

2　中小企業に関する団体は，小規模企業者に対してその事業活動を行うに当たっては，基本原則にのっとり，小規模企業者とともに，小規模企業の振興に主体的に取り組むよう努めるものとする。

3　小規模企業者以外の者であって，その事業に関し小規模企業と関係があるものは，国及び地方公共団体が行う小規模企業の振興に関する施策の実施について協力するようにしなければならない。

（関係者相互の連携及び協力）

第9条　国，地方公共団体，独立行政法人中小企業基盤整備機構，中小企業に関する団体その他の関係者は，基本原則にのっとり，小規模企業の振興に関する施策があまねく全国において効果的かつ効率的に実施されるよう，適切な役割分担を行うとともに，相互に連携を図りながら協力するよう努めなければならない。

（法制上の措置等）

第10条　政府は，小規模企業の振興に関する施策を実施するため必要な法制上，財政上及び金融上の措置を講じなければならない。

（調査）

第11条　政府は，中小企業政策審議会の意見を聴いて，定期的に，小規模企業の実態を明らかにするため必要な調査を行い，その結果を公表しなければならない。

（年次報告等）

第12条　政府は，毎年，国会に，小規模企業の動向及び政府が小規模企業の振興に関して講じた施策に関する報告を提出しなければならない。

2　政府は，毎年，中小企業政策審議会の意見を聴いて，前項の報告に係る小規模企業の動向を考慮して講じようとする施策を明らかにした文書を作成し，これを国会に提出しなければならない。

第2章　小規模企業振興基本計画

第13条　政府は，小規模企業の振興に関する施策の総合的かつ計画的な推進を図るため，小規模企業振興基本計画（以下「基本計画」という。）を定めなければならない。

2　基本計画は，次に掲げる事項について定めるものとする。

　　一　小規模企業の振興に関する施策についての基本的な方針

　　二　小規模企業の振興に関し，政府が総合的かつ計画的に講ずべき施策

　　三　前二号に掲げるもののほか，小規模企業の振興に関する施策を総合的かつ計画的に推進するために必要な事項

3　政府は，第1項の規定により基本計画を定めようとするときは，あらかじめ，小規模企業者の意見を反映させるために必要な措置を講ずるとともに，中小企業政策審議会の意見を聴かなければならない。

4　政府は，第1項の規定により基本計画を定めたときは，遅滞なく，これを国会に報告するとともに，公表しなければならない。

5　政府は，小規模企業をめぐる情勢の変化を勘案し，及び小規模企業の振興に関する施策の効果に関する評価を踏まえ，おおむね5年ごとに，基本計画を変更するものとする。

6　第3項及び第4項の規定は，基本計画の変更について準用する。

第3章　小規模企業の振興に関する基本的施策

（国内外の多様な需要に応じた商品の販売又は役務の提供の促進）

第14条　国は，小規模企業による国内外の多様な需要に応じた商品の販売又は役務の提供を促進するため，商談会，展示会，即売会その他これらに類するものの開催の促進，事業活動を行う拠点の整備の促進，情報通信技術の活用に関する情報の提供その他の必要な施策を講ずるものとする。

（国内外の多様な需要に応じた新たな事業の展開の促進）

第15条　国は，小規模企業が，国内外の多様な需要に応じて，自らが販売する商品又は提供する役務の価値を高め，又はその新たな価値を生み出すことにより，新たな事業の創出又は事業の革新を図るとともにその事業の展開を図ることに資するため，小規模企業の経営の状況の分析並びにそれに基づく指導及び助言の促進，小規模企業が販売する商品又は提供する役務の需要の動向に関する情報の収集，整理，分析及び提供の促進，新たな需要の開拓に必要な資金の円滑な供給その他の必要な施策を講ずるものとする。

（小規模企業の創業の促進及び小規模企業者の事業の承継又は廃止の円滑化）

第16条　国は，小規模企業の創業を促進するため，創業に関する情報の提供の促進及び研修の充実，創業に必要な資金の円滑な供給，創業を支援する体制の整備その他の必要な施策を講ずるものとする。

2　国は，小規模企業者の事業の承継又は廃止の円滑化を図るため，事業の承継又は廃止の円滑化に関する情報の提供の促進及び研修の充実，事業の承継のための制度の整備，小規模企業に関して実施する共済制度の整備その他の必要な施策を講ずるものとする。

3　国は，前2項の施策を講ずるに当たっては，創業及び事業の承継又は廃止が相互に密接な関連を有する場合があることに鑑み，必要に応じて，これらの施策相互の有機的な連携を図りつつ効果的に講ずるよう努めるものとする。

（小規模企業に必要な人材の育成及び確保）

第17条　国は，小規模企業の経営を担うべき女性や青年を含む多様な人材の育成及び確保を図るため，小規模企業の事業活動に有用な技能及び知識並びに経営管理能力の向上，創業を行おうとする者及び小規模企業の事業の譲渡を受けようとする者に対する技能及び知識の継承の支援並びに経営方法の習得の促進その他の必要な施策を講ずるものとする。

2　国は，小規模企業に必要な労働力の確保を図るため，地方公共団体又は大学，高等専門学校，高等学校その他の教育機関と連携した職業能力の開発及び職業紹介の事業の充実，小規模企業の事業活動に関する広報活動の充実その他の必要な施策を講ずるものとする。

（地域経済の活性化に資する小規模企業の事業活動の推進）

第18条　国は，小規模企業が単独で又は共同して行う事業活動であって，地域経済の活性化に資するものを推進するため，小規模企業者と小規模企業者以外の者の交流又は連携の推進，小規模企業者と小規模企業者以外の者が共同して行う事業の助成その他の必要な施策を講ずるものとする。

（地域住民の生活の向上及び交流の促進に資する小規模企業の事業活動の推進）

第19条　国は，小規模企業が単独で又は共同して行う事業活動であって，地域住民の生活の向上及び交流の促進に資するものを推進するため，小規模企業が地域の住民の生活に関する需要に応じて行う商品の販売若しくは役務の提供又は商店街その他の商業の集積の活性化に必要な資金の円滑な供給，助言，情報の提供，普及宣伝の強化その他の必要な施策を講ずるものとする。

（適切な支援体制の整備）

第20条　国は，小規模企業がその事業の持続的な発展を図るための支援を適切に受けられるよう，独立行政法人中小企業基盤整備機構及び中小企業に関する団体その他の関係者と協力しつつ小規模企業を支援する体制の整備を図るため，これらの者が小規模企業の支援を行うに当たり達成すべき目標を明確化することの促進，これらの者相互間又はこれらの者と地方公共団体若しくは地域住民等との間での連携及び協力の推進その他の必要な施策を講ずるものとする。

（手続に係る負担の軽減）

第21条　国は，小規模企業の振興に関する施策を実施するに当たっては，その実施に際して必要となる手続について簡素化又は合理化その他の措置を講ずることにより小規模企業者の負担の軽減を図るよう努めるものとする。

附　則　抄

中小企業庁設置法

（昭和23年法律第83号
最終改正：平成25年法律第100号）

（法律の目的）

第1条 この法律は，健全な独立の中小企業が，国民経済を健全にし，及び発達させ，経済力の集中を防止し，且つ，企業を営もうとする者に対し，公平な事業活動の機会を確保するものであるのに鑑み，中小企業を育成し，及び発展させ，且つ，その経営を向上させるに足る諸条件を確立することを目的とする。

（設置及び長官）

第2条 国家行政組織法（昭和23年法律第120号）第3条第2項の規定に基づいて，経済産業省の外局として，中小企業庁を置く。

2 中小企業庁の長は，中小企業庁長官とする。

（任務）

第3条 中小企業庁は，第1条の目的を達成することを任務とする。

（所掌事務等）

第4条 中小企業庁は，前条の任務を達成するため，次に掲げる事務をつかさどる。

一 中小企業の育成及び発展を図るための基本となる方策の企画及び立案に関すること。

二 中小企業の経営方法の改善，技術の向上その他の経営の向上に関すること。

三 中小企業の新たな事業の創出に関すること。

四 中小企業に係る取引の適正化に関すること。

五 中小企業の事業活動の機会の確保に関すること。

六 中小企業の経営の安定に関すること。

七 中小企業に対する円滑な資金の供給に関すること。

八 中小企業の経営に関する診断及び助言並びに研修に関すること。

九 中小企業の交流又は連携及び中小企業による組織に関すること。

十 中小企業の経営に関する相談並びに中小企業に関する行政に関する苦情若しくは意見の申出又は照会につき，必要な処理をし，又はそのあつせんをすること。

十一 前各号に掲げるもののほか，中小企業に関し他の行政機関の所掌に属しない事務に関すること。

十二 所掌事務に係る国際協力に関すること。

十三 前各号に掲げるもののほか，法律（法律に基づく命令を含む。）に基づき中小企業庁に属させられた事務

2 中小企業庁は，中小企業に関係がある事項に関し，行政庁に対し報告又は資料の提出その他必要な協力を求め，且つ，行政庁に対し意見を述べることができる。

3 行政庁は，中小企業に対する金融又は物資の割当の基本となる方策その他中小企業に特に関係がある重要な方策を定めようとするときは，中小企業庁にその旨を通知しなければならない。

4 中小企業庁は，国会に提出される議案につき，中小企業に関係がある事項に関し，意見を提出することができる。

5 中小企業者は，行政庁の行為により不当にその事業を阻害されたとき，又は他人の行為により不当な取引制限を受け，若しくは他人の行為が不公正な取引方法であると認めるときは，中小企業庁にその事実を申し出ることができる。

6 前項後段の場合において，中小企業庁は，必要があると認めるときは，意見を附して当該事件を公正取引委員会に移すものとする。

7 中小企業庁は，中小企業者が他の事業者の不当な取引制限若しくは不公正な取引方法によりその事業を阻害されているかどうか，又は中小企業等協同組合の組合員が小規模の事業者であるかどうかを調査し，公正取引委員会に対しその事実を報告し，及び適当な措置を求めることができる。

8 公正取引委員会は，中小企業等協同組合が私的独占の禁止及び公正取引の確保に関する法律（昭和22年法律第54号）第22条各号の要件を備える組合でないと認める場合又は中小企業等協同組合の組合員が実質的に小規模の事業者でないと認める場合において，同法第50条第1項の規定による通知をしたときは，その旨を中小企業庁に通知しなければならない。

9 中小企業庁は，中小企業の経営の向上に資することができる設備及び技術に関し，試験研究機関の協力を求めることができる。

（中小企業政策審議会）

第5条 別に法律で定めるところにより経済産業省に置かれる審議会等で中小企業庁に置かれるものは，中小企業政策審議会とする。

2 中小企業政策審議会については，中小企業基本法（昭和38年法律第154号。これに基づく命令を含む。）の定めるところによる。

附 則 抄

人 名 索 引

アッターバック，J. M. *166*
アバナシー，W. J. *166*
ウェーバー，A. *139*
清成忠男 *172*
クールグマン，P. R. *139*
小宮山琢二 *94, 172*
サクセニアン，A. *184*

ジェイコブス，J. *139*
シュンペーター，J. A. *164*
セーブル，C. F. *139*
田中角栄 *20*
中村秀一郎 *172*
蜷川虎三 *29*
ピオリ，M. J. *139*

藤田敬三 *94*
フロリダ，R. L. *139*
ポーター，M. *139*
マーシャル，A. *139*
前田正名 *24*
松田修一 *173*

事 項 索 引

欧文略語

AI（Artificial Intelligence）*79, 91*
ACSB →アジア中小企業学会
CALS（Commerce At Light Speed）*85*
CIM（Computer Integrated Manufacturing）*82*
CSR →企業の社会的責任
EDI（Electronic Date Interchange）*84*
FA（Factory Automation）*82*
FMS（Flexible Manufacturing System）*82*
GEM（Global Entrepreneurship Monitor）*178*
IMF →国際通貨基金
ICSB →国際中小企業協議会
IoT（Internet of Things）*90*
IPO →新規株式公開
ISBC →国際中小企業会議
IT（Information Technology）*88*
JETRO →日本貿易振興機構
JICA →国際協力機構
JIT →ジャスト・イン・タイム
M&A（Mergers and Acquisitions）*58, 177*
ME（micro Electronics）→ ME化
NC（Numerical Control）→ NC工作機械
NIEs →新興工業経済地域

OA（Office Automation）*83*
OEM（Original Equipment Manufacturing）*156*
POS（Point of Sale）*126*
QCD（Quality, Cost, Delivery）*92, 99*
RESAS →地域経済分析システム
VAN（Value-Added Network）*83*
WTO →世界貿易機関

あ行

青色申告
アジア中小企業学会（ACSB）*188*
尼崎市 *119*
アントレプレナーシップ *9, 178*
異業種交流 *105*
異質多元性 *2*
移植産業 *16*
一品生産 *109*
イノベーション *173*
異分野連携新事業分野開拓 →新連携
インキュベーション *185*
インキュベーター *185*
インクリメンタル・イノベーション *167*
インターネット *84*
インテグラル型製品アーキテクチャ *168, 169*
インパクトファクター *190*

ウプサラ・モデル *154*
A=U モデル *166*
エコノミックガーデニング *39*
S字曲線 *167*
エスニシティ *10*
NC工作機械 *82*
ME化 *21, 80*
エンジェル *185*
縁辺労働力 *68*
オイルショック *20*
欧州小企業憲章 *36*
大田区 *119*
オープン・イノベーション *171, 177*
オープン型製品アーキテクチャ *168*
「面白い（interesting）」研究 *191*

か行

海外直接投資 *153, 158*
海外展開支援予算 *162*
会計帳簿 *61*
外国人労働者 *161*
外製 *108*
外注関係 *92*
学際研究 *186*
確定決算主義 *63*
確定申告 *63*
貸し渋り *22*
貸しはがし *22*
関係特殊能力 *99*
観光政策 *132*

観光立国推進基本法　*132*

間接（的）輸出　*152, 154, 157*

間接金融　*50, 72*

管理された競争　*93*

起業家　*180*

企業城下町　*146*

企業整備　*28*

企業的経営　*64*

企業の社会的責任（CSR）　*52*

技能実習生　*69*

技能実習制度　*161*

規模の経済性　*51*

キャッチアップ型　*111*

キャリア教育　*70*

協同組織金融機関　*74*

拠点開発方式　*142*

クラウドファンディング　*79*

クローズド型製品アーキテクチャ
　　157, 168, 169

グローバル人材　*160*

経営革新　*165*

経営指導員　*45*

経済センサス　*12*

計算書類　*60*

計算センター　*81*

系列企業　*96*

「系列」批判　*97*

系列論争　*96*

研究開発　*170*

現場改善　*112*

減量経営　*20*

『興業意見』　*24*

工業（産業）技術センター　*40*

工業試験場　*40*

工業統計表　*13*

後継者問題　*71*

貢献型中小企業　*5*

貢献型中小企業認識　*3, 4*

工場三法　*118*

公設試験研究機関　*40*

構造不況　*20*

工程（プロセス）イノベーション
　　166

高度（外国）人材　*160*

高度情報化　*80*

購買　*92*

購買独占　*93*

工房ショップ　*133*

5S　*112*

国際中小企業会議（ISBC）　*189*

国際中小企業協議会（ICSB）
　　188

国際通貨基金（IMF）　*20*

国際的アントレプレナー　*180*

国際協力機構（JICA）　*152*

個人保証　*51*

コネクターハブ企業　*35*

コンビニエンス・ストア　*57,*
　　120

コンプライアンス（法令遵守）
　　52

さ
行

在来産業　*16, 24*

在来的経済発展　*16*

サプライチェーン　*23, 116*

サプライヤー・システム　*98*

サプライヤー・セレクション　*99*

寒川町　*151*

産官学　*44*

産業クラスター計画　*34*

産業集積の分類　*137*

産業集積のメリット　*137*

産業振興ビジョン　*137*

産業の空洞化　*22*

3K 職場　*112*

産地　*144*

山脈型構造　*97*

事業継承　*47*

自己雇用　*64*

下請＝協力工業政策　*17*

下請企業　*57*

下請システム　*110*

下請制規定（広義の）　*95*

下請中小企業　*21*

下請中小企業振興法　*100*

下請分業構造　*110*

実証科学の国際標準化　*190*

老舗企業　*59*

地場産業　*144*

社会的企業家　*176*

社会的分業　*144*

若年者の雇用問題　*70*

ジャスト・イン・タイム（JIT）
　　116, 117

シャッター通り　*122, 147*

住工混在地域　*119*

住工混在問題　*118*

熟練技能　*69*

準垂直的統合　*97*

障がい者の雇用　*11*

小規模企業　*6*

小規模企業支援　*45*

商業資本的支配　*94*

商工会　*44, 47, 103*

商工会議所　*24, 44, 47, 103*

商店街　*122*

承認図メーカー　*99*

情報の非対称性　*51, 76*

職住近接　*134*

女性の経営者　*67*

所有と経営の分離　*66*

所有と支配の分離　*66*

シリアル・アントレプレナー
　　181

シリコンバレー　*138*

シリコンバレー・モデル　*184*

新規株式公開（IPO）　*183*

新興工業経済地域（NIEs）　*156*

震災　*148*

人材育成　*71*

信用金庫　*74*

信用組合　*74*

信用保証協会　*75*

新連携（異分野連携新事業分野開
拓）　*31, 34, 106*

垂直的取引関係　*98*

垂直的分化　*48*

水平的分化　*48*

スタートアップス　*172*

ステークホルダー　*52*

すみだ3M 運動　*133*

墨田区　*38*

すみだマイスター　*133*

スモール・ビジネス　*172*

3M 運動　*38*

生衛法　*130*

生産委託（製造契約）　*153, 155*

生産計画　*116*

生産ロット　*116*

製品（プロダクト）イノベーショ
ン　*166*

製品（工程）アーキテクチャ
　　157, 168

　　――のオープン化　*169*

　　――のモジュール化　*169*

政府系中小企業金融機関　*75*

世界の工場　*100*

世界貿易機関（WTO）*159*
全国生活衛生営業指導センター
　130
全国総合開発計画　*140*
全日本中小工業協議会　*28*
全部雇用　*68*
専門家派遣　*47*
専門経営者　*67*
専門店　*120*
ソーシャルビジネス　*135*
組織能力　*168*
損益計算書　*61*

た行
大学発ベンチャー　*177*
大規模小売店舗立地法　*125*
第三のイタリア　*138*
貸借対照表　*60*
第二創業　*59*
タイミング・コントローラー
　116
貸与図メーカー　*99*
脱下請　*101*
地域経済分析システム（RESAS）
　35
地域貢献　*71, 135*
地域資源活用プログラム　*107*
地域主義　*143*
地域中小企業（論）　*9, 135*
地域ネットワーク型産業システム
　184
"ちいさな企業"未来会議　*42*
小さな博物館　*133*
チェーン店　*120*
知識集約化　*32, 81*
知的財産（権）　*163, 170*
地方経済産業局　*26*
地方自治体　*38*
地方創生　*13, 35, 150*
中間組織　*15*
中堅企業　*8, 19, 96, 172*
中小企業海外展開支援大綱　*152*
中小企業家同友会　*36, 103*
中小企業基盤整備機構　*26, 162*
中小企業基本法　*19, 46*
中小企業近代化促進法（近促法）
　30
中小企業組合　*104*
中小企業憲章　*36*
中小企業支援法　*46*

中小企業振興条例　*137*
中小企業診断士　*26, 46*
中小企業性製品　*156*
中小企業対策費　*25*
中小企業庁　*24*
中小企業都市連絡協議会　*118*
中小企業の近代化　*81*
『中小企業白書』*6, 12*
調達システム　*114*
直接金融　*50, 72*
直接輸出　*152, 154*
地理的近接性　*136*
定性的方法　*187*
定量的方法　*187*
データ連携　*90*
テクノポリス　*141*
デジタル化　*86*
デジタル技術　*86*
デュアルシステム　*70, 71*
電子化　*80*
展示会　*162*
伝統工芸士　*145*
投資事業組合（ファンド）　*184*
同族会社（企業）　*49, 54*
同和対策審議会　*10*
徳島県神山町　*134*
特例有限会社　*60*
特許　*170*
ドッジ・ライン　*29*
トランザクションバンキング　*77*
どんぶり勘定　*56*

な行
内製（化）　*92, 101, 108*
内発的発展論　*143*
苗床　*134, 136*
生業　*49*
生業的経営　*64*
二重構造　*4, 30, 68*
二重構造問題　*18*
二重構造論　*172*
ニッチトップ企業　*8*
日本学術会議　*188*
日本型商慣行　*98*
日本中小企業学会　*188*
日本的経営システム　*179*
日本標準産業分類　*6*
日本貿易振興機構（JETRO）*27,
　162*
日本列島改造論　*20*

ニューメディア　*83*
ネットワーク（化）　*80, 102*
農商工連携　*107*
ノックダウン生産　*158*

は行
バイタルマジョリティ　*3*
パパ・ママストア　*57*
パラダイム　*186*
範疇としての下請工業　*95*
反独占　*28*
東日本大震災　*23, 148*
ビジターズ・インダストリー
　133
ビジネスプラン　*165, 182*
百貨店法　*124*
ピラミッド型下請分業構造　*110*
ファクトリー・オートメーション
　（FA）*113*
ファミリー・ビジネス　*49, 54*
フィンテック　*78*
不完全競争　*15*
複社発注　*99*
藤田・小宮山論争　*94*
復旧　*148*
復興　*148*
部落産業　*10*
プラザ合意　*21, 33, 159*
フランチャイズ・チェーン　*129*
不良債権　*77*
フルセット型産業構造　*111*
フロントランナー　*111*
分業体制（東アジアベースの）
　155, 159
ベンチャー　*49*
ベンチャー・キャピタル（VC）
　174
ベンチャー・ブーム　*174*
ベンチャー企業　*8*
ベンチャービジネス　*172*
法人事業税　*62*
法人住民税　*62*
法人税　*62*
ボーングローバル企業　*155*
POSシステム　*126*
ホワイトハウス中小企業会議　*11*

ま行
マシニングセンター　*82*
まちづくり3法　*125*
メイカーズ革命　*179*

Make or Buy 92

メインバンク制 73

メカトロニクス 82

モジュラー型製品アーキテクチャ
　　168

持分（株式）譲渡の自由 50

元方複数化 101

ものづくり 119

森の比喩 14

問題型中小企業認識 3, 4, 17, 30

や・ら・わ行

優先的地位の乱用 93

ヨーロッパ学派 191

よろず支援拠点 27

ライセンシング（技術供与）
　　153

ラディカル・イノベーション
　　167

リーマン・ショック 23, 78

利害調整 61

リストラクチャリング 59

リゾート 132

リベート制 127

留学生30万人計画 160

流通革命 126

量産 109

リレーションシップバンキング
　　76

連結の経済性 103

ロイヤリティー 129

ローカル・コンテント規制 158

ワンマン 56

執筆者紹介〈氏名／よみがな／現職／主著／中小企業を学ぶ読者へのメッセージ〉　＊執筆担当は本文末に明記

関　智宏（せき　ともひろ）**編者**
同志社大学商学部教授
『現代中小企業の発展プロセス：サプライヤー関係・下請制・企業連携』ミネルヴァ書房，2011年
『21世紀中小企業のネットワーク組織：ケース・スタディからみるネットワークの多様性』（共編著）同友館，2017年
中小企業は経済社会において実に多様な形で存在し続けてきました。中小企業がどのような企業であるのか，その多様性を認めながら，その魅力と可能性を学びましょう。

梅村　仁（うめむら　ひとし）
大阪経済大学経済学部教授
『自治体産業政策の新展開』ミネルヴァ書房，2019年
『中小企業研究序説』（共著）同友館，2019年
国や地域を支える産業をいかに再生させるか。カギは基盤となる中小企業を中心とした地域経済の維持，再生にあります。本書から新たな学びが生まれれば幸いです。

大貝健二（おおがい　けんじ）
北海学園大学経済学部准教授
「地域経済の活性化と中小企業振興基本条例の果たす役割」『商工金融』67(5)，2017年
『21世紀中小企業のネットワーク組織：ケース・スタディからみるネットワークの多様性』（共著）同友館，2017年
国内の企業の99.7％は中小企業です。私たちが生活する地域の経済の担い手は中小企業です。本書を通じて中小企業の魅力や可能性を感じ取ってもらえれば嬉しいです。

木下和紗（きのした　かずさ）
摂南大学経営学部講師
「中小企業の CSR にかんする研究動向」『大阪市大論集』131，2018年
「デュアルシステムに果たす地域中小企業の役割：大阪府立布施北高等学校のデュアルシステムのケース」『経営研究』66(4)，2016年
地域貢献や CSR（企業の社会的責任）などの社会活動が事業活動（本業）に与える影響という視点からも，中小企業経営について考えてみて下さい。

近藤信一（こんどう　しんいち）
岩手県立大学総合政策学部准教授
『産業クラスター戦略による地域創造の新潮流』（共著）白桃書房，2017年
『現代日本企業のイノベーションＩ　日本企業のものづくり革新』（共著）同友館，2010年
中小企業は，大企業と比べて規模は小さいですが，多様性に富み，様々な特徴を持って活動しています。だからこそ中小企業の経営はダイナミックで興味深いのです。

中條良美（ちゅうじょう　よしみ）
阪南大学経営情報学部教授
『経営と情報の深化と融合』（共著）税務経理協会，2014年
『現代企業論』（共著）実教出版，2008年
中小企業は，日本経済を支える重要な存在です。日本経済の今後を見通す足がかりとして，中小企業への理解を深めてもらいたいと思います。

遠原智文（とうはら　ともふみ）
神奈川大学経済学部教授
『中小企業の国際化戦略』（共著）同友館，2012年
『中小企業の戦略：戦略優位の中小企業経営論』（共著）同友館，2009年
中小企業には，経営者と従業員の距離が近く，自分で仕事を創出し動かすことができるという自由さや喜びがあります。そのようなプラスの側面も理解してください。

中道一心（なかみち　かずし）
同志社大学商学部教授
「タイミング・コントローラーの産業間比較」（共著）『産業学会研究年報』34，2019年
『デジタルカメラ大競争：日本企業の国際競争力の源泉』同文館出版，2013年
中小企業は多種多様ですが，彼らの共通点は誰かからモノやサービスを買い，付加価値をつけて誰かに販売していることです。モノの流れの中に中小企業を位置づけてみることで，中小企業の多様性がよりよく理解できるようになるでしょう。

執筆者紹介（氏名／よみがな／現職／主著／中小企業を学ぶ読者へのメッセージ）　　　＊執筆担当は本文末に明記

長山宗広（ながやま　むねひろ）
駒澤大学経済学部教授
『先進事例で学ぶ 地域経済論×中小企業論』（編著）ミネルヴァ書房，2020年
『日本的スピンオフ・ベンチャー創出論』同友館，2012年
中小企業は「異質多元な存在」であり，その多様性に特徴がある。中小企業の多様性を理解するには，フィールドワークによる実態調査が欠かせない。ぜひ本書を持参し，現場に入ってもらいたい。

平野哲也（ひらの　てつや）
山口大学経済学部准教授
「アントレプレナーシップの概念の方法学：多様性と価値をめぐる方法論的探究」『日本政策金融公庫論集』第46号，2020年
「中小企業研究の方法的立場：中小企業概念の系譜とデザインの方法」『新時代の中小企業経営：Globalization と Localization のもとで』（日本中小企業学会論集37）同友館，2018年
時代と国境をこえて，中小企業を豊かに理解し，語るための理論と方法のグランドデザインが必要です。本書を「地図」に，その本質に迫る探究の「旅」に出かけましょう。

藤川　健（ふじかわ　たけし）
兵庫県立大学国際商経学部准教授
「金型産業における競争・分業構造：東アジア優位産業の研究」『アジア経営研究』25，2019年
「金型産業の技術競争力の再考」『アジア大の分業構造と中小企業』同友館，2014年
私たちの身近にたくさんの中小企業が存在しています。日々の暮らしの中でいかに中小企業が関わっているのかに興味・関心をもつことから始めてください。

丸尾和子（まるお　かずこ）
中小企業診断士
本書を通じ，中小企業の多様な一面と在り方に触れ，学びに活かしてください。また，中小企業診断士とはどのようなものか，興味を持っていただければ幸いです。

山本篤民（やまもと　あつたみ）
日本大学商学部教授
「中小企業の維持・発展と地域経済の活性化に向けて：地場産業の中小企業を中心に」『新時代の中小企業経営：Globalization と Localization のもとで』（日本中小企業学会論集37），同友館，2018年
『21世紀中小企業のネットワーク組織：ケース・スタディからみるネットワークの多様性』（共著）同友館，2017年
中小企業は"異質多元"な存在ともいわれるように，それぞれの企業が個性的で興味深い対象です。是非，本書を中小企業の研究に役立ててください。

やわらかアカデミズム・〈わかる〉シリーズ

よくわかる中小企業

2020年4月15日　初版第1刷発行　　　　　〈検印省略〉
2023年12月10日　初版第3刷発行

定価はカバーに表示しています

編著者　関　　　智　宏
発行者　杉　田　啓　三
印刷者　江　戸　孝　典

発行所　株式会社　ミネルヴァ書房
607-8494 京都市山科区日ノ岡堤谷町1
電話代表 (075) 581 - 5191
振替口座 01020 - 0 - 8076

©関　智宏ほか，2020　　　　共同印刷工業・新生製本

ISBN978-4-623-08822-5

Printed in Japan

やわらかアカデミズム・〈わかる〉シリーズ

よくわかる現代経営（第5版）	「よくわかる現代経営」編集委員会編	本 体	2700円
よくわかる経営戦略論	井上善海・佐久間信夫編著	本 体	2500円
よくわかる経営管理	高橋伸夫編著	本 体	2800円
よくわかる企業論	佐久間信夫編	本 体	2600円
よくわかるコーポレート・ガバナンス	風間信隆編	本 体	2600円
よくわかる組織論	田尾雅夫編著	本 体	2800円
よくわかる看護組織論	久保真人・米本倉基・勝山貴美子・志田京子編著	本 体	2800円
よくわかる現代マーケティング	陶山計介・鈴木雄也・後藤こず恵編著	本 体	2200円
よくわかる現代の労務管理（第2版）	伊藤健市著	本 体	2600円
よくわかる社会政策（第3版）	石畑良太郎・牧野富夫・伍賀一道編著	本 体	2600円
よくわかる産業社会学	上林千恵子編著	本 体	2600円
よくわかる産業・組織心理学	山口裕幸・金井篤子編	本 体	2600円
よくわかる質的社会調査 プロセス編	谷 富夫・山本 努編著	本 体	2500円
よくわかる質的社会調査 技法編	谷 富夫・芦田徹郎編著	本 体	2500円
よくわかる女性と福祉	森田明美編著	本 体	2600円
よくわかる労働法（第3版）	小畑史子著	本 体	2800円
よくわかる会社法（第3版）	永井和之編著	本 体	2500円
よくわかる司法福祉	村尾泰弘・廣井亮一編	本 体	2500円
よくわかる社会保障（第5版）	坂口正之・岡田忠克編	本 体	2600円
よくわかる社会福祉（第11版）	山縣文治・岡田忠克編	本 体	2500円

——— ミネルヴァ書房 ———
https://www.minervashobo.co.jp/